21世纪高等教育经管类经典书系

U0792345

# 财政与金融

（第二版）

CAMERALISTICS AND FINANCE

赖溟溟 编著

东北财经大学出版社 · 大连
Dongbei University of Finance & Economics Press

**图书在版编目（CIP）数据**

财政与金融 / 赖溟溟编著. —2版. —大连：东北财经大学出版社，2022.11（2024.8重印）
（21世纪高等教育经管类经典书系）
ISBN 978-7-5654-4647-4

Ⅰ.财… Ⅱ.赖… Ⅲ.财政金融-高等学校-教材 Ⅳ.F8

中国版本图书馆CIP数据核字（2022）第191159号

东北财经大学出版社出版
（大连市黑石礁尖山街217号 邮政编码 116025）
网 址：http://www.dufep.cn
读者信箱：dufep@dufe.edu.cn
大连日升彩色印刷有限公司印刷 东北财经大学出版社发行

幅面尺寸：185mm×260mm 字数：320千字 印张：17.75 插页：1
2022年11月第2版 2024年8月第2次印刷

责任编辑：郭 洁 石建华 责任校对：喜多多
封面设计：张智波 版式设计：原 皓

定价：45.00元

教学支持 售后服务 联系电话：（0411）84710309

如有印装质量问题，请联系营销部：（0411）84710711

# 第二版前言

近年来，国际经济金融形势愈发严峻复杂，不确定性和不稳定性并存，各国政府为了稳定经济增长，在传统宏观经济框架下引入众多非传统的政策工具。财政金融实践的变革引发了对主流财政金融理论的反思，将研究进展和趋势放入教科书，不仅可以进一步完善相关知识体系，更为重要的是帮助学生了解和把握未来研究方向，而这正是本书修订的缘由和立足点。

修订后的本书仍然秉承原有的删繁就简、对初学者友好的宗旨。在保留第一版篇章结构的基础上，修订工作主要从三个方面着手：

第一，仔细通读第一版教材内容，结合最新的研究文献，识别出不合意的字词语句表述和陈旧的数据，逐一进行订正和更新；第二，围绕近五年来财政金融领域重要的理论和政策发展，聚焦党的二十大报告中关于财政金融工作的指示精神，排除本身存在争议或者核心内容尚未成型的问题，梳理出需要增删的内容，补充或删减相关章节；第三，重点将我国财政金融改革发展的最新动态纳入修订内容，试图以管中窥豹的形式让读者了解我国财政金融体系发展的现况与未来前景，同时在对财政金融运行中出现的实际问题进行思考的过程中，使读者对主流财政金融理论的优势和局限有更为深入的了解，切实实现理论服务于实践的学科目标。

同时，本次修订注意了对课程思政内容的补充和强化，使本书更加适应新时代教育教学之需要。

本书在修订的过程中，参考了大量的国内外相关文献，并引用了其中部分资料，谨向这些文献的所有作者表示衷心的谢意！书中错误和遗漏之处，敬请读者批评指正。

辽宁大学金融与贸易学院

**赖溟溟**

2022年10月

（2024年7月修改）

# 第一版前言

后危机时代，面对经济发展模式的转变和经济结构优化升级的现状，我国不断深化财政金融改革，化解经济的新问题、迎接新挑战。为了反映经济新常态下我国财政金融改革的最新动态，我们编写了这本《财政与金融》。

本书的宗旨在于删繁就简，力求在有限的篇幅内不仅为读者勾勒出财政与金融体系的全貌，而且使读者对财政和金融领域的新动态也有所了解。为此，在财政部分，以财政收支为主线，阐述了财政支出和财政收入的各个组成部分、财政管理体制及财政政策等基本内容，同时增加了营业税改增值税、国库收付制度等新的实践进展。在金融部分，则以货币信用为主线，阐述了金融体系、货币供求、中央银行和货币政策、通货膨胀和通货紧缩、金融危机和金融监管及汇率和国际收支等基本内容，同时也对金融体系的功能、金融安全网、功能型监管和双峰型监管等新的进展进行了介绍。

在写作过程中，努力避开诸多的理论分歧和复杂分析，尝试使用简单的工具和简洁的语言，使财政与金融的脉络更清晰，最大限度地降低了初学者的学习难度。

由于编者水平有限，唯恐不能达到编写本书的预期设想，恳请读者拨冗指正，不胜感谢。

辽宁大学经济学院
**赖溟溟**
2018年5月

# 目　录

## 财政篇

## 金融篇

# 财政篇

# 第一章

# 财政概述

财政是政府的一种经济行为。财政活动反映了政府职能实现过程中的资金收入和支出过程，是政府在满足公共需要、进行宏观调控时的有力政策工具。

本章将学习财政的定义、市场与政府的关系及财政的职能。

## 第一节 财政的定义和原则

### 一、财政的定义和特点

财政是以政府为主体，为了满足公众的公共需要，通过政府的收支活动对社会产品价值进行分配和再分配的政府经济活动。

从定义看，财政主要包括两个层次的内容：

（1）财政是以政府为主体的经济行为，是政府为实现职能，凭借政治权力参与国民收入分配的特殊经济关系。

（2）财政活动的前提是满足公众的公共需要，即政府将集中的社会资源用于满足社会公共需要的支出活动。

#### （一）日常生活中的财政现象

在现实生活中，有大量的财政现象经常发生在我们周围。对社会影响较大的财政现象包括税收、国家预算、财政赤字、政府债券和财政投资。

1. 税收

目前，税收是我国财政的主要收入来源，也是政府调节社会经济结构的重要手段。商品销售、财产转移、收入分配、基础设施建设、特殊消费等经济事项均需向政府纳税。2021年，我国税收收入达到172 731亿元，同比增长11.9%。其中：国内增值税63 519亿元，同比增长11.8%；国内消费税13 881亿元，同比增长15.4%；企业所得税42 041亿元，同比增长15.4%；个人所得税13 993亿元，同比增长21%。

2.国家预算

每年年初，国务院和地方各级政府都要向同级人民代表大会提交上年财政决算和本年财政预算的报告，对上年的财政收入、支出情况和本年财政的预计收入、支出进行汇报。2022年3月5日，在第十三届全国人民代表大会第五次会议上，财政部受国务院委托，提交《关于2021年中央和地方预算执行情况与2022年中央和地方预算草案的报告》。报告显示，2021年全国一般公共预算收入202 538.88亿元。全国一般公共预算支出246 321.5亿元，加上补充中央预算稳定调节基金3 540.9亿元、向政府性基金预算调出90亿元，支出总量为249 952.4亿元。收支总量相抵，赤字35 700亿元。

根据报告，2022年全国一般公共预算收入安排210 140亿元，增长3.8%。加上调入资金及使用结转结余23 285亿元，收入总量为233 425亿元。全国一般公共预算支出安排267 125亿元（含中央预备费500亿元），增长8.4%。赤字33 700亿元，比2021年减少2 000亿元。

3.财政赤字

财政赤字是财政支出超过财政收入的数额。1979年以来，我国除1985年出现过0.75亿元的财政盈余外，其余年份均为赤字财政。2022年财政部预算报告数据披露，拟安排财政赤字33 700亿元，比2021年减少2 000亿元。财政赤字已经成为一种财政政策工具。

4.政府债券

政府债券是弥补赤字的重要手段。国债与地方政府债券已成为我国政府债券的两大主要品种，也成为投资者十分青睐的投资工具。自1981年恢复发行国债以来，我国政府债券规模不断扩大，品种不断增多，尤其是地方政府债券不断出现。2009年，国务院批准中央财政代发地方政府债券，地方政府债券开始登上政府融资舞台。之后修订的预算法规定，地方政府只能通过发行地方政府债券的方式举债。地方政府债券成为现阶段地方政府的唯一合法债务融资渠道。

截至2021年12月末，全国地方政府债务余额304 700亿元，控制在全国人大批准的限额之内。其中，一般债务137 709亿元，专项债务166 991亿元；政府债券303 078亿元，非政府债券形式存量政府债务1 622亿元。

5.财政投资

传统体制中财政投资曾占全部投资的80%以上。现阶段财政投资依然是政府宏观调控，特别是调节经济结构的重要工具。财政投资正以公私合作、政府投资基金等新的出资形式在调节产业结构、引导新兴产业发展、撬动社会资本投入方面发挥重要作用。

（二）财政的特点

审视以上的财政现象，我们可以归纳出财政的一些共同特征。例如，财政是以政府为主体的，所有财政现象的主要计划和执行者都是政府机构；财政所针对的客体都是经济主体生产的社会财富，即社会产品；财政活动以满足公共需要为目的，占有资源的目的都是满足公共需要。因此，财政作为政府的一种经济行为，具有不同于其他经济主体的特征。具体而言，主要表现为四个特征——公共性、强制性、无偿性、平衡性。

1.公共性

财政的公共性指财政活动的目的是为满足社会公共需求，维护社会公共利益。所谓社会公共需求是指执行政府职能，向社会提供安定秩序、公民生存发展的客观条件的需要，主要包括两点：

（1）执行政府职能的需要。例如，提供国防、外交和公共安全保障等。

（2）提供公共产品的需要。例如，大型公共设施和基础产业投资（主要包括铁路、水利、民航、市政建设等）。

由于这些设施在使用上具有公共性特点，不能完全由企业提供资金，也需要政府出资。

2.强制性

财政的强制性是指财政行为（包括财政收入和财政支出）均以国家的政治权力为保障，通过颁布法令加以实施，从而具有强制性。从财政收入来说，政府强制对部分社会产品进行占有；从财政支出来说，政府凭借国家政治权力对财政支出的规模和用途进行规划安排，并根据一定的政治程序作出决策后，依法强制实施。

3.无偿性

财政的无偿性是指政府的财政收支具有无代价取得和无代价支出的特点。政府获得的财政收入（例如税款）是政府的无偿收入，纳税人在纳税过程中不获得任何权利，也不需要偿还。政府的财政支出一般也具有无偿拨付的特点，不需要受益人偿还。

财政的无偿性与强制性是相一致的。但是，这种无偿性仅仅是形式的体现。

具体而言，从支出的环节来看，公共产品效用的获取和成本分担在时间上和空间上是分离的。从收入的环节来看，政府获得财政收入与提供公共服务在时间上和空间上也是分离的，正是由于这种时间上和空间上的分离，导致了财政无偿性的特点。实际上，财政是有偿的，其形式上的无偿性和实际上的有偿性是统一的。

4. 平衡性

财政的平衡性是指财政收入和支出的平衡。财政的运行过程主要包括收入和支出两个过程。收入与支出作为财政运行过程中相互制约的两方是否平衡，构成财政的主要矛盾。收支的绝对平衡几乎是不存在的。如果收入大于支出，则代表财政盈余，意味着政府拥有大量可以运用的经济资源。但是，常年大量盈余的存在又说明财政资源没有被充分利用。如果收入小于支出，则代表财政赤字，意味着政府已经过度使用了经济资源。适度的财政赤字可能会有利于社会经济的发展，但是，连年不断形成大量赤字只能说明财政运行失控，进而会严重影响市场经济的效率。因此，要围绕收支平衡，合理安排财政收入和支出的规模与结构。

## 二、财政的基本原则

财政原则是指导和规范财政行为过程、处理和协调各种财政关系的基本准则。财政行为过程是为了实现社会经济目标，政府参与社会财富分配，并对社会经济运行进行调节和控制的过程。财政主要原则是处理经济社会体系中公平与效率的关系的基本准则。

**【专栏01】　公平与效率原则**

改革开放以来，随着我国经济的快速发展，居民收入差距也不断拉大。

基尼系数是衡量一国或地区居民收入差距的重要指标。从基尼系数来看，我国1978年的基尼系数为0.317，但进入21世纪以来，我国的基尼系数超过了国际公认的0.4的警戒线水平，此后继续上扬，2008年达到最高值0.49。之后虽然有所回落，但依然远高于0.4的警戒线。收入的不公平程度的加深需要财政政策进行调节。北欧国家芬兰在收入差距调节方面堪称全球典范，国家通过所得税、房产税、财产税、遗产税等税收手段，对高收入人群的收入进行调节。针对资本所得高于劳动所得的特点，芬兰在20世纪90年代初将资本的税率水平从25%提升到29%，并且为社会弱势群体提供完善的社会保障，社会保障投入占GDP的比重一直维持在20%以上。我国曾经的大大小小的财税改革也体现了彰显社会公平原则的精神，致力于缩小贫富差距。通过加强普惠性、基础性、兜底性的民生建设，健全基本公共服务保障标准，建立国家基础标准和地方标准相结合的基本公共服务保障标准体系。同时加强预算约束和绩效管理，不断提升财政资源配置效率和资金使用效率。通过健全地方税体系，培育地方税源；健全直接税体系，逐步提高直接税比例；深化税收征管制度改革，建设高质量发展、社会公平、市场统一的税收制度体系。

（根据相关资料整理）

（一）公平原则

财政公平原则是指政府通过财政分配对市场分配结果进行调节，缩小客观存在的收入差异，进而实现从社会意义上界定的收入分配目标。

财政作为政府调节社会经济的主要政策工具，有动机实施公平原则。在市场经济条件下，劳动者按要素价格在充分竞争条件下进行等价交换，其收入会出现较大差异，从而产生分配不公平的结果。这种分配不公平产生的社会矛盾和社会问题是市场机制难以克服和解决的。因此，需要政府介入社会分配过程，缩小收入差距，缓解因分配不公平产生的社会矛盾，维持社会稳定、促进社会发展。

（二）效率原则

财政的效率原则是指政府财政活动要有利于资源配置的合理化、行政成本的最低化和社会福利的最大化。

由于财政活动会影响经济活动和资源配置，进而对资源配置的合理性及有效性产生影响，因此效率原则成为财政活动所遵循的基本原则之一。具体来说，主要涉及三个方面：

（1）财政从居民和企业依法征收的财富总量应当是最适当的，保证社会资源在私人部门和公共部门之间形成最佳配置状态。

（2）财政在从私人部门征收财富的过程中，应避免引起市场活动的扭曲，避免损害市场效率。

（3）财政在安排使用归自身支配的那部分资源的过程中，也要以实现资源的有效配置为目标。

（三）公平原则与效率原则的协调

在市场经济条件下，分配不公平是遵循效率原则的结果。因此，要实现公平原则，只能采用非市场等价交换的方式，而这将影响市场效率。但是，如果完全依靠市场机制调节，导致社会分配不公平发展到超出社会可容忍的限度时，激烈的社会矛盾与社会冲突将影响市场的良性运行，市场活动效率会随之下降，进而影响公平原则的长远实施。

因此，在政府的财政活动中，要对公平与效率的关系进行协调。协调的首要前提是对市场机制和政府机制的职责分工进行明确，即市场机制在资源配置中起决定性作用，政府在市场机制失效的范围内采取计划、行政的手段加以配置。

在我国社会主义初级阶段的国情之下，处理公平与效率两者的关系通常遵循的是“效率优先，兼顾公平”的原则。优化资源配置，实现效益最大化，是保证公平的前提条件。公平原则是社会主义国家所追求的根本目标之一。只注重效率，忽视公平，将导致社会贫富差异越来越大，从而终将影响社会的稳定。

## 第二节 市场和政府

### 一、市场经济的运行原理

市场经济是指以市场机制作为调节经济运行主导力量的经济制度。所谓市场机制是指以市场主体的经济利益为纽带在各个市场要素之间建立的联动关系。当市场环境受到冲击而改变时，市场主体基于自身的利益必然会改变投资和消费决策，进而发生一系列连锁变动。市场机制的调节可以提高市场资源配置的效率，提升国民福利水平，促进社会经济发展。市场机制的核心是价格机制。价格机制指市场供求状况与商品价格相互联系、相互制约的关系。

市场经济的制度基础或哲学基础是“经济人”假设。所谓“经济人”假设，是指所有人均是追求个人利益最大化的理性者。在经济活动中，由于生产者和消费者均为理性的经济人，生产者会想方设法向社会提供价格高、利润高的产品，消费者会想方设法购买价格低、价值高的产品。在二者的不断博弈中产生的市场机制，推动了市场经济的运作。

西方经济学认为，在完全竞争的市场中，交易双方掌握的信息是完备的。价格是由所有市场参与者共同决定的，任何单一的买者和卖者都只是被动地接受价格，此时市场是最有效率的。然而，现实中的市场并不完全符合完全竞争市场的假定条件，而且存在种种市场失灵，因此需要政府进行宏观调控来克服这种失灵。

**【专栏02】 “蒜你狠”与市场失灵**

2016年秋季，大蒜价格又一轮上涨，再次让这个餐桌上的大众食材成了“高价货”。和之前类似，这轮的“蒜你狠”一时间引发了广泛的关注及讨论。

农民说：“我们种蒜比较辛苦，收的时候一棵一棵挖，赚的是个辛苦钱。蒜价的涨跌感觉跟赌博差不多，明年价格也不知道会咋样，只能听天由命了。”

中间商认为有人在囤蒜惜售，他们分析说：“大蒜价格主要靠市场来调节，一方面市场上有大户‘炒蒜、搅局’，另一方面小户在‘上涨行情’影响下惜售。其实囤大蒜的人今年亏、明年赚，总体上真正赚钱的只有20%左右，看不准行情的人还是占大多数。”

卖蒜者说：“售价涨也是没办法，因为批发价涨了，而且大蒜主要是从山东等外省份运过来，人工费用高，又大多是库存、风干的大蒜，批发价就更高了，店里卖的价格也得高。但是，我们并没有多少利润。”

消费者说：“现在大蒜价格涨这么多，我们也只好少买少吃了，没办法。”

▍资料来源　刘照普．大蒜疯涨调查：蒜商包地炒蒜 有人筹数千万欲囤蒜［J］．决策探索：上半月，2016（6）：42-43.

大蒜的价格是由市场的无形之手决定的，但是在这一过程中，市场的价格形成机制并没有有效地配置资源，反而损害了消费者、生产者和销售者的福利。这是市场失灵的明显体现。

**二、市场失灵**

市场失灵也称为市场缺陷，是指纯粹市场机制的现实调节结果无法达到理想状态。市场失灵的主要表现形式包括：

（1）垄断

（2）外部性

（3）信息不对称

（4）交易成本

（5）收入分配不公平

1. 垄断

垄断是指某一个或几个厂商通过控制原料产地、销售渠道，进而通过减少或增加产品供应量来控制市场及市场价格，获得垄断利润。市场机制的高效率依赖于竞争。但在现实生活中，由于规模效益、产品之间的差别、厂商串通等问题，部分市场会产生垄断。垄断厂商可以通过限制产量、提高产品价格等损害消费者福利的方式，获得垄断利润。由于垄断的存在使价格信号失灵，因此市场机制的调节在这一过程中是无效的。

2. 外部性

外部性指人们从事某项经济活动对他人和社会产生了影响，但行为人并没有因此获得相应的收益或者支付相应的成本。通常，外部性分为正外部性和负外部性。正外部性是指经济主体的经济活动对其他主体产生收益，自己并没有得到成本补偿。负外部性是指经济主体只享有其经济活动的收益，而把成本转移给其他主体承担。市场机制是无法有效调节外部性的。

3. 信息不对称

市场资源配置的效率依赖于信息完全假设。但在实际经济生活中，交易双方对于未来信息的占有是不对称的，居于信息弱势的一方无法依据这样的信息作出对自己最有利的决策，从而阻碍了市场机制对资源进行有效配置。

4.交易成本

完全竞争市场描述的是无阻力和无摩擦的市场，即所有交易成本均为零。但在现实生活中，市场交易是有成本的，生产结构的调整不可能在瞬间无成本完成，因此市场机制的调节无法有效发挥效力。

5.收入分配不公平

社会理想的收入分配结构应是兼顾公平和效率的分配结构，但是纯粹由市场机制决定的分配结构却有扩大收入差距的倾向，因为市场经济是按照社会主体在财富生产中所做的贡献大小来分配收入的。由于各人的禀赋不同，导致其在收入分配中所占有的份额存在着很大的差距，这种差距又会长期存在甚至在子孙代际纵向传递。因此，收入分配不公平的后果不仅与社会公平的目标相冲突，也会在宏观上影响经济效率，最终影响到市场机制本身的存在。

【专栏03】 游乐场的悲哀

假设一条小河的流域内只存在一个游乐场和一个纺织厂，并且纺织厂处于小河的上游。小河的水流量很小，其纳污能力或水环境净化容量几乎为零。纺织厂和游乐场都想利用小河的水资源。纺织厂想把小河作为纳污体，将未经处理的印染废水直接排入小河；游乐场则想利用河水来吸引游客休闲娱乐（如游泳、垂钓和划船等）。如果这两家企业或公司不属于同一个老板或归同一主管单位所有，那么该河流资源的有效利用是不可能的，其原因可以从以下几方面来分析：

（1）纺织厂不承担废水处理费用。

（2）纺织厂不承担由于它向河里排放废水引起游乐场收入减少的损失补偿。

（3）纺织厂生产的产品的消费者不是游乐场。

（4）游乐场生产函数中的投入要素除了一般的资本、劳动和土地外，还有取自小河的水量和水质。

（5）小河的水资源既不为纺织厂所有，也不为游乐场所有。

在这种情况下，游乐场收入的减少完全不可能反映在纺织厂的生产成本核算之中，其结果是纺织厂产量越高、排放废水量越大，小河污染也越严重，游乐场的收入也越少，最后导致游乐场只能关闭或另寻水源。我们称这种纺织厂给游乐场带来不利影响的现象为外部性，确切地说，这是一种负外部性或外部不经济性。

▎资料来源 王金南. 环境经济学［M］. 北京：清华大学出版社，1994.

因此，市场经济以市场机制为主导调节力量，但单纯的市场机制有可能存在调整失灵的情况，需要政府实施宏观调控，从而在市场机制失灵时对资源进行有效配置。在这一过程中，政府活动的大致范围就是市场失灵的范围。主要包括：

（1）维护竞争，反垄断。即由政府采取经济、法律、行政等措施，对于垄断行为进行制裁，维护市场的有效竞争，培育和保护市场配置资源的能力。

（2）矫正外部效应。由政府通过罚款、补贴等方式消除市场参与者的外部收益或者外部成本。

（3）消除信息不对称。政府采取经济、行政、法律等措施强制要求信息优势方提供公开、透明、及时的信息，并进行信息真实性鉴别。

（4）调整收入。由政府采用税收或转移支付等手段调整社会各阶层的收入分配，维护社会稳定。

**三、公共产品理论**

公共产品理论是政府参与经济活动的重要依据，是增进社会福利不可或缺的部分，是政府财政支出的重要方面。

1. 公共产品的定义和特征

公共产品是指能够同时供许多人共同享用的产品和劳务，并且供给它的成本与使用它的效果并不因使用它的人数规模的变化而变化。与公共产品相对应的是私人产品，它主要是指产品效用可以分割，能够分别提供给不同的个人，并且不具有外部性的产品。

公共产品与私人产品是社会生产提供产品中的典型两极。但是经济生活中很多产品兼顾公共产品和私人产品的双重性质，而又不具有单一的、完整的公共产品或私人产品的属性。这种产品被称为混合产品。

2. 公共产品的主要特征

公共产品的特征主要有两个：消费的非竞争性和收益的非排他性。

（1）消费的非竞争性

消费的非竞争性是指公共产品一旦被提供，增加一个人对物品的消费，并不会减少其他任何人对同一物品的消费机会和消费数量。而私人产品则通常由某一消费者进行消费后，就减少了其他消费者对此物品的消费机会和消费数量。

（2）收益的非排他性

收益的非排他性是指公共产品一旦被提供给某个人，就不可能阻止其他人对这种物品的消费，或者想要禁止其他人消费这种物品的成本很高。因此，在公共产品的消费中就容易出现搭便车现象，即得到公共产品收益但拒绝为此支付成本。

3. 市场机制在公共产品调整上的失灵

一般来说，市场机制在公共产品供给和需求调整过程中的作用较为有限。公共产品具有非竞争性和非排他性，因此只要有公共产品存在，所有的公众都可以消费。由于任何居民对公共产品的消费都不会导致其他居民对公共产品消费的减少，理性的消费者会选择搭便车，即希望由别人来提供公共产品，而自己则坐享其成。这样，选择的结果可能就是大家都不提供公共产品。在必要的公共产品缺乏的情况下，社会经济的客观需要无法得到满足，就会导致社会资源配置效率的大大降低。

市场机制在提供与调整公共产品过程中容易出现失灵。因此，公共产品的提供通常依赖于政府等公共部门，而公共部门提供公共产品需要通过对公共需要进行评估，其提供公共产品的目的是满足公共需要。

公共需要相对于私人需要来说，具有总体性和不对称性。总体性是指社会公众对公共产品的需求是群体在生产生活中的总体需要，是必须由政府集中执行的和组织需要的。不对称性是指社会成员接受公共产品满足公共需要，并不是等价交换原则，各社会成员的付出与所得是不对称的。

政府通过公共需要进行评估，根据评估结果决定提供哪些公共产品。社会公共需要的范围很广，包括政府执行其职能及某些社会职能的需要，从广义上还包括调节产业乃至整个经济体系而采取的各种政策措施及提供的服务。

**四、正确处理市场和政府的关系**

市场经济和政府宏观调控是两种不同的资源配置机制。市场配置资源并非万能的，由前所述，经济体系中存在市场失灵等资源的扭曲配置现象，需要政府宏观调控对市场所做的资源配置进行纠正和补充。而政府的宏观调控也同样存在缺陷。政府的运行受政治权力驱动。政治本身不是创造财富的人类活动，却可以支配财富。为了支配财富，政治权力有动力凌驾于经济并支配经济，反而扭曲了资源配置。正确处理经济体系中市场和政府的关系，可以在充分发挥市场配置资源的能力的同时，把握政府干预的范围、方式和力度，减少减轻政府调控的缺陷，提高政府效率，维护市场配置资源的基础性作用。

改革开放以来，我们党在推进社会主义事业的伟大开拓创新中，不断加深了对政府与市场的关系的认识，相应作出了一系列历史性的重大决策。

1978年12月，作为改革开放起点的党的十一届三中全会提出：应该坚决按经济规律办事，重视价值规律的作用。同时指出："现在我国经济管理体制的一个严重缺点是权力过于集中，应该有领导地大胆下放，让地方和工农企业在国家统一计划的指导下有更多的经营管理自主权。"十一届三中全会开启了我国波澜壮阔的改革开放的伟大征程。

1982年9月，党的十二大明确提出了有系统地进行经济体制改革的任务，指出正确贯彻计划经济为主、市场调节为辅的原则，是经济体制改革中的一个根本性问题。要正确划分指令性计划、指导性计划和市场调节各自的范围和界限，在保持物价基本稳定的前提下有步骤地改革价格体系和价格管理办法，改革劳动制度和工资制度，建立起符合国情的经济管理体制，以保证国民经济的健康发展。这里，明确提出了计划经济与市场调节的主辅关系，即政府与市场的关系。这一阶段，我国对市场和政府关系的定位是政府为主（计划经济为主）、市场调节为辅的模式。

1987年9月，党的十三大提出："社会主义有计划商品经济的体制，应该是计划与市场内在统一的体制。"并指出："新的经济运行机制，总体上来说应当是'国家调节市场，市场引导企业'的机制。"为此，十三大报告还提出必须把计划工作建立在商品交换和价值规律基础上，逐步缩小指令性计划范围，扩大指导性计划范围，最终实现以间接控制为主、计划与市场内在统一的模式。

1992年10月，党的十四大明确提出建立社会主义市场经济体制，"要使市场在社会主义国家宏观调控下对资源配置起基础性作用"，这为长期纠结于"计划"和"市场"关系的改革开启了一个新的里程碑。至此，我们党对社会主义市场经济的认识、对政府和市场关系的认识达到了一个新高度：市场经济不仅仅是市场竞争机制、供求机制和价格机制，更是一种资源配置机制，并且不同于原有的政府计划一切事务、配置一切资源的经济体系，提出市场在资源配置中起基础性作用。市场配置资源逐渐由原有的从属地位逐渐变得重要起来。

1997年9月，党的十五大明确提出了形成比较完善的社会主义市场经济体制的目标，指出"坚持和完善社会主义市场经济体制，使市场在国家宏观调控下对资源配置起基础性作用"，并要求充分发挥市场机制的作用，健全宏观调控体系，更加深化了对政府与市场关系的认识。

2002年11月，党的十六大提出："健全现代市场体系，加强和完善宏观调控。在更大程度上发挥市场在资源配置中的基础性作用，健全统一、开放、竞争、有序的现代市场体系。"并明确要求："完善政府的经济调节、市场监管、社会管理和公共服务的职能，减少和规范行政审批。"

2007年10月，党的十七大提出："要深化对社会主义市场经济规律的认识，从制度上更好发挥市场在资源配置中的基础性作用，形成有利于科学发展的宏观调控体系。"并要求："加快推进政企分开、政资分开、政事分开、政府与市场中介组织分开，规范行政行为，加强行政执法部门建设，减少和规范行政审批，减少政府对微观经济运行的干预。"这里，强调从制度上更好地发挥市场的基础性作用，也是对市场作用的重视和强化。

2012年11月，党的十八大指出，经济体制改革的核心问题是处理好政府和市场的关系，必须更加尊重市场规律，更好地发挥政府的作用。并明确要求，完善宏观调控体系，更大限度、更广范围地发挥市场在资源配置中的基础性作用，完善开放型经济体系，推动经济更有效率、更加公平、更可持续发展。这里，更加突出了市场的作用，也强调了要更好地发挥政府的作用。

2017年10月，党的十九大报告提出了“新时代坚持和发展中国特色社会主义的基本方略”，明确指出“使市场在资源配置中起决定性作用，更好发挥政府作用”，将其作为全面贯彻党的基本理论、基本路线、基本方略的组成部分。要求“着力构建市场机制有效、微观主体有活力、宏观调控有度的经济体制，不断增强我国经济创新力和竞争力”。这表明了我们坚持社会主义市场经济体制的坚定信心，要推动市场在资源配置中发挥决定性作用，并更好地发挥政府的作用，全面建设现代化经济体系，推动经济高质量发展。

2022年10月，党的二十大报告指出：“坚持和完善社会主义基本经济制度，毫不动摇巩固和发展公有制经济，毫不动摇鼓励、支持、引导非公有制经济发展，充分发挥市场在资源配置中的决定性作用，更好地发挥政府作用”；要“构建全国统一大市场，深化要素市场化改革，建设高标准市场体系”。

## 第三节 财政职能

财政职能是指财政作为经济范畴所具有的内在功能。在市场经济条件下，财政的职能是由政府行使的，旨在保持社会经济的和谐发展，并对市场机制的调节能力进行补充。一般来说，财政的职能主要有三个：优化资源配置、调节收入分配和促进经济稳定增长。

### 一、优化资源配置

财政优化资源配置职能是指财政通过其收支活动及相应的财税政策的制定、调整和实施，对社会资源进行调节和引导，保持资源结构的合理化，进而获得最大的经济效益和社会效益。财政优化资源配置的功能主要是通过三个路径实现的，具体表现为：

（1）通过确定财政收入占国内生产总值的比例，确定社会公共产品需要的基本范围和政府提供公共产品的基本能力，进而进行有效的资源总体配置。在实行分税制之前很长的一段时间里，我国财政预算收入占国内生产总值的比例过低，政府提供公共产品的能力不足，无法保证科学、教育、社会保障等重点领域的支出。随着我国财政收入占国内生产总值的比重逐年上升，政府提供公共产品的能力不断增强，使得政府可以在更为广泛的范围内配置资源。但是，也要防止财政收入占比过高，从而影响市场机制配置资源的基础地位。

（2）优化财政支出结构，促进社会资源配置整体效率的提高。通过优化财政支出结构，保证重点支出，压缩一般支出，可以有效提高资源配置效率。同时，通过制定国民经济发展规划明确引导资源配置方向，向农业、教育、科技等经济社会发展的重要环节倾斜，向落后地区和经济困难群体倾斜，进而促进整体配置效率的提高。

（3）通过政府投资、税收和补贴，调节社会投资方向和经济结构。政府直接投资和补贴政策能够有力地支持基础设施建设等有正外部性的项目，不仅保证了国家重点建设项目的顺利进行，还能够带动和促进民间投资、吸引外资和对外贸易。提高特定税率等方式则有利于限制具有负外部性的项目。因此，通过使用不同的政策措施，合理安排政府投资的规模和结构，有利于政府对市场配置资源过程发挥引导作用。

**二、调节收入分配**

财政的收入分配职能指财政对参与收入分配的各主体利益的关系进行调节，实现收入公平分配的目标。运用财政政策手段对收入分配进行有效调控，基本上是通过调节企业的利润水平和居民的收入水平来实现的，主要表现为：

（1）划清市场机制与财政分配在收入分配领域的界限和范围。属于市场分配的范围，政府的财政分配不能越界；属于财政分配的范围，政府财政应当尽职。例如，个人劳动成果（主要包括工资、租金收入、财产收入、股息收入等）的分配应当由市场机制负责，而社会保险、社会福利和社会保障等，则应由财政集中分配，实现社会化。

（2）通过设置税收杠杆进行收入分配调节，力图实现收入公平。政府主要通过税收设置和差别税率来调节劳动者的收入水平和财富占有水平。例如，通过间接税可以调整各类商品的相对价格，增加高收入者的消费支出，间接缩小个人收入差距；通过企业所得税调节公司的利润水平；通过个人所得税调节个人劳动收入与非劳动收入差距；通过财产税对社会财富进行全方面调控，进行再分配，减少因财产代际转移形成的收入差距。

（3）通过设置转移性支出进行收入分配调节，促进收入公平的实现。通常，转移性支出包括直接财政补贴和间接财政支出。政府通过直接财政补贴能够提高低收入者的收入水平，改变收入分配的差别程度，保障每个社会成员都能获得基本的福利待遇。政府通过社会保障支出、救济支出等间接财政支出，向低收入者提供公共产品和公共服务，改善低收入者的工作生活环境，从而实现对收入分配结构的间接调整。

### 三、促进经济稳定增长

财政的经济稳定和增长功能是指通过财政分配实现充分就业、价格稳定、经济增长及国际收支平衡等宏观经济政策目标。在市场机制的作用下，一国经济难免会出现经济波动和经济停滞。通过调整财政收支结余的数量和结余方向，有利于熨平经济波动、促进经济增长。

## 第四节 财政理论的演进

理论是随着实践的演进而不断发展的，财政理论也不能例外。从财政理论的形成过程来看，它随着人类经济活动历史的不断发展而产生并演进的。

### 一、西方财政理论的演进

#### （一）原始积累时期的财政理论

从人类经济发展的过程来看，西方财政理论在原始积累时期已出现萌芽并逐步发展。此时，许多出现在人类生活中的财政问题得到了广泛关注，但是，系统的财政学理论体系并没有形成。这一时期的财政理论主要有侧重流通领域的重商主义学派、侧重财政收入管理的官方学派和侧重农业发展的重农主义学派。而随着大航海时代的到来以及对外贸易的快速发展，受重商学派影响的财政理论占据了主导地位。

这一时期，威廉·配第、托马斯·曼、魁奈、尤斯蒂等人分别提出了不同的财政观点，从不同角度推动着萌芽期的财政理论的发展。

重商主义学派中，威廉·配第1662年出版的《税赋论》是最早涉及财政问题的一本专著。配第认为，国家财政的主要来源是农业和制造业，国家为了财政收入应当合理干预经济，同时实行自由贸易。他十分注重赋税的合理征收，反对人口税，主张以流通税代替其他税收。注重社会保障性支出，认为国家应当消减行政军事等方面的支出，注重对孤儿及贫民的救济和各种公共福利事业的经费支出。托马斯·曼也在《英国得自对外贸易的财富》中认为，扩大对外贸易的巨额顺差是增加国家财富的手段。

重农主义学派的代表人物魁奈在其著述的《经济表》中认为，土地是国家财政的唯一来源。他赞成对土地进行征税，并且要求控制政府支出，将政府活动限制在小范围内，政府支出尽可能少。

尤斯蒂则从支出、收入、紧急需要等方面对各种财政问题进行了探讨。他提出，国家为了共同福利而存在，国家的收入来源是国家财产，而税收是最后的收入手段，当政府处于紧急情况需要资金时，政府可以借贷，而后以税收偿还债务的利息。

（二）自由竞争时期的财政理论

亚当·斯密的《国富论》标志着财政学开始建立其基本的学科体系。此时，经济自由主义正逐步替代重商主义。以英国为代表的经济自由主义认为，政府应尽可能少地干预经济，发挥市场的主导作用。同时，地处欧洲大陆，以德国为代表的国家干预主义，则主张通过国家的干预保护经济的发展。

亚当·斯密通过《国富论》主张经济自由主义，认为人们的经济活动是由市场这只“看不见的手”来调整的。因而，他反对国家干预经济，主张经济自由。因此，他认为，政府应当设计公平、确实、简便和征税成本少的税制，尽量缩小职能、压缩开支。

大卫·李嘉图则从税收和公债方面讨论了财政问题，对税收转嫁和归宿理论进行了分析，并且指出政府的举债对国家真实的财政状况具有欺骗性，政府的债务负担是有一定限度的，而税收对资本投入经济具有阻碍作用。因此，他反对征收资本税。

马尔萨斯1820年出版了《政治经济学原理及赋税原理》。他反对配第、斯密等人的财政观点，认为资本主义自由竞争并不能完全避免经济危机，经济危机的根源在于经济体系内部原生性的有效需求不足。因此，国家对经济的干预是必不可少的。他认为，国家可以通过增加公共基础设施支出而增加财政支出，从而扩大需求及维持就业。而与财政支出相适应，国家可以通过增加税收和发行公债来弥补收入的不足。

让·巴·萨伊则认为资本主义私有制和自由竞争是人类的理想生产方式，供给能够自动创造需求，因此资本主义生产方式不会产生经济危机。就某一局部而言，供给和需求可能不会出现均衡，但是价格和利润的运动会自发驱使供给和需求达到均衡，就整个社会而言，总供给和总需求必然相等。因此，他主张“廉价政府”和“减税”。

这一时期，德国经济学家的财政观点通常是一种国家干预主义。他们为国家干预找到了一种理由，为以后的财政调控经济理论提供了借鉴。瓦格纳在其《财政学》中提出，政府是财政收入支出活动的主体，国家凭借其强制力取得社会产品分配的权力，而国家本身也是一个经济单位和经济机构，具有生产性，其基本方式是税收和征用。他将财政收入分为商业性的和公共性的。他认为财政的本质是生产性、非特质性、随意性兼具限制性、强制性、无偿性、政治性和公共服务性。威廉·罗雪尔将财政分为私权的国家财政观和社会的国家财政观。他认为，私人的国家财政观主要依靠私人的财源及国家事业而存在，而社会的国家则是依靠赋税而存在的。

（三）现代经济时期的财政理论

随着西方社会经济的重大变革，财政理论也随之进行了调整。

首先是凯恩斯主义的财政理论登上了历史舞台。凯恩斯财政理论主要基于其1936年出版的《就业、利息和货币通论》一书。在该书中，凯恩斯受大萧条触动，从宏观经济角度，以整个国民经济为研究对象，提出有效需求不足是经济危机产生的重要原因，因而政府采用财政手段弥补有效需求不足成为可能，政府的财政赤字及公债发行也是必然之举。

马斯格雷夫则贯彻和发展了政府干预主义。他是公共经济学的主要奠基人，也被一些学者称为“现代财政理论之父”。他创造性地将财政学从制度性和描述性的研究转换为使用微观和凯恩斯宏观经济学工具的研究。他强调国家的规制能动性，认为公共部门增长有其理由，反对过分限制政府开支和简单追求预算平衡，主张政府积极活动及进行大规模支出。

公共产品和社会选择是凯恩斯主义后现代经济财政发展的两大成果。萨缪尔森首先对公共产品和私人产品进行界定，后又进一步阐述了公共产品的有效供给理论。社会选择理论则从个人对财政制度的选择入手，直接推动税收理论和公共支出理论的发展。

布坎南则对社会选择论进行了详细阐述。他在公共选择理论上秉承古典自由主义观点，认为经济问题根源于政治，主张慎重选择政府行为，对政府财政进行规则约束。他还认为，财政需要平衡预算的宪法进行约束。对税收结构与水平的决策，应当在立宪阶段作出，采取程序限制及数量限制的方式对财政支出进行约束。

**二、中国财政理论的演进**

在中国长达几千年的历史中，不少思想家和理财家都从政治与经济的角度提出过一些财政思想与建议。在关于财政与经济的关系方面，阐明了经济决定财政、财政影响经济的论点。例如，管仲提出“治国必先富民”；刘晏提出“理财必先养民”；魏源则提出“善养财者”，呼吁朝廷应考虑培养税源。在财政收入方面，提出广开财源、取之有度。比如，桑弘羊提出盐铁专卖；刘晏提出食盐专卖。对于合理安排财政支出，中国古人也很有建树。例如，周公曾“以九式定支出”。同时，重视财政对于经济的调节作用，如桑弘羊推行均输法、平准法；刘晏提出了局部食盐专卖法等。

20世纪以来，中国财政理论的发展经历了两个阶段：

中华人民共和国建立之前，公共财政理论占主导地位。这一时期，我国财政理论基本以引入西方财政理论为主。如陈启修的《财政学总论》、寿景伟的《财政学》等都阐述了公共财政理论的观点。陈启修（1924）认为，“财政者公共团体之经济或经济经理也；易词言之，即国家及其他强制团体当其欲满足其共同需要时关于所需经济的财货之取得、管理及使用等各种行为之总称也”。而寿景伟（1926）则明确提出了“公共财政”的概念，并从公共财政的角度进行了分析。当时的中国财政理论研究大多基于西方的公共财政理论。

中华人民共和国建立之后，社会主义财政理论则在与1949年之前的公共财政学决裂的基础上发展起来。先是借鉴当时苏联的财政理论，而后又结合我国的实际进行财政理论研究，先后出现了“国家分配论”“社会共同需要论”等不同学说，从不同角度探索了中国特色的财政理论。

改革开放之前，国家分配论成为我国财政理论的主流。这一学说认为财政随剩余产品的出现及国家的产生而产生，财政与国家有本质的联系。国家财政本质是国家为实现其职能的需要，凭借权力参与国民收入分配所形成的分配关系。

改革开放以后，我国的财政研究得到了进一步发展，出现了强调满足社会共同需要的社会共同需要论等学派。该学派认为，财政的本质是满足社会共同需要，形成社会集中化的分配关系。凡以社会代表占支配地位的主体分配，又是以满足社会共同需要为目的的分配，均形成财政关系。

20世纪90年代，随着西方公共财政学重新传入中国，部分学者试图将马克思主义经济理论与西方财政学进行综合，而构建中国财政理论体系，需要在基本事实的基础上，总结基本经验，吸收并结合西方财政理论中具有高度可行性和可借鉴意义的内容，提炼高度抽象的基本原理。故此，要深刻总结有中国特色的实践过程并归纳提炼出适用的财政理论，并不能简单地照搬西方的经验判断。《中共中央关于全面深化改革若干重大问题的决定》提出“财政是国家治理的基础和重要支柱，科学的财税体制是优化资源配置、维护市场统一、促进社会公平、实现国家长治久安的制度保障”，这一提法从国家现代化治理层面明确了财政的地位和功能，当前很多学者认为，应当沿着这一思路来研究中国特色的财政理论的基础和发展方向。

## 本章小结

财政是以政府为主体，为了满足公众的公共需要，通过政府的收支活动对社会产品价值进行分配和再分配的政府经济活动。财政作为政府的一种经济行为，具有公共性、强制性、无偿性、平衡性。财政以处理经济社会体系中公平与效率的关系为主要原则。

政府调控经济的前提是需要明确市场机制与政府调控之间的边界。市场机制是指以市场主体的经济利益为纽带在各个市场要素之间建立的联动关系。市场机制的现实调节结果无法达到理想状态则会出现市场失灵。市场失灵主要的表现形式包括垄断、外部性、信息不充分、交易成本、收入分配不公平。

政府通过财政职能执行财政事务。财政的职能是由政府行使的，旨在保持社会经济的和谐发展，并对市场机制的调节能力进行补充。一般来说，财政的职能主要有三个：优化资源配置、调节收入分配和促进经济稳定增长。

## 复习思考

**一、名词**

（1）财政（2）财政职能（3）市场失灵（4）公共产品

**二、简答**

（1）公共产品有何特征？

（2）市场失灵的主要表现形式是什么？

**三、论述**

财政职能及其实现形式如何？

第二章

# 财政支出

财政支出是一国政府影响和调节社会经济发展的重要政策工具。

本章将学习财政支出的相关内容，包括定义、类型、支出的规模和结构及绩效。

## 第一节 财政支出的定义和类型

### 一、财政支出的定义和特征

财政支出是指政府为实现其职能，对集中的财政资金进行有计划地分配和使用的过程。从数量上看，财政支出等于各级政府在一个预算年度（通常为1年）的支出总和（不包括政府间的转移支出，以避免重复计算）。从功能上来看，财政支出规模和结构的变化反映了政府支出数量和范围的变化，也反映了政府的政策选择。

从定义来看，财政支出主要包括两个特征：公共性和计划性。

#### （一）公共性

财政支出是以社会福利最大化为目标，满足公共需求的一种资源配置活动。为了满足社会公共需求，一国政府通过财政支出提供大量的公共产品和服务，体现了公共性的特点。

#### （二）计划性

一般来说，财政的计划性是指一国政府根据当年的财政预算来安排其财政支出，即使是出现预算未安排的临时性财政支出，也须经同级权力机构批准后才能实施。财政支出的计划性主要体现在两个方面：

（1）预算本身就是政府的年度收支计划，预算中的财政支出不仅要进行事前的编制，而且要形成完整的文本，经同级权力机构批准后，具有法律效力。财政支出的执行要严格按照预算计划，并接受同级权力机构监督。

（2）当年预算未安排的财政支出，要提出预算执行调整报告，论证其支出的合理性，经同级权力机构批准后方可实施。

## 二、财政支出的原则

财政支出的原则是政府在组织和安排财政支出过程中应遵循的基本原则。具体来说，财政支出是为了满足政府支出和调节经济运行的需要，因此应当遵循效率、公平和稳定三大原则。

### （一）效率原则

财政支出的效率原则，是指财政支出应当作为市场机制的补充在资源配置过程中发挥作用。经济运行中，由于市场存在固有缺陷，会有市场失灵现象发生。政府通过财政支出达到优化资源配置、调节经济良性发展的目的。整体来说，财政支出过程中社会的所得应当大于社会的损失，也就是资金的支出要考虑效率。

### （二）公平原则

财政支出的公平原则，是指财政支出要促进社会公平，提高社会总体福利水平。市场经济对资源的配置是通过价格机制进行调节的，而单纯依赖市场容易使社会阶层收入差距过大，出现“贫者愈贫，富者愈富”的马太效应。因此，政府需要通过财政支出进行社会再分配，实现社会相对公平。通常，政府通过对弱势群体的转移支付调整社会各阶层的收入，使社会收入差距控制在可接受范围内，从而维持社会稳定。

### （三）稳定原则

财政支出的稳定原则，是指财政支出应促进社会经济稳定运行。由于市场失灵，价格机制无法有效协调所有经济活动实现经济均衡，因此，经济体常常出现周期性波动、失业和通货膨胀等现象。政府可利用财政支出手段对经济进行调节，通过扩大或缩小财政支出规模、调节财政支出结构，实现经济的稳定发展。此外，财政部门通过资源配置和收入再分配，缩小了收入差距，进而实现社会稳定。

## 三、财政支出的类型

财政资金支出结构建立在财政支出分类的基础之上。适当的财政支出分类可以保证政府预算编制的科学性，促进社会公众对政府财政状况的认识。财政支出具有不同的分类方式，反映了政府配置社会资源和执行职能的不同方面。

（一）按经济性质分类

从形式上看，各项财政支出虽然都表现为资金从政府流出，但由于具体的用途不同，其最终的经济影响也是存在差异的。因此，根据支出的不同经济性质，财政支出可以划分为购买性支出和转移性支出。

购买性支出是指政府向市场直接购买物品或服务的支出，包括维持日常政务活动或政府投资所需的商品和服务。

转移性支出是指政府运用财政资金进行无偿的单方面转移，包括养老金、财政补贴、失业救济等方面的支出。

按经济性质对财政支出进行分类，可以表明政府的各项具体支出存在着不同的经济影响，便于对财政支出进行经济分析。购买性支出和转移性支出对于社会福利水平和结构的影响是不同的。

购买性支出是政府通过财政资金在市场上直接与微观经济主体发生商品服务的交换，对经济具有直接影响，发挥资源配置职能。

转移性支出则是政府通过资金单方面转移对不同部门的财力分配产生直接影响，发挥着收入分配的职能。

因此，在一国财政支出中，如果购买性支出占比较大，说明该国的财政政策方向偏重于资源配置；如果转移性支出占比较大，说明该国的财政政策方向偏重于收入分配。

（二）按支出收益时间分类

财政支出产生的公共产品和公共服务，可使社会在不同时间段内获得收益。根据财政支出产生收益的时间不同，可以将财政支出分为经常性支出和资本性支出。

经常性支出是指维持公共部门正常运转或保障人们基本生活所必需的支出，主要包括人员经费、公用经费等。

资本性支出是用于购买或生产使用年限在1年以上的耐用品所需的支出。

按支出收益时间对财政支出进行分类，可以度量财政支出在产生公共产品和公共服务的时间差异，并为筹措不同期限下弥补公共产品成本的财力提供依据，实现公共产品收益-费用的时间公平。

（三）按政府功能分类

政府为管理社会必须承担一定的具体职能。因此，按照政府的主要功能类型对财政支出进行分类，不仅便于政府部门编制财政预算，而且有利于社会公众了解财政支出的方向、规模，进行有效监督。

根据财政部2021年颁布的《政府收支分类科目》，财政支出按照功能划分主要包括以下类型：

1.一般公共服务支出

一般公共服务支出，包括人大事务、政协事务、政府办公厅（室）及相关机构事务、发展与改革事务、统计信息事务、财政事务、税收事务、审计事务、海关事务、人力资源事务、纪检监察事务、商贸事务、知识产权事务、民族事务、港澳台侨事务、档案事务、民主党派及工商联事务、群众团体事务、党委办公厅（室）及相关机构事务、组织事务、宣传事务、统战事务、对外联络事务、其他共产党事务、网信事务、市场监督管理事务、其他一般公共服务支出。

2.外交支出

外交支出，包括外交管理事务、驻外机构、对外援助、国际组织、对外合作与交流、对外宣传、边界勘界联检、国际发展合作、其他外交支出。

3.国防支出

国防支出，包括现役部队、国防科研事业、专项工程、国防动员、其他国防支出。

4.公共安全支出

公共安全支出，包括武装警察、公安、国家安全、检察、法院、司法、监狱、强制隔离戒毒、国家保密、缉私警察、其他公共安全支出。

5.教育支出

教育支出，包括教育管理事务、普通教育、职业教育、成人教育、广播电视教育、留学教育、特殊教育、进修及培训、教育费附加安排的支出、其他教育支出。

6.科学技术支出

科学技术支出，包括科学技术管理事务、基础研究、应用研究、技术研究与开发、科技条件与服务、社会科学、科学技术普及、科技交流与合作、核电站乏燃料处理处置基金支出、科技重大项目、其他科学技术支出。

7.文化旅游体育与传媒支出

文化旅游体育与传媒支出，包括文化和旅游、文物、体育、广播电视、新闻出版电影、其他文化体育与传媒支出。

8.社会保障和就业支出

社会保障和就业支出，包括人力资源和社会保障管理事务、民政管理事务、补充全国社会保障基金、行政事业单位养老支出、企业改革补助、就业补助、抚恤、退役安置、社会福利、残疾人事业、红十字事业、最低生活保障、临时救助、特困人员救助供养、补充道路交通事故社会救助基金、退役军人管理事务、其他生活救助、财政对基本养老保险基金的补助、财政对其他社会保险基金的补助、其他社会保障和就业支出。

9. 卫生健康支出

卫生健康支出，包括卫生健康管理事务、公立医院、基层医疗卫生机构、公共卫生、中医药、计划生育事务、行政事业单位医疗、财政对基本医疗保险基金的补助、医疗救助、优抚对象医疗、医疗保障管理事务、老龄卫生健康事务、其他卫生健康支出。

10. 节能环保支出

节能环保支出，包括环境保护管理事务、环境监测与监察、污染防治、自然生态保护、天然林保护、退耕还林、风沙荒漠治理、退牧还草、已垦草原退耕还草、能源节约利用、污染减排、可再生能源、循环经济、能源管理事务、其他节能环保支出。

11. 城乡社区支出

城乡社区支出，包括城乡社区管理事务、城乡社区规划与管理、城乡社区公共设施、城乡社区环境卫生、建设市场管理与监督、其他城乡社区支出。

12. 农林水支出

农林水支出，包括农业农村、林业草原、水利、扶贫、农业综合改革、普惠金融发展支出、目标价格补贴、其他农林水支出。

13. 交通运输支出

交通运输支出，包括公路水路运输、铁路运输、民用航空运输、成品油价格改革对交通运输的补贴、邮政业支出、车辆购置税支出、其他交通运输支出。

14. 资源勘探信息等支出

资源勘探信息等支出，包括资源勘探开发、制造业、建筑业、工业和信息产业监管、国有资产监管、支持中小企业发展和管理支出、其他资源勘探信息等支出。

15. 商业服务业支出

商业服务业支出，包括商业流通事务、涉外发展服务支出、其他商业服务业等支出。

16. 金融支出

金融支出，包括金融部门行政支出、金融部门监督支出、金融发展支出、金融调控支出、其他金融支出。

17. 援助其他地区支出

援助其他地区支出，包括援助其他地区的一般公共服务、教育、文化体育与传媒、医疗卫生、节能环保、农业、交通运输、住房保障及其他支出。

18. 自然资源海洋气象等支出

自然资源海洋气象等支出，包括自然资源事务、气象事务、其他国土海洋气象等支出。

19. 住房保障支出

住房保障支出，包括保障性安居工程支出、住房改革支出、城乡社区住宅(支出)。

20. 粮油物资储备支出

粮油物资储备支出，包括粮油物资事务、能源储备、粮油储备、重要商品储备。

21. 灾害防治及应急管理支出

灾害防治及应急管理支出，包括应急管理事务、消防事务、森林消防事务、煤矿安全、地震事务、自然灾害防治、自然灾害救灾及恢复重建、其他灾害防治及恢复重建。

22. 其他支出

其他支出，包括预备费、年初预留、其他政府性基金及对应专项债务收入安排的支出、彩票发行销售机构业务费安排的支出、彩票公益金及对应专项债务收入安排的支出、其他支出。

23. 转移性支出

转移性支出，包括返还性支出、一般性转移支付、专项转移支付、上解支出、调出资金、年终结余、债务转贷支出、援助其他地区支出、政府性基金转移支付、国有资本经营预算转移支付。

24. 债务还本支出

债务还本支出，包括中央政府国内债务还本支出、中央政府国外债务还本支出、地方政府一般债务还本支出、地方政府专项债务还本支出。

25. 债务付息支出

债务付息支出，包括中央政府国内债务付息支出、中央政府国外债务付息支出、地方政府一般债务付息支出、地方政府专项债务付息支出。

26. 债务发行费用支出

债务发行费用支出，包括中央政府国内债务发行费用支出，中央政府国外债务发行费用支出、地方政府一般债务发行费用支出、地方政府专项债务发行费用支出。

（四）按照预算管理体制分类

这种分类是政府财政部门为了方便预算管理，根据财政支出的性质及资金来源，对财政支出进行的分类。这种分类的支出主要包括一般预算支出、政府性基金预算支出、国有资本经营预算支出及社会保障预算支出。这种分类便于财政部门对财政资金的支出进行预算安排及对预算执行情况进行监督，也有利于社会公众对财政支出进行了解和监督。

## 第二节 财政支出的规模和结构

### 一、财政支出规模的衡量指标

财政支出规模是指在一定财政年度内通过预算安排的财政支出总额。最常见的衡量财政支出规模的指标有两种：财政支出的绝对量和财政支出的相对量。

财政支出的绝对量是指政府通过财政渠道安排和使用财政资金的绝对数量。

财政支出的相对量则是指政府通过财政渠道安排和使用财政资金的相对数量。

（一）绝对量指标

一般来说，财政支出的绝对量指标包括静态指标和动态指标。

1.静态指标

静态指标是指用货币量表示的财政支出规模。静态指标可以直观反映一定时期内政府财政活动的规模，但是在比较不同国家或同一国家不同时期的绝对量静态指标时，必须考虑人口、价格水平、汇率等因素。

2.动态指标

动态指标是指用货币量表示的财政支出规模的变动率。动态指标反映了一定时期内财政支出规模增减变动的情况。由于一国货币币值的变动对这一指标的影响很大，因此在计算这一指标时，要剔除价格水平的影响。

（二）相对量指标

通常，财政支出的相对量指标也包括静态指标和动态指标。

1.静态指标

静态指标是财政支出的绝对数量和一国经济总量之比。通常采用的经济总量指标是国内生产总值（GDP），财政支出占GDP的比重也称财政支出的经济负担率，用公式可以表示为：

财政支出的经济负担率=财政支出总额/GDP

在运用这一指标时，要考虑国家经济体制、统计数据口径的变化及变化所带来的影响。

2.动态指标

一般来说，财政支出相对量的动态指标主要包括财政支出增长率、财政支出增长的弹性系数以及财政支出增长的边际倾向。

（1）财政支出增长率，即当年财政支出增长额占上年同期财政支出增长额的百分比，用以表示财政支出的增长速度。用公式可以表示为：

$$财政支出增长率=\frac{财政支出增长额}{上年同期财政支出额}\times 100\%$$

（2）财政支出增长的弹性系数，即一定时期GDP的增长幅度与财政支出增长幅度的比率。用公式可以表示为：

$$财政支出增长的弹性系数（E）=\frac{某一时期财政支出增长率}{同一时期GDP的增长率}$$

如果E>1，说明GDP的增幅小于财政支出的增幅；如果E<1，说明GDP的增幅大于财政支出的增幅；如果E=1，说明GDP的增幅等于财政支出的增幅，即两者同步增长。

（3）财政支出增长的边际倾向，即某一时期财政支出增加额与同一时期GDP增加额的比率。用公式可以表示为：

$$财政支出增长的边际倾向=\frac{财政支出增加额}{GDP增加额}\times 100\%$$

如果某一时期财政支出增长的边际倾向上升，说明这一时期GDP增加额中用于财政支出的部分较多，即财政支出的规模相对扩大。如果某一时期财政支出增长的边际倾向下降，说明这一时期GDP增加额中用于财政支出的部分较少，即财政支出的规模相对缩小。

**二、财政支出增长理论**

财政支出规模反映了政府配置资源的效率。为了分析该效率，各国经济学家从不同角度对财政支出规模变动的趋势进行了研究。通过学习这些财政支出理论演变的路径，可以全面深入考察一个国家财政支出不断增长的原因。

（一）瓦格纳法则

19世纪80年代，德国著名经济学家瓦格纳在对美、日和欧洲一些国家的公共支出数据进行实证分析时发现，随着经济发展和国家职能的扩大，国民收入不断提高，而财政支出规模则会相应地以更大的比例提高。基于德国的统计口径，瓦格纳认为，随着人均收入水平的提高，政府支出占国民生产总值（GNP）的比重也会提高，这是由于国家职能扩大所导致的。具体而言，他认为，可以从两个方面来解释财政支出增长的趋势：一是政治因素。随着经济的发展，经济主体之间的关系越来越复杂，因此产生了对商业法律和契约法律的社会公共需求，政府因此需要增加公共支出，把更多的财政资源用于建立法律制度和司法组织。二是经济因素。随着经济的发展，人口出现集聚现象，需要增加政府支出，用于教育、娱乐、文化服务的公共产品的提供，这些公共支出的增长会快于GNP的增长。

瓦格纳法则从公共需求的角度解释了财政支出的增长，正确预测了财政支出增长的历史趋势。但是，他并没有解释财政支出增长快于GNP增长的原因，没有考虑国家之间的政治制度、文化、公共支出路径的异质性。

（二）梯度渐进增长理论

英国经济学家皮科克和威斯曼对20世纪英国公共支出的历史数据进行了分析，结果发现，政府支出具有一定的梯度上升趋势。具体来说，当社会处于稳定的正常年份时，政府支出会呈现一种渐进的上升趋势。但是当社会发生战争、瘟疫、经济危机等不稳定事件时，政府支出会急剧上升。当不稳定事件结束时，政府支出会下降，但不会低于原来的水平。他们进一步指出，公众可容忍的税收水平的提高是解释这一趋势的主要原因。在社会稳定时期，公众可容忍的税收水平也比较稳定，没有任何动力提高。但是，随着经济的发展，即使税率不变，政府税收收入也会增加，相应的政府支出也会增加。而当社会不稳定时，公众则会容忍政府支出水平的大幅提高。当造成社会不稳定的因素消除时，政府支出水平就会下降，但政府会设法维持可容忍的税收水平，结果政府支出水平虽有下降，但是不会回到原来的水平。

政府维持可容忍的税收水平不下降的原因可以归结为两点：

一是审视效应。在社会不稳定时期，政府对社会的公共治理会暴露出很多问题，使公众认识到政府应当扩大支出水平，从而使政府支出水平得到支持。

二是集中效应。在社会不稳定时期，中央政府会集中较多财力和财权，而社会不稳定期结束后，中央政府不会将财权过度分散。

梯度渐进增长理论强调财政支出增长趋势的时间格局，并认为社会不稳定和税收容忍度增强是财政支出水平增长的原因。但这一研究仅针对英国，忽视了其他国家具有经济、政治等的异质性。

（三）经济发展阶段论

美国经济学家马斯格雷夫和罗斯托则用经济发展阶段论来解释政府支出增长的原因。他们认为，在经济发展的早期阶段，政府投资比重较高，因为要为经济体系提供社会基础设施建设。在经济发展的中期阶段，政府投资的比重有所下降，但是依然地位重要，因为政府投资是对私人投资的补充。一旦经济达到成熟阶段，政府支出将从原有的基础设施支出转向社会福利支出，比如教育、医疗与福利服务，并且这些支出将大大高于GDP的增长，导致财政支出规模膨胀。

**三、财政支出规模的影响因素**

影响财政支出规模增长的因素有很多，最常见的包括经济发展的阶段、政府职能的扩张、政治体制因素、人口增长、价格上升及突发事件等。

（一）经济发展的阶段

经济的不同发展阶段对财政支出规模及支出结构变化有不同影响。在经济发展的早期，政府投资在公共支出结构中占有较高比重。一旦经济达到成熟阶段，公共支出将从基础设施支出转向公共福利支出。由于这部分支出会随着人口的增长而迅速增加，从而导致财政支出的规模迅速膨胀。因此，经济发展所处的不同阶段是财政支出规模的重要影响因素之一。

（二）政府职能的扩张

随着经济发展和政府功能的日趋完善，政府职能会大幅度增加，财政支出规模则会随着政府职能的扩张日趋增加。具体表现为：

（1）为了加强宏观调控，在需求不足的情况下，政府会主动增加开支，提振社会总需求。

（2）为了促进收入分配公平，政府会提高社会保障和社会福利支出。

（3）为了促进经济可持续发展，政府将增加环境保护、自然资源保护等方面的财政支出。

（4）政府职能扩张，政府机构会增加，人员经费和公用经费也随之快速增长。

（三）政治体制因素

影响财政支出规模的政治体制因素主要包括政治状况是否稳定，政体结构、行政效率、政府机构的设置是否科学等，这些因素都会不同程度地对政府财政支出的规模产生影响。

（四）人口增长

随着人口的增长，政府必然要提供更多的公共产品和服务，从而导致财政支出规模增加。

（五）价格上涨

从历史经验来看，价格变动的长期趋势是上涨的。随着物价的上涨，政府购买商品和服务的支出增加，管理费用也会增加，从而导致财政支出规模的增加。

（六）突发事件

在现实中，突发事件会促进财政支出的规模增加，主要表现在：

（1）为了遏制突发事件的蔓延和控制危害，需要采取果断措施，投入资金进行应急治理。

（2）为了对突发事件造成的损失进行补救，并采取措施防止损失的进一步扩散，需要投入大量的财政资金。

（3）为了救助遭受突发事件冲击的行业和人员，政府需要出台相应的政策，从而导致政策性财政支出增加。

**四、财政支出结构的影响因素和结构优化**

财政支出结构是指一定时期内的各类财政支出占总支出的比重。它不仅反映了一定时期财政的支出方向和相关受益群体，同时也反映了该时期政府的财政职能和政府决策的方向。

（一）财政支出结构的影响因素

影响财政支出结构的因素很多，除了本国的经济发展水平、政治和社会因素以外，最常见的是政府职能、政府目标、财政支出规模和财政收入。

1.政府职能

政府职能是政府在一定时期内根据社会发展需要而担负的职责和功能，是政府活动的基本方向，它随着社会经济发展的需求不断变化，直接影响财政支出结构。因此，它的变化是决定财政支出结构变化的重要因素。

2.政府目标

一般来说，财政支出会受到经济因素与政治因素的双重约束，因此政府一定时期的经济目标将在一定程度上制约着财政支出的结构。

3.财政支出规模

财政支出结构是建立在财政支出规模的基础上的，财政支出规模的变化影响着财政支出结构的调整。

4.财政收入

理论上，财政收入和财政支出所支配的社会经济资源在总量上是一致的。但在资源配置活动中，财政收入是财政支出得以实现的前提。因此，财政支出结构的配置受到可供支出的财政收入的客观限制。

（二）财政支出结构的优化

财政支出结构反映了政府通过配置资源满足社会需要的各种路径，其合理与否不仅直接关系到财政支出本身的效率和结果，更为重要的是会直接影响一些关系到国民经济发展和公众福利的重要问题。因此，优化财政支出结构成为财政体制改革的重要内容。

一般来说，优化财政支出结构的原则主要包括：

1. 体现政府职能原则

财政支出结构与政府职能是紧密联系的，政府职能范围决定着财政支出的范围和方向。政府通过财政参与社会资源配置，财政支出必须为政府职能服务。

2. 体现社会公共需要原则

社会公共需要是财政支出的基础，规范财政支出结构应体现社会公共需要，以公共需要来界定和规范财政行为。

3. 体现社会效益最大化原则

优化财政支出结构应注重社会效益最大化原则。公共产品中的纯公共产品社会效益高，应首先保证这部分支出。

4. 体现财权与事权相互统一原则

财政支出结构按行政级别划分为中央、省（自治区、直辖市）、市、县（市）、乡（镇）五级财政支出，各级政府职权不同，应当通过立法确定中央与地方之间的关系，合理划分事权，通过事权确定相应财权，并通过转移支付制度获得相应的财力。

（三）优化财政支出结构的路径

在遵循上述原则的前提下，通过调整财政支出路径，优化财政支出结构。

1. 调整财政支出总量结构

首先需要界定我国财政支出的范围，明确财政支出应当重点支持的领域。例如，提高财政支出在重要支出项目，尤其是科技、教育领域投入的比重等。

2. 提高财政支出的效率

例如，逐步完善部门预算制度、政府采购制度和国库集中收付制度，进一步细化预算的编制、扩大政府采购的规模和范围，全面实施国库集中收付制度，完善公共支出决策的法治化、民主化制度等。

3. 规范预算外支出，取消制度外支出

对于预算外资金，有条件的要纳入预算，暂不能纳入预算的要严格实行“收支两条线”管理。财政支出按照编制的预算严格执行，切断制度外支出的资金来源。

4. 提高财政社会保障支出水平，完善社会保障体系

增加财政对社会保障的投入金额，建立长效增长机制，打破城乡二元体系，缩小城乡社会保障的支出差距。

【专栏04】 2021年中国财政支出结构

2021年是党和国家历史上具有里程碑意义的一年。以习近平同志为核心的党中央团结带领全党全国各族人民，隆重庆祝了中国共产党成立100周年，胜利召开了党的十九届六中全会，制定了党的第三个历史决议，如期打赢了脱贫攻坚战，如期全面建成了小康社会、实现了党的第一个百年奋斗目标，开启全面了建设社会主义现代化国家、向第二个百年奋斗目标进军的新征程。

本年我国财政支出结构大致如下：

（1）全国一般公共预算支出

全国一般公共预算支出246 321.5亿元，完成预算的98.5%，增长0.3%。加上补充中央预算稳定调节基金3 540.9亿元、向政府性基金预算调出90亿元，支出总量为249 952.4亿元。中央一般公共预算支出117 265.9亿元，完成预算的98.6%，下降0.9%。其中，本级支出35 049.96亿元，完成预算的100.1%，下降0.1%；对地方转移支付82 215.94亿元，完成预算的98.6%，下降1.2%。加上补充中央预算稳定调节基金3 540.9亿元、向中央政府性基金预算调出90亿元，支出总量为120 896.8亿元。

中央一般公共预算本级主要支出项目具体情况：一般公共服务支出1 572.69亿元，完成预算的107%，主要是信息化建设等中央预算内投资、海关系统新冠肺炎疫情防控支出增加。外交支出490.96亿元，完成预算的97.4%。国防支出13 557.58亿元，完成预算的100%。公共安全支出1 890.02亿元，完成预算的102.1%。教育支出1 690.35亿元，完成预算的101.6%。科学技术支出3 205.54亿元，完成预算的99.3%。粮油物资储备支出1 112.49亿元，完成预算的90.8%。债务付息支出5 867.69亿元，完成预算的97.8%。

（2）全国政府性基金预算支出

全国政府性基金预算支出11 3661.01亿元，完成预算的86.6%，下降3.7%。支出执行数与预算相差较大，主要是地方国有土地使用权出让收入相关支出低于预期。中央政府性基金预算支出4 003.31亿元，完成预算的98.6%。其中：本级支出3 201.02亿元，对地方转移支付802.29亿元。调入中央一般公共预算1亿元。地方政府性基金预算支出110 459.99亿元，下降4.2%，主要是2021年不再发行抗疫特别国债，相应支出减少。

（3）全国国有资本经营预算支出

全国国有资本经营预算支出2 624.78亿元，完成预算的99.1%，增长2.7%。中央国有资本经营预算支出1 077.8亿元，完成预算的91.3%，增长14.8%。其中：本级支出936.99亿元，对地方转移支付140.81亿元。调入中央一般公共预算

984亿元。结转下年支出358.26亿元，主要是执行中有一定超收，按规定结转下年安排使用。地方国有资本经营预算支出1 687.79亿元，增长0.3%。调入地方一般公共预算1 352.05亿元。结转下年支出305.97亿元。

（4）全国社会保险基金预算支出

全国社会保险基金预算支出87 876.29亿元，完成预算的101.7%，增长12.1%。当年收支结余6 858.45亿元，年末滚存结余101 395.09亿元。

资料来源　财政部. 关于2021年中央和地方预算执行情况与2022年中央和地方预算草案的报告［EB/OL］.（2022-03-13）［2022-09-13］. http: //www.gov.cn/xinwen/2022-03/13/content_5678838.htm.

## 第三节　财政支出绩效

### 一、财政支出绩效的定义和特征

财政支出绩效是指财政支出数量与财政支出活动结果之间的对比关系。同其他微观经济主体支出绩效相比，财政支出绩效具有完全不同的特征，主要表现在两个方面，即投入和产出的范围与衡量标准。

（一）投入与产出的范围

一般的微观经济主体在计算自身的支出绩效时，只计算自身投入和产出的结果，并将两者进行比较。如果产出大于投入，说明其生产经营活动是有效率的；如果产出小于投入，说明其生产经营活动是无效率的。与一般微观经济主体不同，政府在计算财政支出绩效时，不仅要计算直接的、有形的投入和产出，而且需要分析间接的、无形的投入和产出；不仅要分析政府本身的投入和产出，还需要分析社会的投入和产出。也就是说，在计算政府财政支出绩效时，所要考虑的投入和产出范围将更为宽泛。

（二）投入与产出的衡量标准

一般的微观经济主体在进行绩效分析时，标准十分明确，即简单的经济绩效。但是，财政支出绩效的衡量标准却要复杂得多，这主要是由财政支出绩效的差别化和特殊化所决定的。具体而言，有些财政支出项目可以带来直接的经济绩效；有些财政支出项目虽然产生了巨大的社会绩效，但是以货币衡量的经济绩效则相对较小；还有一些关系到整个国民经济发展的财政支出项目，其社会绩效是无法估量的，但是其经济绩效可能为零，甚至是负数。无论哪一种项目，都可能成为一国财政支出的目标。在这种情况下，对财政支出绩效的评价就不能简单地以经济绩效为衡量标准，必须构建经济绩效和社会绩效并重的双重绩效标准。

## 二、财政支出绩效的评价

任何政府拥有的财政资源都是有限的，财政支出项目的选择和决策需要基本依据。因此，为了强化财政支出管理，加强财政支出监督，提高财政支出的决策水平，对财政支出绩效进行评价是非常必要的。

首先，财政支出绩效评价是调整和优化财政支出结构的前提条件，财政支出的合理性应当以财政支出的经济、社会和环境绩效为标准，对财政支出进行评价，并且对财政支出结构进行调整优化，使财政资金的配置更加高效地围绕经济发展目标和社会保障来进行，并且从由市场主导、不适合政府投入的领域退出。

其次，财政支出绩效评价是政府对财政资金支出进行监督的需要。财政支出资金效率、预算约束软化等问题制约着财政职能的充分发挥。而财政支出绩效评价可以对财政支出的科学性、管理水平及投入风险进行综合评价，从而推高财政支出管理的水平，建立财政资金监督机制，促进财政资金使用绩效的提高。

最后，财政支出绩效评价可以提高政府政策的科学性和前瞻性。财政支出规模和结构的合理性直接关系到政府对经济的宏观调控能力和对社会发展的推动作用。财政支出绩效评价可以分析财政资金配置的有效性，建立有效的财政支出评价体制，为财政资金的支出提供依据。

### （一）财政支出绩效评价的原则

财政支出绩效评价应当遵循以下基本原则：

1.科学规范原则

财政支出绩效评价应当严格执行规定的程序，按照科学可行的要求，采用定量与定性分析相结合的方法。

2.公正公开原则

财政支出绩效评价应当符合真实、客观、公正的要求，依法公开并接受监督。

3.分级分类原则

财政支出绩效评价由各级财政部门、各预算部门根据评价对象的特点分类组织实施。

4.绩效相关原则

财政支出绩效评价应当针对具体支出及其产出绩效进行，评价结果应当清晰地反映支出和产出绩效之间的紧密对应关系。

### （二）财政支出绩效评价的方法

一般来说，最常用的财政支出绩效评价方法有五种：成本收益法、最低成本法、指标分析法、公众评判法和历史动态比较法。

1.成本收益法

成本收益法是指根据政府预定的建设目标，提出实现目标的若干方案，计算各个方案的成本-收益率，确定优先采用的方案。这一方法适用于支出绩效可以量化的财政支出项目。

2.最低成本法

最低成本法是指在对一定时期内财政支出的所有备选方案进行分析时，只计算备选方案的有形成本，并以该成本最低为择优标准。这种方法适用于那些成本易于计算但绩效不易计量的支出项目。以成本耗费评价代替绩效评价，多用于军事、政治、文化、卫生等财政支出项目。

3.指标分析法

指标分析法是指对各项财务指标及其之间的相关数据进行分析的一种方法。该方法通过有关财务指标的变化及带来这些变化的各种因素对财政支出绩效进行分析。

4.公众评判法

对于无法直接用指标来计算绩效的财政支出，如政府机构的行政支出等，可采用公众评判的方式，由有关专家进行评估或面向社会公众进行问卷、抽样调查，以评估其绩效的高低。

5.历史动态比较法

历史动态比较法是指将各历史时期的财政支出按一定原则类别分列排列出来，然后进行比较分析，以确定财政支出绩效变化情况的一种方法。

**【专栏05】　我国财政支出绩效评价制度**

我国财政支出绩效评价制度是随着财政税收改革的不断铺开而建立起来的。

2011年，财政部颁布《财政支出绩效评价管理暂行办法》（财预〔2011〕285号，以下简称《办法》），这标志着我国开始探索财政部门支出绩效评价的有效方法。《办法》规定，各级财政部门和各预算部门（单位）是绩效评价的主体。绩效评价的对象包括纳入政府预算管理的资金和纳入部门预算管理的资金。按照预算级次，可分为本级部门预算管理的资金和上级政府对下级政府的转移支付资金。部门预算支出绩效评价包括基本支出绩效评价、项目支出绩效评价和部门整体支出绩效评价。

绩效评价应当以项目支出为重点，重点评价一定金额以上、与本部门职能密切相关、具有明显社会影响和经济影响的项目。有条件的地方可以对部门整体支出进行评价。绩效评价包括：绩效目标的设定情况；资金投入和使用情况；为实现绩效目标制定的制度、采取的措施等；绩效目标的实现程度及效果；绩效评价的其他内容。一般以预算年度为周期，对跨年度的重大（重点）项目可根据项目或支出完成情况实施阶段性评价。

作为深化财税改革的重要内容，财政资金绩效评价也在不断推进，成效已经显现。2016年，财政部选择了15个中央部门开展了绩效目标的执行监控试点，同时对25项重大民生政策和重大专项支出开展了重点支出评价，涉及资金达3 092亿元。从地方上看，绝大部分省份都已开展绩效评价工作。

▎资料来源 财政部. 财政支出绩效评价管理暂行办法［S］. 中华人民共和国国务院公报，2011（29）：39-43.

## 本章小结

财政支出是指政府为实现其职能，对集中的财政资金进行有计划地分配和使用的过程。财政支出为了满足政府支出和调节经济运行的需要，遵循效率、公平和稳定三大原则。

研究财政支出需要从总体上考虑其规模和从结构上考虑其构成。财政支出规模是指在一定财政年度内通过预算安排的财政支出总额。常见的衡量财政支出规模的指标有财政支出绝对量和财政支出相对量。财政支出绝对量是指政府通过财政渠道安排和使用的财政资金的绝对数量；财政支出相对量则是指政府通过财政渠道安排和使用的财政资金的相对数量。影响财政支出规模增长的因素包括经济发展的阶段、政府职能的扩张、政治体制因素、人口增长、价格上升及突发事件等。

财政支出结构是指一定时期内的财政支出占总支出的比重。它反映了一定时期财政支出的方向及相关受益群体，同时也反映了该时期政府财政职能和政府决策的方向。影响财政支出结构的因素有本国经济发展水平、政治和社会因素、政府职能、政府目标、财政支出规模和财政收入等。

为了衡量财政支出的有效性，需要评判财政支出的绩效。财政支出绩效是指财政支出数量与财政支出活动结果之间的对比关系。财政支出绩效评价应当针对具体支出及其产出绩效进行，评价结果应当清晰地反映支出和产出绩效之间的紧密对应关系。财政支出绩效评价应当遵循科学规范、公正公开、分级分类、绩效相关的原则。最常用的财政支出绩效评价方法有成本收益法、最低成本法、指标分析法、公众评判法和历史动态比较法。

## 复习思考

**1. 名词**

（1）财政支出（2）购买性支出（3）转移性支出（4）瓦格纳法则

**2. 简答**

（1）简述财政支出的原则。

（2）简述财政支出的衡量指标。

（3）简述财政支出的分类。

**3. 论述**

如何对财政效益进行评价？

# 第三章

# 财政购买性支出

在一国财政支出结构中，财政购买性支出是其重要的一个组成部分。财政购买性支出的变化直接引发社会投资、就业和生产规模的变化，对推动经济增长具有乘数效应。

本章将学习财政购买性支出的相关内容。

## 第一节 财政购买性支出的定义和类型

### 一、财政购买性支出的定义

财政购买性支出是指政府作为一般的市场主体，按照等价交换原则在市场上购买商品与劳务的支出。它体现了政府的市场交易活动，反映了政府直接配置和消耗社会资源以及要素的份额。

财政购买性支出是政府利用财政手段调节宏观经济的重要工具之一。具体而言，当政府购买性支出增加时，政府对社会产品的需求增长，市场价格水平上升，企业利润率提高，刺激企业扩大再生产，进而增加对生产要素和劳动力的需求，带动社会总需求连锁性膨胀。当政府购买性支出减少时，政府对社会产品需求减少，市场价格水平下降，企业利润率降低，企业的投资需求减弱，进而导致社会总需求降低。

### 二、财政购买性支出的特点

从定义可以看出，财政购买性支出具有两个特点：有偿性和等价性。

（一）有偿性

由于一国政府自身无法创造物质产品，因此必须从商品和劳务市场上获取实现其职能所需要的商品和服务。在购买性支出中，政府向个人、家庭和企业支付一定数量的货币，以换取相应数量的商品和服务。因此，购买性支出是有偿的。

（二）等价性

政府购买是一种市场交易行为，因此政府在市场上购买商品和服务时必须遵守等价交换的原则，即支付一定数量的货币换取价值相等的商品和劳务。

**三、财政购买性支出的类型**

通常，按照财政支出的经济性质分类，财政购买性支出可以被分成两大类：社会消费性支出和政府投资性支出。

（一）社会消费性支出

社会消费性支出是指政府为开展日常政务活动和业务活动购买商品和服务的支出，主要包括行政管理支出、国防支出、科教文卫支出等。社会消费性支出的资金主要来源于政府为各部门进行政务活动和事业单位开展业务活动所拨付的日常经费。

（二）政府投资性支出

政府投资性支出是指政府购买社会所需要的投资品的支出。政府投资性资金主要来源于政府对各部门的投资拨款，而政府投资性资金运用的结果是形成各类资产，主要是固定资产。

## 第二节 社会消费性支出

社会消费性支出是政府作为市场主体，依据等价交换原则，在市场购买商品和服务所形成的支出。由于社会消费性支出旨在满足社会公众的共同需要，因此具有明显的正外部性效应。通常，社会消费性支出包括行政管理支出、国防支出、科教文卫事业支出等。

**一、行政管理支出**

行政管理支出是指国家财政用于各级权力机关、行政管理机构和外事机构等政府部门行使政务职能所需要的费用支出，主要包括立法支出、行政支出、司法支出、检察支出、国家安全支出和外交支出。由于行政管理支出是维持国家政权存在，保障国家行政机构正常运转的必要费用，因此其规模大小和效率高低对一国政治经济运作具有重要的意义。

（一）影响行政管理支出规模的因素

1.经济发展水平

经济发展水平是一国社会财富积累的重要前提，也是政府职能扩张的物质基础。一国经济发展水平越高，行政管理支出数额越大，行政管理质量和效率越高；一国经济发展水平越低，行政管理支出数额则越小，行政管理的质量和效率也都会受到一定程度的影响。

2.政府职能范围及相应的机构设置

政府职能范围的大小和机构设置是制约行政管理支出的主要因素。政府的职能范围越大，行政管理机关设置得越多，所需要的行政管理支出越多。政府职能范围越小，行政管理机关设置得越少，所需要的行政管理支出则越少。

3.人员配备

行政管理部门是劳动力密集型部门，提供行政管理服务需要消耗大量的人力。因此，行政管理机构工作人员的数量和效率对一国行政管理支出的规模会产生重要影响。行政管理机构工作人员的数量越多效率越低，则行政管理支出的规模会越大；行政管理机构工作人员的数量越少效率越高，行政管理支出的规模则越小。

4.内部激励机制和外部监督体系

内部激励机制是使行政部门工作人员的私人目标与社会目标一致化的利益诱导机制。健全有效的激励约束机制能够提高行政工作的效率，缩小行政支出规模。外部监督是指行政管理部门以外的单位、团体和个人对行政部门的监督。加强外部监督旨在增加政府行政的透明度，减少信息不对称，进而提高政府行政效率，降低行政开支。

5.物价波动

从本质上看，行政管理支出属于购买性支出。政府在购买商品和服务的过程中必须遵循市场机制，因此，价格的波动会带来行政管理支出规模的变动。当价格水平上升时，行政管理支出规模会扩大；当价格水平下降时，行政管理支出规模会缩小。

（二）影响行政管理支出效率的因素

1.政府行政机构的数量

如前所述，政府行政管理机构的数量和行政管理支出规模具有相关性，同样政府管理机构的数量和行政管理支出效率也具有相关性。如果增加的政府机构所提供的公共产品是社会所需要的，那么增加的行政管理支出就是有效率的。相反，如果增加的政府机构所提供的公共产品是社会不需要的，那么增加的行政管理支出就是无效率的。

2. 政府行政管理人员的数量

行政管理支出规模增加与行政机关人员数量增加是正相关的，但是这并不意味着可以无限度地增加政府行政管理人员的数量。这一限度就是行政管理支出的效率边界。在这一边界之内，增加政府工作人员，就会提升行政服务质量；如果超出这一边界，则会导致行政管理支出效率的下降。

3. 行政管理支出的“挤出效应”

在政府财政收入固定的情况下，如果政府盲目扩大行政管理支出规模，将会造成其他财政投资项目所需资金规模的缩减，从而影响财政资金对经济的正常引导职能，进而影响宏观经济的增长。

（三）构建高效行政管理支出的措施

1. 加快政府职能的转变，构建有效政府

有效政府是指有限经济干预、法治、民主、负责、廉洁的政府，是行政管理支出效率提高的制度基础。具体路径主要包括：

（1）进一步推进政企分离，合理界定政府与市场的边界，充分发挥市场机制的经济调节作用，政府只对特定经济领域内的市场失灵进行干预。这样做的结果是既节约行政成本又提高政府工作效率。

（2）随着市场经济的发展和市场环境的完善，政府将关注的重点逐渐从经济调控转向有效社会管理和提供公共服务，进而促进社会事业的发展，提高人民生活水平。

2. 优化行政级次设置

行政层级设置过多，对口设置机构的要求也必然增多，政府机构和行政管理人员的数量同时增加，相应地，行政管理支出猛增，效率低下。因此，应充分考虑我国的具体国情，在保障政治稳定、经济发展的前提下，进行扁平化改革，优化行政级次设置，降低行政成本。

3. 强化权力制衡和监管

在明确界定政府职能的前提下，根据实际需要推进政府机构改革，强化权力制衡监管。同时，要强化各级人大、政府审计部门在行政成本管理、控制和监督中的权力，整肃预算纪律，严格预算程序，加强预算公开化和透明度。

4. 依法建立控制政府机构的行政人员增长的长效机制

控制政府机构行政人员数量增长的路径主要包括：

（1）根据国务院颁布的控制地方政府机构编制管理办法，各级政府要认真严肃地核定政府部门的职能和事权，以责定权、以责定事、以责定人、以责定财。

（2）完善公务员和事业单位人员考核录用机制。

（3）构建能上能下、能进能出的用人机制。

5.加大行政经费重点项目管理，降低行政运行成本

加强对“三公”经费的控制和管理；推进福利待遇货币化改革；规范行政人员个人收入分配；清理政策外津贴、补贴等。

6.深化预算管理制度改革，节约政府行政成本

目前，深化预算管理制度改革的主要内容是推进以部门预算、政府采购、国库集中支付和支出绩效评估为核心的政府预算制度改革，进一步完善预算决策机制。这一改革旨在增强预算的法治性、公开性和透明度，推进依法行政，确保节约使用各项财政支出，从而在根本上强化财政支出管理，降低政府行政成本。

**【专栏06】 中央财政控制行政管理支出的具体措施**

近年来，严格控制“一般性支出”、保证“三公”经费只减不增，成为两会（对召开的中华人民共和国全国人民代表大会和中国人民政治协商会议的统称，全书同）预算报告中使用频率较高的词汇。

在2016年的两会预算报告中提出，要认真落实中央八项规定和国务院“约法三章”，严格控制一般性支出，中央本级“三公”经费预算比2014年下降了11.7%，健全厉行节约反对浪费的相关制度；要求加强会议定点管理，调整中央和国家机关差旅住宿费标准。2016年中央本级“三公”经费按零增长安排。2015年两会的预算报告中则提出，要认真执行全国人大批准的预算，维护预算的权威性。在财政收入增长放缓、支出压力加大的情况下，财政赤字与年初预算相当。

围绕加强行政经费管理、降低行政成本这一目标，财政部门认真落实中央“八项规定”。不断强化部门预算、国库集中收付制度、政府采购制度等预算管理制度改革，进一步强化重点支出管理。一是继续压缩和控制“三公”经费预算规模。按照零增长原则严格审核控制中央部门“三公”经费预算，并在此基础上对中央本级“三公”经费预算做进一步压缩。二是加强财政供养人员管理。继续实行经费与编制双向控制的办法，严格按编制核定部门预算，对超编人员一律不安排经费。三是进一步规范和加强因公出国（境）经费管理。落实中央八项规定和《党政机关厉行节约反对浪费条例》的要求，压缩和控制一般性支出。四是积极支持和推动公务用车制度改革，建立符合国情的新型公务用车制度。取消一般公务用车，严格按规定发放公务交通补贴；加强对保留公务用车的经费预算管理；大幅度压缩执法执勤用车。五是进一步规范公务接待活动管理。根据党政机关公务接待管理办法等制度规定，严格公务接待审批，推行公务卡结算，实行公务接待费公示等制度。六是严格控制一般性支出。进一步健全厉行节约、反对浪费的

制度体系；强化会议、差旅、培训等活动的计划和审批管理。

▍资料来源　方静．严控一般性支出成常用语［N］．法治日报，2016-03-06.

## 二、国防支出

国防支出是指为了维护国防安全，一国用于维持军队和发展国防科技事业的经常性开支、专项军事工程及战时作战经费的支出。国防支出的规模与结构能集中反映一个国家的国防战略和国防政策。

### （一）国防支出的必要性

（1）国防支出旨在保卫国家安全，从而为一国社会经济稳定发展提供基本前提和安全保障。

（2）国防支出能够增加有效需求，拉动经济增长。具体的实现路径包括：

其一，国防支出会促进一国原有生产能力的提高及新生产能力的建立，进而促进经济增长。

其二，对有闲置生产能力和剩余资本的国家来说，在一定时期内，国防支出的增长、军工科技的扩大，能增加总需求、加速经济增长。

（3）促进科学技术发展。许多尖端技术往往都出自军事领域，后来逐渐被应用于民用领域。因此，国防科技研究的成果可能极大地推动一国科技水平的提高，进而推进经济增长。

### （二）影响国防支出规模的因素

1.国家财政状况

国防支出是政府根据财政收入再分配形成的，因此国防支出规模受政府财政状况的制约。具体而言，一国财政状况越好，国防支出规模有可能越大。一国财政状况越低，国家支出规模有可能越小。

2.国家安全预期

国家安全预期是指政治行为主体对国家安全受到威胁的感受力，是政府决定本国现期或远期国防支出规模的依据。因此，国家安全预期直接影响国防支出需求。具体而言，当政府觉得国家安全日益受到威胁时，就会增加国防支出；当政府感受到本国所受的威胁下降时，就会减少国防支出。

3.国家的地域范围

通常情况下，国家的地域范围与国防支出相关。具体而言，一个国家的地域范围越大，其边境线越长。为了保护国家领土和主权不受侵犯，国家用于疆域保卫的国防支出就会较多。相反，国家的地域范围越小，一国国防支出就会较少。

4.国家的综合实力

国防支出资金来源于国民经济创造的价值。一国的经济发展水平越高，国家综合实力越强，投入国防支出的资源越多。另外，一国的综合实力越强，在世界政治经济生活中的地位和发挥的作用越大，国防支出规模也可能越大。

5.军事现代化水平

随着科技革命的发展，一国科技水平成为武器装备先进的技术保障。在现代战争中，武器装备的先进与否是决定战争胜负的重要因素。为此，为了提高一国军事现代化水平，就必须加大国防投入，从事现代化武器的开发与生产。

6.国际环境的影响

一般来说，战争状态下国防支出自然会多一些；和平时期应当控制国防支出，致力于发展经济和社会文化事业。

**三、科教卫支出**

科教卫支出是指国家财政用于科学、教育、卫生等各项社会事业发展的支出。从产品属性上讲，科学、教育、卫生等事业提供的产品和服务有的属于公共产品，如基础性科学研究、基本卫生保健等；有的属于混合公共产品，如教育等。这些产品都具有较强的正外部效应，有助于整个社会文明程度的提高，有利于提升整个社会的文明素质。

（一）*科学技术支出*

科学技术支出是指用于科学研究与试验发展及与此相关的科技活动的经费支出。

1.科学技术支出的必要性

（1）科学技术的研究成果具有一定程度的正外部性

一般来说，不同种类的科学技术研究具有完全的或者部分的正外部性，市场机制很难有效地向科技领域配置资源。例如，基础科学（包括天体物理、量子力学等）的研究成果很难被快速应用，其成果经由市场交易十分困难，但一旦被运用和推广将会产生可观的经济效益和社会效益。因此，这种外部性较强的基础科学研究的研发支出应当由政府承担。而对于部分应用科学研究来说，其研究成果易于被应用到实践领域并变现，其研发支出可以由私人承担，政府则根据应用研究的外部性程度给予额外的政府补贴。

（2）科学技术研究具有高风险性和收益不确定性

科学研究项目所需要的资金数额巨大、风险较高，其成果的取得具有较大的不确定性。同时，尽管科学研究成果可能会对社会发展产生巨大的推动作用，但是在很多情况下并不能提前预知其研究成果的盈利前景。基于上述原因，科学技术研究的投资者很少。因此，需要政府向其提供全额或部分补助。

2.科学技术支出的主要内容

按照现行财政预算支出功能科目的分类，科学技术支出可分为科技管理事务支出、基础研究支出、应用研究支出、技术研究与开发支出、科技条件与服务支出、社会科学支出、科学技术普及支出、科技交流与合作支出、科技重大专项支出、其他科技支出等。

(二) 教育支出

教育支出是指政府为发展教育事业而安排的用于教育方面的费用支出。

1.教育支出的必要性

(1) 教育是混合性公共产品，具有一定的正外部性

从微观角度而言，教育具有私人产品的性质。由于教育支出的直接受益者是受教育者，受教育者愿意为此付出成本，因此部分类型的教育产品可以由市场提供，成本由私人承担。但是，教育也具有公共产品的性质，具有正外部性：教育可以帮助受教育者明辨是非，从而减少犯罪；教育有助于促进国民文化素质的提高，从而减少行政管理成本；教育有助于促进科技进步，从而使社会实现稳定发展。因此，财政需要承担一部分教育支出，进而推动教育的发展。

(2) 教育支出有助于经济持续增长

教育是科技进步和发展的源泉和基础，是科技成果转化为现实生产力的前提。教育有助于劳动力的再生产，从而提高劳动生产率。这些因素都会对一国的经济持续增长产生巨大的影响。

(3) 发展教育是实现社会公平的重要途径

由于收入差异、分配不公平及阶层固化等不公平现象的存在，造成社会公众的发展机会并不均等，而均等的教育机会有助于减少全体社会成员的收入差异，增进社会稳定。

2.教育支出的主要内容

按照现行的财政预算支出功能科目分类，教育支出一般可分为教育管理事务支出、普通教育支出、职业教育支出、成人教育支出、广播电视教育支出、留学教育支出、特殊教育支出等。

在这些项目中，具有纯公共产品性质的教育有利于提高国民素质、稳定社会秩序，因此其所需要的全部投入都是由政府财政支出承担的，如义务教育、以广播电视等各种形式进行的公共教育，以及特殊教育等。而具有混合产品性质的教育向公众个人提供了内在化、私人化的教育利益，在具有一定程度的排他性的同时，也对社会具有一定的正外部性。因此，其所需要的投入要么由政府提供，要么由私人提供，或者由二者共同提供。

**【专栏07】 发挥彩票公益属性，支持教育事业发展**

为贯彻落实党中央、国务院决策部署，支持社会公益事业协调发展，充分发挥彩票公益金的公益属性，2021年9月，中央财政安排中央专项彩票公益金支持教育相关项目资金12.7亿元已全部下达。

一、聚焦大中小学生群体，完善彩票公益金项目体系

在总结“十三五”时期中央专项彩票公益金项目执行情况的基础上，财政部会同教育部进一步调整完善项目体系，着力补齐教育事业短板。一是关注就业大学生群体，新设“宏志助航计划”——全国低收入家庭高校毕业生就业帮扶项目，面向全国低收入家庭高校毕业生，通过线上线下就业能力培训，帮助其提升综合素质和就业能力。二是聚焦民族地区学前儿童，新设“童语同音计划”——幼儿普通话教育项目，面向有关民族地区农村幼儿园教师，开展国家通用语言文字应用能力培训，提高学前儿童普通话教育质量。三是立足中小学生群体，调整中小学生校外研学实践活动支持方向，通过实践教育活动，帮助中小学生了解国情、开阔眼界，着力提高中小学生的实践能力和社会责任感。四是帮扶大学入学新生，完善教育助学项目实施内容，通过安排普通家庭经济困难新生入学资助，补助入学交通费和入学后短期生活费，保证其顺利入学。

二、落实预算管理要求，制定资金管理办法

进一步规范和加强中央专项彩票公益金管理，财政部会同教育部多次与中国教育发展基金会等项目实施单位进行座谈调研，研究制定《财政部教育部关于印发中央专项彩票公益金支持教育相关项目资金管理办法的通知》（财教〔2021〕156号），明确各项目支持对象和支持标准，规范资金使用范围，建立支出负面清单，划分各部门、单位职责分工，全面加强绩效管理，强化评价结果应用，提高彩票公益金资源配置效率和使用效益。

三、细化预算编制，组织项目实施

严格落实预算管理要求，根据“十四五”时期项目规划评审报告，结合项目资金管理办法，细化预算编制，2021年下达中央专项彩票公益金“宏志助航计划”——全国低收入家庭高校毕业生就业帮扶项目0.49亿元，“童语同音计划”——幼儿普通话教育项目0.31亿元，中小学生校外研学实践活动项目1.9亿元，以及教育助学项目10亿元，其中：滋蕙计划2亿元，励耕计划6.25亿元，润雨计划1.75亿元。确保各项目及时落地，充分发挥彩票公益金的社会效益。

▍资料来源 财政部. 财政部下达中央专项彩票公益金支持教育相关项目资金12.7亿元助力教育事业发展［EB/OL］.（2021-11-12）.http：//jkw.mof.gov.cn/gongzuodongtai/202111/t20211112_3765542.htm.

（三）卫生健康支出

卫生健康支出是指政府对社会成员医疗卫生健康方面进行的财政支出。

1.卫生健康支出的必要性

（1）卫生健康产品的混合性

部分卫生健康产品能够解除病人的身体疾患，延长生命，也向个人收取费用，收益和成本都由私人承担。但是，医疗卫生通过普及公共健康知识，防治传染病和开展优生优育等事业，提高劳动者素质，使整个社会得到收益，具有正外部性。因此，政府财政有必要对卫生健康事业进行资金支持。

（2）卫生健康产品的信息不对称性

由于医生与病人之间存在着信息不对称性，即患者缺乏专业医疗知识，依赖医生对治疗方案进行决策，并且很难对医疗服务效果进行评价，因此，政府有必要通过财政支出等方式对医疗卫生市场进行干预，防止医生利用信息优势地位损害患者利益。

（3）疾病风险的不确定性

疾病风险是难以预知的，个人化解疾病风险的能力极其有限。政府提供的医疗保障服务带有社会保险的性质，可以分担个人的疾病风险，为社会成员提供基本保障。

2.卫生健康支出的主要内容

按照现行财政预算支出功能科目的分类，卫生健康支出包括卫生健康管理事务、公立医院、基层医疗卫生机构、公共卫生、中医药、计划生育事务、行政事业单位医疗、财政对基本医疗保险基金的补助、医疗救助、优抚对象医疗、医疗保障管理事务、老龄卫生健康事务、其他卫生健康支出。

**【专栏08】　　财政预算支持卫生事业发展**

在加大民生投入，基本民生保障有力有效，支持做好常态化疫情防控的基础上，财政支出将持续支持卫生事业发展，推进卫生健康体系建设。

继续支持做好常态化疫情防控、疫苗接种、药物研发等工作，延续医务人员和防疫工作者个人所得税有关优惠政策。将城乡居民基本医疗保险人均财政补助标准提高30元，达到每人每年610元。将基本公共卫生服务经费人均财政补助标准提高5元，达到每人每年84元，优化服务项目，提高服务质量。推进基本医疗保险省级统筹，夯实分级管理责任。推动跨省异地就医费用直接结算服务更加便捷高效，持续扩大国家组织药品、高值医用耗材集中带量采购范围。深化医保支付方式改革，加强医保基金监管。逐步提高心脑血管病、癌症等疾病防治服务保障水平，加强罕见病用药保障。加强公立医院、基层医疗卫生机构、疾病预防控制机构等能力建设和卫生健康人才培养。实施公立医院改革与高质量发展示范项目。稳步推进长期护理保险制度试点。加快建设优质高效的中医药服务体系，支持实施中医药振兴发展重大工程。

资料来源 财政部. 关于2021年中央和地方预算执行情况与2022年中央和地方预算草案的报告［EB/OL］.（2022-03-13）［2022-09-13］. http：//www.gov.cn/xinwen/2022-03/13/content_5678838.htm.

## 第三节 政府投资性支出

### 一、政府投资性支出的定义和特点

#### （一）政府投资性支出的定义

政府投资性支出是指以政府为投资主体，将其从社会产品或国民收入中筹集的财政资金用于国民经济各部门的一种集中性、政策性的投资活动。政府投资性支出主要包括基础设施投资和政府农业投资。

#### （二）政府投资性支出的特点

与普通的非政府投资相比，政府投资性支出具有三个特点：

1.投资目标注重社会效益

非政府投资是由企业或个人进行的投资，其主要目标是经济效益，即获取盈利。与之相比，政府投资目标虽然包括社会效益和经济效益双重目标，但是在权衡的过程中社会效益目标往往会被赋予更高的权重。具体而言，政府投资可能为了追求社会效益目标，在一定程度上牺牲经济效益（例如投资微利或者不盈利），从而换取投资项目建成后的整体社会效益的显著提升。

2.投资资金具有公共性

非政府投资资金来源于企业和个人的积累或筹资，难以承担规模大、期限长的建设项目。而政府投资资金主要来源于财政收入等公共资金，以及以政府信誉为担保，通过向公众发行公债募集的资金等。由于这些资金在运用过程中受到的制约较少，能够有效地为大型项目和长期项目提供资金保障。

3.投资对象具有外部性

政府投资在国民经济中居于特殊地位，需要挑选正外部性较大的、有关国计民生的产业和领域进行投资。

### 二、基础设施投资

基础设施投资是指政府用于基础设施的财政投资。基础设施是支持一国经济运行的基础建设项目的具体内容，是关系国民经济整体利益和长远利益的物质基础。用财政资金进行基础设施建设既可以提高基础设施建设效率，又能改善基础设施服务的公平性。

最常见的基础设施投资方式包括政府直接投资、BOT模式、TOT模式和PPP模式。

（一）政府直接投资

政府直接投资，是指政府直接进行基础设施建设，承担所有生产成本，并直接负责完工后的管理和运营。为了保证财政资金能够持续使用，在投资项目建成并投入使用后，政府常常会通过运营部分项目收取使用费用，回收投资成本，但并不会以营利为目的。

（二）BOT模式

BOT（Build-Operate-Transfer）模式，是指政府与私人项目公司签订基础设施项目建设的特许权协议，授予签约方的项目公司承担项目的投资、融资、建设、经营、维护的特许权，并且在协议规定的特许期内，允许项目公司向设施使用者收取适当费用，作为收回建设成本和取得合理收益的途径，政府则负责对此进行监督和调控。特许期满，项目公司将项目无偿移交给政府部门。

（三）TOT模式

TOT（Transfer-Operate-Transfer）模式，是指政府把现有已经运营的基础项目移交给私人投资者，获得资金来建设新的基础设施。从本质上说，TOT模式是政府将基础设施租赁给投资者筹集资金的一种融资方式。

（四）PPP模式

PPP（Public-Private-Partnership）模式，又称为公私合营制度，是指政府和私营部门合作，为公共基础设施提供资金，共同建设、共同经营、风险分担的模式。

PPP模式包括广义和狭义两个范畴。

广义的PPP模式是指政府与社会资本为提供公共产品或服务而建立合作关系，涵盖了BOT、BOO（Buliding-Owning-Operation）、PFI（Private Finance Intiative）等模式。

狭义的PPP模式则与BOT模式的原理相似，都由“使用者付费”，但PPP模式比BOT模式更加强调公私部门的全程合作。目前展开的讨论主要是针对狭义的PPP模式进行的。

狭义的PPP模式最早由英国政府于1992年提出。其应用领域主要在公路、桥梁、铁路、电信等经济基础设施方面，以及体育场、医院、学校、供水、排水、监狱等社会基础设施方面，这些均是由政府投资并提供的社会公共产品或者服务。

政府和社会资本共同参与投资的模式，可以增加项目的经济可行性。政府通过授予特许经营权、合理定价、财政补贴等方式引入社会资本，既有利于推动公共产品和服务的市场化配置，提高效率，也有利于减轻政府债务负担，防范化解财政风险。这种模式被认为能拓宽资金来源，吸引社会资本，同时还可以减少政府的财政支出和债务负担，加快发展基础设施和其他设施。不同于BOT模式下的由企业完全承担风险，PPP模式下的项目风险将由政府和社会资本分担，有利于降低前期风险。

**三、政府农业投资**

政府农业投资是指政府财政在农业方面的支出。政府农业投资通常包括两个层次：

（1）中央政府的农业投资，主要集中于大型农业工程、大型农产品生产基地建设。

（2）地方政府的农业投资，主要集中于区域内的农业基本建设和地方重要农产品生产基地建设等。

（一）政府农业投资的必要性

农业是人类生存和发展的物质资料的重要来源，是一国国民经济的基础。因此，一国政府对农业进行投资是极为必要的。

1.政府农业投资有利于建立农业保障

农业的自然风险较高，农民自身无法应对这种风险。为了解决这一问题，保护农业发展，需要政府加大农业投资力度，具体内容包括：

（1）增加农业信息化的基础设施投资，完善农业信息服务。

（2）建立农产品最低价格制度，分散农产品市场上的价格风险。

（3）通过粮食收储项目投资，保障国家粮食安全。

2.政府农业投资有利于实现农业良性快速发展

农业天然具有投资周期长、风险大、投资回报率低、行业自身积累能力不强的特点，然而现代农业的发展，又与一国的粮食安全息息相关。因此，需要政府财政直接或间接投资于农业，提高农业生产力水平，实现农业良性快速发展。

（二）政府农业投资的方式

最常见的政府农业投资方式主要包括财政拨款、提高农产品收购价格、农业贷款等。

【专栏09】　　PPP模式

PPP模式是一种能使政府、企业、社会多方共赢的公共产品提供方式。

PPP模式最直接的优势就是快速提升基础设施的融资能力；企业参与建设运

营的全过程，有利于解决重复建设和建设质量问题；社会使用者则会得到高效率的服务；政府除了与企业共同做好前期规划设计、规定服务标准外，还需事先定价或制定补贴的政策，包括动态调整的公式，并监督企业运营项目的质量和履行好维护设施能力的承诺。

PPP模式的核心功能之一是转变公共产品供给机制。通过PPP模式可将一部分政府性债务剥离出去，在减轻政府债务压力的同时，实现从以往单一年度的“预算收支管理”向强化中长期财政规划和“资产负债管理”的转型。

对于如何调动民间资本的积极性，PPP模式则建立了政府与企业市场主体的“利益共享”机制，通过长期持有和经营，可有效平衡短期和长期收益，让企业“有钱可赚、有利可图”，且盈利相对稳定，一定程度上解决了基础设施短期回报差的问题，从而使民间资本进入成为可能。此外，基础设施项目收益稳定，与股票、债券等相关性低，是养老金、主权财富基金等机构投资者的资产配置选择，有助于吸引这些资金的进入。

当前在政府投融资领域，我国PPP项目的规模和质量都得到了蓬勃发展。财政部政府和社会资本合作中心（PPP中心）2022年3月发布的《全国PPP综合信息平台管理库项目2021年年报》显示，2021年，全国PPP事业规范、安全、高效发展取得新进展，总体稳中有进，在支持科技创新、绿色环保、“两新一重”等领域的发展，以及稳增长、惠民生、补短板中发挥了重要作用。

2021年全年入库项目共计659个，投资额13 254亿元。从地区来看，江西、广西、贵州、河南、山东位居入库项目数前五；广西、贵州、重庆、四川、江西位居入库项目投资额前五。截至2021年末，管理库累计入库项目10 243个，投资额16.2万亿元，同比增加8 198亿元，增长5.3%，连续3年增长5%以上，规模总体稳中有升。

从行业细分看，在科技领域，2021年新入库的科技创新类PPP项目合计24个，投资额350亿元，同比增加157亿元，增长81.4%。截至2021年末，科技创新类项目累计335个，投资额4 242亿元，表明PPP在持续推动科技成果转化、培育经济发展新动能中的作用更加突出。

在生态文明建设领域，新入库污染防治与绿色低碳项目346个，投资额3 135亿元。截至2021年末，污染防治与绿色低碳项目累计5 919个，投资额5.7万亿元，在PPP项目中占比高达35.2%，这些项目的实施对于提升生态系统质量、推动持续改善环境质量、加快发展方式绿色转型等具有重要意义。

在“三农”领域，新入库乡村振兴类PPP项目共118个，投资额1 215亿元。截至2021年末，乡村振兴项目累计达3 125个，投资额4万亿元。此外，全国

832个脱贫县中有531个探索运用PPP模式支持乡村振兴，占比高达63.8%。

在推动落实国家重大区域发展战略方面，京津冀地区全年新入库PPP项目32个，投资额571亿元。截至2021年末，累计入库项目603个，投资额1.3万亿元。长江经济带11个省份全年新入库项目248个，投资额5 286亿元；累计入库项目4 390个，投资额8.1万亿元。黄河流域9个省份全年新入库项目196个，投资额3 690亿元；累计入库项目3 402个，投资额4.7万亿元。

此外，PPP持续发挥乘数效应，聚焦调结构、增后劲、促消费、惠民生，带动社会资本扩大有效投资。全年新入库“两新一重”项目523个，投资额1.2万亿元，占全部新入库项目投资的87.5%。全年新入库服务消费类项目97个，投资额824亿元；签约落地项目75个，投资额822亿元，投资额同比增长330%；开工建设项目69个，投资额827亿元，投资额同比增长333%，具体涉及文化、旅游、体育、健康、养老、教育等增进民生福祉的领域。

从全生命周期动态监测来看，PPP项目财政风险总体可控。截至2021年末，全国2 759个有PPP项目在库的行政区中，绝大多数行政区PPP项目合同期内各年度财政承受能力指标值未超10%红线，其中1 990个行政区低于7%预警线，41个超10%红线的行政区新项目入库已被停止。各类回报机制项目投资结构基本稳定，全年新入库使用者付费类项目、可行性缺口补助类项目、政府付费类项目投资额分别为2 157亿元、9 610亿元和1 487亿元，分别占新入库项目投资额的16.3%、72.5%和11.2%。

▌资料来源　敖阳利. 有效发挥稳增长惠民生补短板作用［EB/OL］.（2022-03-23）［2022-09-27］. http: //www.mof.gov.cn/zhengwuxinxi/caijingshidian/zgcjb/202203/t20220323_3797420.htm.有改动.

## 本章小结

财政购买性支出是指政府作为一般的市场主体，按照等价交换原则在市场上购买商品与劳务的支出。它体现了政府的市场交易活动，反映了政府在社会资源和要素中直接配置和消耗的份额，是政府利用财政手段调节宏观经济的重要工具之一。财政购买性支出可以分为社会消费性支出和政府投资性支出。

社会消费性支出是政府作为市场主体，依据等价交换原则，在市场购买商品和服务所形成的支出。由于社会消费性支出旨在满足社会公众的共同需要，因此具有明显的正外部性效应。社会消费性支出包括行政管理支出、国防支出、科教文卫事业支出等。

政府投资性支出是指以政府为投资主体，将其从社会产品或国民收入中筹集的财政资金用于国民经济各部门的一种集中性、政策性的投资活动。政府投资性支出主要包括基础设施投资和政府农业投资。政府投资性支出的特点是投资目标注重社会效益、投资资金具有公共性、投资对象具有外部性。

## 复习思考

一、名词

(1) 财政购买性支出 (2) 社会消费性支出 (3) 政府投资性支出 (4) PPP模式 (5) BOT模式

二、简答

(1) 财政购买性支出的类型有哪些?

(2) 影响国防支出规模的因素是什么?

(3) 政府基础设施投资的主要方式如何?

三、论述

如何构建高效的行政管理支出?

# 第四章

# 财政转移性支出

财政转移性支出关系着社会民众的经济福利水平和社会稳定程度，是一国财政支出结构中另一个重要组成部分。

本章将学习财政转移性支出的定义、类型和主要内容。

## 第一节 财政转移性支出定义和类型

### 一、财政转移性支出的定义

财政转移性支出是指政府为了实现社会公平的目标，把一部分财政收入通过资金、实物等形式无偿、单方面地转移给领受者，从而在社会成员之间进行收入再分配活动。

从定义可以看出，财政转移性支出包括三个层次的内容：

（1）再分配性。财政转移性支出使社会资金使用权发生了转移，即从政府部门转移到领受者手中，从而在国民收入初次分配基础上进行了再分配，有效缩小了收入分配差距，有利于社会稳定。

（2）无偿性。政府在这一过程中没有获得任何相应的产品和服务。

（3）调控性。财政转移性支出对经济生活具有显著影响。它会通过各种不同路径，直接或间接转化为私人消费需求或私人投资需求，进而对社会总供给和社会总需求产生影响。

### 二、财政转移性支出的分类

通常，根据政府不同的政策目标，财政转移性支出包括社会保障支出和财政补贴支出。社会保障支出是指政府财政安排的用于社会保障的资金支出。财政补贴支出是指一国政府为了实现特定的政治经济和社会目标，向企业和个人提供的一种补偿。

## 第二节 社会保障支出

### 一、社会保障的特点和主要内容

社会保障是指政府依据一定的法律法规，在劳动者因年老、疾病、伤残等原因丧失劳动能力或者丧失就业机会以及遇到其他事故面临生活困难时，向其提供基本生活保障和社会服务。

#### （一）社会保障的特点

从定义可以看出，社会保障具有强制性、普遍性和共济性三个基本特点。

1.强制性

社会保障是政府通过法律法规明确规定的，并通过强制措施加以实施。社会成员需要按照相关规定参与社会保障计划，除特殊人群外，必须缴纳一定的社会保障费用，才能按规定享受社会保障所带来的福利。

2.普遍性

社会保障覆盖全体社会成员，由政府在全社会范围内组织实施，满足全体社会成员的基本生活需要。

3.共济性

社会保障制度通过集中全体社会成员的部分财力作为收入，而在支出方面向部分弱势的社会成员倾斜，从而增强社会整体抵御风险的能力。

#### （二）社会保障的主要内容

一般来说，现代社会保障的内容包括社会保险、社会救济、社会福利、社会优抚等。

1.社会保险

社会保险是指以劳动者为保障对象，以劳动者的年老、伤残、失业、死亡等特殊事项为保障内容的一种社会保障制度。通常，建立社会保险的目的主要有三个：

（1）防止个人在过去和未来的安排上因为选择不当而造成贫困。

（2）防止某些对劳动者来说不可预见的风险。

（3）减少由于市场经济的不确定性而产生的风险和困难。

社会保险的形式有很多种，最常见的有养老保险、医疗保险、工伤保险、失业保险、生育保险等。

2.社会救济

社会救济是指对贫困者和遭受不可抗拒的自然风险的社会成员所提供的无偿物资援助。一般来说，社会救济的标准是保证救助对象得以实现最低生活水平。如果被救济者通过自身的劳动实现了这一目的，则政府不再对其进行救济。最常见的社会救济形式包括灾害救济、贫困救济和特殊救济。

3.社会福利

社会福利是指政府通过各种福利事业、福利设施、福利服务为社会成员提供基本生活保障，并使其基本生活状况不断得到改善的社会政策和制度的总称。社会福利的目的在于通过免费或低价提供服务，改善社会成员的生活水平，因此具有全民性的特点，其保障的对象不以经济状况为衡量标准，只要满足一定条件就可享受特定福利项目。

4.社会优抚

社会优抚是指政府按规定为法定的优抚对象提供资助和服务，从而保障其维持一定生活水平的社会制度。从定义可以看出，社会优抚是一种带有褒扬、优待和抚恤性质的特殊社会保障制度。

## 二、社会保障支出的功能

社会保障支出是指政府财政安排的用于社会保障的资金支出。社会保障性支出的功能分为社会性功能和经济性功能。

### （一）社会性功能

一般来说，社会保障支出的社会性功能包括社会补偿功能、社会稳定功能和社会公平功能。

1.社会补偿功能

社会补偿功能是社会保障的基本功能，主要根据最低生活水准来判断贫困者，然后给予其适当的救济，维持其基本生活水平。

2.社会稳定功能

社会稳定功能是社会震动的减震器和安全网。由于一国中部分社会成员的生存保障存在问题，从而可能诱发社会的不安定状况。社会保障支出能够在一定程度上保障这些成员维持基本生活水平，促进整个社会的稳定。

3.社会公平功能

通常，市场经济活动会造成社会收入分配的不公平。社会保障支出实现了社会收入的二次分配，进而促进了社会公平的实现。具体而言，就是利用社会保障资金的筹集和给付，把一部分高收入人群的收入转移到社会弱势群体手中，对弱势群体给予生活上必需的给付，从而缩小贫富差距、缓和社会矛盾。

（二）经济性功能

一般来说，社会保障支出的经济性功能包括调节投融资功能、平衡需求功能及保护和配置劳动力功能。

1. 调节投融资功能

社会保障资金来源于财政收入和社会公众缴纳的保险费，不仅金额巨大，而且具有较高的稳定性，因此在一国财政运作过程中的作用极为重要。例如，社会保障基金进入金融市场投资，不仅能支持经济持续增长，而且有利于本身的价值增值，进而更好地发挥社会性功能。

2. 平衡需求功能

一国国民经济的运行状况与社会保障支出具有反向相关关系，因此一国政府可以通过增加或减少社会保障支出，调节社会总需求，熨平经济波动，进而维护经济稳定。从这个意义上说，社会保障支出在一定程度上充当了一国经济的内在稳定器。

3. 保护和配置劳动力功能

社会保障是保护劳动力再生产，促进劳动力合理流动和有效配置的重要制度之一。一方面，社会保障能够帮助部分暂时失业的劳动者维持基本的生活需要，促进劳动力的再生产；另一方面，通过建立统一的社会保障网，解决劳动力在变换工作和迁徙时的后顾之忧，促进劳动力的合理流动，实现劳动力的有效配置。

**三、社会保障支出的资金来源**

目前，世界各国社会保障支出资金主要来自企业负担、个人缴费及国家资助，具体的筹集方式主要包括社会保障税、社会统筹保障基金和财政预算拨款。

（一）社会保障税

社会保障税是指一国政府运用税收课征技术，强制征集社会保障基金的方式。由于现代社会经济的稳定发展对社会保障制度的依赖程度日益提高，为了顺利筹集社会保障所需要的资金，并且实现征收的固化，大多数国家都倾向于采取社会保障税的方式征收社会保障基金。

（二）社会统筹保障基金

社会统筹保障基金是指由政府机关、企事业单位、职工个人，按照一定标准提取各种社会保障基金，交由社会保障统筹机构管理，实行一定范围内的社会统筹。与征收社会保障税相比，社会统筹保障基金这一方式更有利于因地、因时制宜，灵活掌握，因此是现阶段我国筹集社会保障资金的主要方式。

（三）财政预算拨款

财政预算拨款是指政府在财政预算中设立社会保障基金，参与国民收入的分配与再分配，形成预算收入，将其中一部分用于社会保障。财政预算拨款是社会保障基金正常运转的可靠保证。

## 四、社会保障基金的财务模式

由于世界各国的社会保障政策存在很大差异，社会保障基金的财务模式也不同，但总的来说可以划分为三种模式。

（一）完全基金制

完全基金制是指根据社会保障未来给付的需要，定期由各方提供资金，当期缴费收入全部用于为当期受保人建立社会保障基金的制度。其目标在于满足向全部受保人给付社会保障资金的需要。它是一种自我养老的模式，不存在代际收入转移。但是，其缺点在于基金需要承受较高的通货膨胀风险，初期的缴费率较高，容易给投保人造成负担。

（二）现收现付制

现收现付制是指当期基金完全应付当期的社会保障支出，不留或者只留很少一部分储备基金，只要大体平衡即可。现收现付制是一种依靠后代养老的筹资模式。由于上一代人没有进行基金积累，其养老金全部来自下一代的缴纳，收入形成了代际转移。这一模式的优点在于避免了通货膨胀的风险，缺点在于存在代际转移问题，在老龄化社会渐近的形势下，容易出现给付风险。

（三）部分基金制

部分基金制指保障计划的缴费水平应能保证在给付当前社会保障开支的同时，为受保人积累一定数额的资金，以满足在一定时期内社会保障的支出。该模式避免了现收现付制下的给付风险，也避免了完全基金制下初期缴费负担过高的弊病，是当前我国选择的社会保障基金筹集模式。

**【专栏10】 国资划转社会保障基金弥补社保缺口**

2016年3月28日，国务院下发《全国社会保障基金条例》（下称《条例》），自2016年5月1日起施行。根据该《条例》，全国社会保障基金（下称“社保基金”）的主要来源包括中央财政预算拨款、国有资本划转等。

“划拨国资充实社保基金”，最早在2003年10月写入党的十六届三中全会的决定中，主要是为了填平我国养老保险制度改制时产生的历史欠账。1993年以前，我国实行的是“现收现付”的养老保险制度，1993年，我国在社会统筹的基础上引入个人账户，实行“统账结合”的制度。但当时国企职工的养老费用均由企业直接承担，其个人账户基本没有钱，所以给新制度留下了一个巨大的窟窿。1997年，新的城镇职工养老保险制度规定，职工个人缴费比例为本人缴费工资基数的8%，进入个人账户；而单位须缴纳员工个人缴费工资基数之和的20%，进入社会统筹部分。即便如此，养老金的发放仍入不敷出，后来只好挪用年轻人的个人账户，产生个人账户的“空账”。到2014年，全国职工养老保险个人账户累计记账额接近4.1万亿元。因此，通过划拨部分国有企业资产充实社保基金是有其历史原因的。

在学者、人大代表们的倡议之下，2003年10月，党的十六届三中全会明确了“划转部分国有资产充实社会保障基金”的做法。2004年，由财政部、国资委和全国社保基金理事会等部门牵头，成立了“股权划拨研究领导小组”，但究竟划拨哪部分资产、怎么划拨，执行层面的各方一直争执不下。关于如何划拨国有资产、划拨多少、后续如何管理的讨论，在执行层甚至决策层始终没有形成共识。而在技术层面，究竟是进行已上市股权的存量划拨，还是进行增发和IPO的增量划拨，划拨之后是否可以流通等问题，各方也都存在争执。

2013年11月，党的十八届三中全会通过《中共中央关于全面深化改革若干重大问题的决定》，再次提出“划转部分国有资本充实社会保障基金”。关于划拨国有资产的方式，2012年，时任全国社保基金理事会理事长的戴相龙曾公开表示，可采取三种方式：一是完善现有国有企业上市机制，将其股份或募集资金的10%划拨给全国社保基金；二是将国资委监管的国有企业按不低于20%的比例上缴利润，划拨全国社保基金；三是如有需要，将国家控股比例过高的中央企业（包括金融企业）的一部分股份，划拨给全国社会保障基金。

2015年5月18日和29日，山东分两批将18家省管企业30%的国有资本，共计180.65亿元，划转到省社保基金理事会，此举为全国首例。2016年1月份，上海也决定将不低于市本级国有资本经营预算当年预算收入19%的部分，调入一般公共预算，用于补充上海市社保基金。

资料来源　张霞．国资划拨社保何时“落地”［N］．南方周末，2016-04-14．

## 第三节　财政补贴支出

### 一、财政补贴支出的定义和特点

财政补贴支出是财政分配中的一种特殊形式，从本质上说，财政补贴支出是一种对社会财富的再分配。

（一）财政补贴支出的定义

财政补贴支出是指政府根据一定时期社会经济形势的客观要求，向某些特定产业、部门、地区、企事业单位或居民提供的一定数额的无偿性财政补助和津贴。

一般来说，财政补贴支出具有一定的针对性，即一定时期内对政府支持的特定产业、部门、地区、企事业单位等对象进行补助。

（二）财政补贴支出的特点

与其他财政分配形式比较，财政补贴支出具有三个基本特点：

1. 政策性

财政补贴支出是政府实现一定政策目标的手段，其对象、数额及期限等都是按照政策需要制定的，自始至终都是为政府政策服务的。

2. 时效性

财政补贴支出的政策性决定了其具有时效性特点。当政府政策发生变化后，财政补贴支出会相应地作出调整，当政府政策实施完结时，财政补贴支出也随之终结。

3. 灵活性

财政补贴支出是政府调节经济、协调各方面关系的一种杠杆。由于财政补贴支出的对象、数额和期限可以随着一国经济发展形势和政策执行状况的变化随时进行修正，因此灵活性较高。

**二、财政补贴支出的类型**

财政补贴支出的划分标准很多，最常见的是根据补贴项目和补贴的透明度加以分类。

（一）按照财政补贴的项目分类

1. 价格补贴

价格补贴，是指因国家政策导致价格扭曲给市场参与者带来损失时所给予的财政补贴。价格补贴的目的在于稳定价格、调节供求关系、平衡生产者和消费者利益。

2.  企业亏损补贴

企业亏损补贴，是指国有企业在按照政府计划生产、经营社会需要的产品的过程中，由于特定的客观原因造成生产经营中的亏损，政府为了弥补亏损而向其拨付的财政补贴。

3. 财政贴息

财政贴息，是指政府为了支持特定领域或区域的企业和项目的发展，对与该企业或该项目有关的银行贷款利息给予的补贴。

4.外贸补贴

外贸补贴，是指政府对外贸企业给予的财政补贴，包括出口补贴和进口补贴两种形式。出口补贴是指国家财政直接或间接给予出口商品生产者或出口商的补贴，包括直接现金补贴、出口退税、减免出口关税和出口信贷等，旨在降低出口产品价格，增强出口产品的竞争力。进口补贴是指政府为体现产业政策，给予特定进口产品或进口商的财政补贴。目前，我国外贸出口补贴主要采取间接补贴的形式。

（二）按照财政补贴的透明度分类

1.明补

明补，是指政府以现金形式直接将财政补贴给予最终接受补贴者的行为。从本质上说，明补直接增加了受补贴者的收入，其优点在于收支分明、权责明确，易于发挥财政补贴的杠杆作用。

2.暗补

暗补，是指政府通过各种渠道将补贴间接给予最终接受补贴者的行为。从本质上说，暗补使接受补贴者减少了上缴和消费支出，其优点是降低政府部门财政补贴的成本、手续简便，缺点在于权责关系不明确。

**三、财政补贴支出的效应**

（一）财政补贴支出的正向效应

1.稳定社会经济，促进经济增长

财政价格补贴可以稳定部分商品的价格，减轻价格波动引起的社会震荡，从而促进社会经济稳定。同时，对消费者和生产者给予补贴，可以扩大消费和生产需求，进而引起社会总需求扩张，促进经济增长。

2.促进产业结构调整，优化资源配置

一国政府在进行财政补贴支出的决策过程中，通过选择是否补贴、补贴方式及补贴数量的多少，改变价格体系，引导特定行业的生产和消费，从而促进资源的有效配置。

3.促进对外贸易增长

财政补贴支出可以引导对外贸易结构的调整，通过促进出口，推动本国经济的发展。同时，由于财政补贴支出的灵活性较强，可以针对部分特定贸易品进行调整，因此更适合于日常的微调。

（二）财政补贴支出的负向效应

1.扭曲价格体系，影响价格调节作用的发挥

财政补贴改变了相对价格体系，掩盖了商品的真实价格，使市场中价格机制固有的调节经济、资源配置等功能受到了限制，违背了市场规律。如果长期进行过度补贴，就会造成价格体系进一步扭曲，使价格信号失真。

2.加重财政负担

如果财政补贴支出超过了财政承担能力，不仅会削弱国家财力，降低国家宏观调控能力，而且会挤占其他必要的财政支出，严重时会引起赤字，加重通货膨胀风险。

3.软化企业预算约束

如果财政对企业的补贴过度，会导致企业预算约束软化，掩盖企业经营性亏损，不利于准确考核企业的经济效益，也不利于行业内部的公平竞争。

**【专栏11】　新能源汽车补贴改革**

2020年4月23日，财政部、工业和信息化部、科技部、发改委联合发布《关于完善新能源汽车推广应用财政补贴政策的通知》（财建〔2020〕86号，以下简称《通知》）明确，综合技术进步、规模效应等因素，将新能源汽车推广应用财政补贴政策实施期限延长至2022年底。

调整完善相应的新能源汽车补贴政策有其重要原因。

首先，要巩固我国新能源汽车行业的发展局面。我国新能源汽车发展起步早、开局好，但当前仍存在一些现实困难，新能源汽车成本仍然较高，难以与传统车竞争，需要继续给予支持，巩固和扩大来之不易的发展成果。新冠肺炎疫情对新能源汽车市场造成了较大冲击，延长优惠支持政策，有助于拉动市场消费，对冲疫情影响，也有利于支持相关行业和企业加快复工复产。

其次，推动企业提升产品技术升级。目前，新能源汽车产品技术进入稳步提升的阶段，提升动力电池系统能量密度等指标与产品安全性的矛盾有所显现。为此，四部委按照技术上先进、质量上可靠、安全上有保障的原则，保持技术指标体系总体稳定，给予企业稳定的预期，推动企业进一步提升产品技术水平和安全可靠性。

最后，推动公共交通等领域的绿色化、电动化。公共交通领域车辆油耗高、污染排放大，每辆中型燃油客车污染排放是乘用车的11.8倍。我国公共交通及特定领域车辆电动化比例低，初步统计，截至2019年底，公务、城市公交、道路客运、出租、网约、环卫、城市物流配送、邮政快递、机场、港口、矿山领域汽车保有量1 000多万辆，电动化比例不到7%，加快电动化有利于实现快速拉动消

费、壮大产业规模、减少污染排放和降低石油对外依存度等多重目标。为推动公共交通及特定领域加快电动化，促进新能源汽车消费，此次政策调整加大了对上述领域的支持，2020年补贴标准不退坡。在补贴资金清算时，四部委将综合参考公告、行驶证、车辆使用单位、国家监控平台等多角度信息，并进行现场核查，综合确定各领域车型类别。

新能源汽车产业发展最终要靠市场的力量。在产业发展初期，通过补贴等方式降低新能源汽车与传统汽车的成本差距，有助于快速扩大规模、启动市场。随着产销规模的不断扩大，将产生规模效应，与传统车的差距加快缩小，补贴等政策相应逐步退出。

具体操作上，根据新能源汽车上牌数据，在年度销量接近200万辆时，四部委将提前发出通知，明确补贴标准调整时点。同时，给企业留出过渡期，保证市场平稳。

此外，借鉴美国、德国、英国、法国等国做法，为避免补贴资金大量流向奢侈消费，综合考虑我国消费者购买力水平、产业发展等因素，此次政策调整要求新能源乘用车补贴前售价须在30万元以下（含30万元）。

具体执行过程中，四部委将以机动车销售统一发票的价税合计金额以及产品官方指导价等信息作为参考依据，有关部门也将此纳入新能源汽车补贴清算核查范围，对存在违规操作套取补贴的企业，将按有关规定严肃处理。为鼓励“换电”等新型商业模式的创新发展，对采取“换电”模式的新能源汽车产品不执行30万元限价要求。

▌资料来源　曾金华．新能源汽车补贴设限30万元售价［N］．经济日报，2020-06-02．有改动．

## 本章小结

财政转移性支出是指政府为了实现社会公平的目标，把一部分财政收入通过资金、实物等形式无偿、单方面地转移给领受者，从而在社会成员之间进行收入再分配的活动。财政转移性支出包括社会保障支出和财政补贴支出。

社会保障是指政府依据一定的法律法规，在劳动者因年老、疾病、伤残等原因丧失劳动能力或者丧失就业机会以及遇到其他事故面临生活困难时，向其提供基本生活保障和社会服务。社会保障的内容包括社会保险、社会救济、社会福利、社会优抚等。社会保障支出是指政府财政安排的用于社会保障的资金支出。社会保障支出的资金来源包括社会保障税、社会统筹保障基金和财政预算拨款。

财政补贴支出是指政府根据一定时期的社会经济形势的客观要求，向某些特定产业、部门、地区、企事业单位或居民提供的一定数额的无偿性财政补助和津贴。财政补贴支出具有一定的针对性，即一定时期内对政府支持的特定产业、部门、地区、企事业单位等对象进行补助。

## 复习思考

**一、名词**

（1）财政转移性支出（2）社会保障性支出（3）财政补贴性支出

**二、简答**

（1）简述社会保障的主要内容。

（2）简述社会保障基金的财务模式。

（3）简述财政补贴支出的特点。

**三、论述**

财政补贴支出有什么效应？

# 第五章

# 财政收入

财政收入是衡量一国政府财力的重要指标，是一国政府执行职能、提供公共产品的物质基础，是国家调节经济的重要手段。

本章将学习财政收入的相关内容，主要包括财政收入的定义、类型、规模和主要结构。

## 第一节 财政收入的定义和类型

### 一、财政收入的定义

财政收入是指政府通过法定形式，集中一部分社会产品的货币价值形式。从定义可以看出，财政收入主要包括两个层次：

（1）政府部门在一定时期内所取得的货币收入的总和。

（2）政府依法获取，旨在履行其职能，实施公共政策和提供公共物品与服务。

### 二、财政收入的类型

财政收入的分类方法有很多，最常见的划分标准是财政收入形式、财政收入管理权限和财政管理形式。

（一）根据财政收入形式分类

1.税收收入

税收收入是指政府为实现其职能，凭借政治权力，按照法律法规，无偿参与国民收入分配，获得国民收入的一种形式。税收是政府财政收入的主要形式。

2.国有资产收入

国有资产收入是指政府凭借其拥有的资产取得的财政收入，即经营和使用国有资产的企事业单位和个人把其收入的一部分无偿上缴给政府。

3.收费收入

收费收入是指各级政府部门根据现行法律和行政法规的规定，向企业和居民提供公共设施和特定服务而收取的各种费用。

4.政府性基金收入

政府性基金收入是指根据法律及行政法规的规定，各级政府部门为支持某项事业发展，向企业和居民征收的具有特定用途的资金。它具有专款专用的性质，非经国家有关规定批准外，不得统筹使用。

5.罚没收入

罚没收入是指法律、行政法规授权执行处罚的部门依法实施处罚取得的罚没款和没收物品的折价收入。它具有强制性、无偿性和不稳定性。

6.债务收入

债务收入指政府通过发行债券或者以其他信用的方式从国内外经济主体中取得的借款收入。需要说明的是，之所以把借款作为收入，是因为财政部门的核算长期以来一直以收付实现制为会计基础，即无论是税收还是发行债券收到的现金流，只要是当期流入政府的均作为收入核算。而企业核算采取的是权责发生制，企业发行债券带来的现金流要作为负债核算。

（二）根据财政收入管理权限分类

根据财政收入管理权限，可以把财政收入分为中央财政收入、地方财政收入、中央和地方共享的财政收入。

按照预算法和财政管理体制的规定，由中央政府筹集、安排、使用的财政收入为中央财政收入；地方政府筹集、安排、使用的财政收入为地方财政收入；中央政府和地方政府分享的财政资金为中央和地方共享的财政收入。

（三）根据财政管理形式分类

根据财政收入的不同管理要求，可以把财政收入分为预算内财政收入和预算外财政收入。

预算内财政收入是指列入政府一般公共预算中的财政收入，主要包括税收收入和非税收入。预算外收入是指置于政府一般公共预算以外单独管理的财政收入，包括未纳入预算的行政事业性收费等。

**【专栏12】 2021年全国财政收入情况**

2021年是党和国家历史上具有里程碑意义的一年。

面对复杂严峻的国内外形势和诸多风险挑战，在以习近平同志为核心的党中央坚强领导下，各地区各部门坚持以习近平新时代中国特色社会主义思想为指导，深入贯彻党的十九大和十九届历次全会精神，坚决落实党中央、国务院决策部署，严格执行十三届全国人大四次会议审查批准的预算，统筹疫情防控和经济社会发展，扎实做好“六稳”工作、全面落实“六保”任务，有效应对各种风险挑战，构建新发展格局迈出新步伐，高质量发展取得新成效，国家战略科技力量加快壮大，产业链韧性得到提升，改革开放向纵深推进，民生保障有力有效，生态文明建设持续推进，社会大局保持稳定，实现了“十四五”良好开局。中央和地方预算执行情况较好。

（1）2021年一般公共预算收入情况

全国一般公共预算收入202 538.88亿元，为预算的102.5%，比2020年增长10.7%，主要是经济持续稳定恢复和价格上涨等因素拉动。其中，税收收入172 730.47亿元，增长11.9%；非税收入29 808.41亿元，增长4.2%。加上从预算稳定调节基金、政府性基金预算、国有资本经营预算调入资金及使用结转结余11 713.52亿元，收入总量为214 252.4亿元。

中央一般公共预算收入91 461.8亿元，为预算的102.2%，增长10.5%。加上从中央预算稳定调节基金调入950亿元，从中央政府性基金预算、中央国有资本经营预算调入985亿元，收入总量为93 396.8亿元。中央一般公共预算主要收入项目具体情况是：国内增值税31 752.66亿元，为预算的100.5%。国内消费税13 880.7亿元，为预算的104.3%。企业所得税26 605.34亿元，为预算的103.8%。个人所得税8 395.95亿元，为预算的106.3%。关税2 805.87亿元，为预算的102%。进口货物增值税、消费税17 316.36亿元，为预算的107.8%。出口货物退增值税、消费税18 157.69亿元，为预算的117.1%。进出口税收均超出预算较多，主要是受外贸进出口增长好于预期，以及进口大宗商品价格上涨等的影响。

地方一般公共预算收入193 293.02亿元。其中，本级收入111 077.08亿元，增长10.9%；中央对地方转移支付收入82 215.94亿元。加上从地方预算稳定调节基金、政府性基金预算、国有资本经营预算调入资金及使用结转结余9 778.52亿元，收入总量为203 071.54亿元。

（2）2021年政府性基金预算收入情况

全国政府性基金预算收入98 023.71亿元，为预算的103.7%，增长4.8%。加上2020年结转收入240.16亿元、地方政府发行专项债券筹集收入36 500亿元、从一般公共预算调入90亿元，收入总量为134 853.87亿元。

（3）2021年国有资本经营收入情况

全国国有资本经营预算收入5 179.55亿元，为预算的133.6%，增长8.5%，主要是2020年国有企业利润高于预期。全国国有资本经营预算支出2 624.78亿元，完成预算的99.1%，增长2.7%。

（4）2021年全国社会保险基金收入情况

全国社会保险基金收入94 734.74亿元，为预算的106.2%，增长24.9%。其中，保险费收入66 816.64亿元，增长35.7%，主要是阶段性减免社会保险费政策2020年底到期后恢复征收；财政补贴收入23 248亿元，增长10.6%。

资料来源　财政部．关于2021年中央和地方预算执行情况与2022年中央和地方预算草案的报告［EB/OL］．（2022-03-13）［2022-09-25］．http：//www.gov.cn/xinwen/2022-03/13/content_5678838.htm.

## 第二节　财政收入的规模和结构

### 一、财政收入规模的定义

财政收入规模是指一定时期内（通常为1年）政府所能筹集到的财政收入的绝对量或相对量，是考察财政分配规模的重要内容。

通常，财政收入规模有两种含义：

（1）绝对规模，即财政收入的绝对额。它反映了政府运用财政收入手段调节经济运行，参与收入分配和资源配置的范围和力度。

（2）相对规模，即一定时期内财政收入绝对额占同期国民经济总量的比重。它反映了政府财政收入与国民收入分配之间相互联系、相互制约的关系。

### 二、财政收入规模的衡量指标

一般来说，衡量一国财政收入规模的指标有三种：绝对规模、相对规模和财政收入规模变化。

（1）绝对规模。绝对规模通常采用年度财政总收入来衡量，反映了政府在一定时期内的财力集中程度。

（2）相对规模。相对规模通常采用财政负担率来衡量，即财政收入与同期国内生产总值的比值。

（3）财政收入规模变化。该指标通常采用财政收入增长率来衡量，即本期财政收入增长额占基期财政收入总额的百分比。

## 三、影响财政收入规模的因素

### （一）经济发展水平

经济发展水平是指一国社会产品的丰富程度和经济效益的高低。经济发展水平决定着财政收入规模。经济发展水平越高，为财政分配提供的对象越多，财政收入规模越大。经济发展水平越低，为财政分配提供的对象越少，财政收入规模越小。

### （二）分配政策和分配制度

在经济总量一定的前提下，如果分配政策和分配制度使政府财政集中的财富过多，会直接减少企业的收入，不利于企业投资，继而影响经济发展和财政收入规模的扩大。

具体而言，分配政策和分配制度主要表现在两个方面：

（1）分配政策和分配制度决定了剩余产品价值占社会产品价值的比例，继而决定财政分配对象的多少。

（2）分配政策和分配制度决定了财政集中资金的比例，即财政收入占社会剩余产品价值的比例。

### （三）价格水平

价格水平变化会对财政收入的货币价值产生影响。主要的影响路径包括：

（1）价格水平上升，名义财政收入规模增加。

（2）价格水平结构的变化不仅改变了国民收入、利润在不同的产业、企业间的分布，还改变了不同产业、企业与政府间的财政收入分配关系，最终引起财政收入占国内生产总值比重的变化。

### （四）公共需求

公共需求决定了一国政府需要多少财政收入，进而决定一国财政收入的规模。公共需求扩大，要求财政收入规模必须随之扩大。纵观财政收入规模变化的历史，可以发现财政收入规模绝对量的膨胀是与公共需求增长分不开的。政府活动范围的扩大、官僚机构的膨胀、市场缺陷放大及人们对公共物品需求的增加都会导致财政收入规模的绝对水平扩大。但是，财政收入规模的相对水平则与政府财政资金支出的效率有关。如果财政资金支出效率的提高速度大于公共需求的增长速度，则政府财政收入规模的相对水平变化趋势未明，甚至有可能下降。

## 四、财政收入结构的定义和类型

### （一）财政收入结构的定义

财政收入结构是指财政收入来源的构成要素及各要素之间的相互关系。财政收入结构反映了通过预算集中财政资金的不同来源、规模、各类财政收入占财政总收入的比重和增加财政收入的途径。财政收入结构既是经济结构的集中反映，又对经济结构的形成和发展产生深刻影响。

（二）财政收入结构的类型

财政收入结构的划分标准有很多，最常见的财政收入结构包括财政收入的价值结构和财政收入的形式结构。

1.财政收入的价值结构

财政收入来源于社会总产品价值的实现。

通常，社会总产品价值是由C、V和M三部分构成。

C是补偿生产资料消耗的价值部分；

V是新创造的价值中归劳动者个人支配的部分；

M是新创造的归社会支配的剩余产品价值部分。

财政收入来源于这三个部分的价值，其中社会剩余产品价值M是财政收入的主要来源，而C中的机器设备、厂房等劳动工具价值可以构成财政收入，财政收入中对个人征收的税收收入、收费收入、公债收入等来源于V，但不构成主要收入来源。

2.财政收入的形式结构

从财政预算收入的组成来看，主要由一般公共预算收入、政府性基金收入、国有资本经营预算收入、社保基金预算收入组成。其中，一般公共预算收入是财政收入的主要组成部分，它主要由税收收入与非税收入组成。非税收入又可分为六大类：一是专项收入，二是行政事业性收费收入，三是罚没收入，四是国有资本经营收入，五是国有资源或资产有偿使用收入，六是其他收入。

（三）影响财政收入结构的主要因素

1.经济发展状况

财政收入结构的优化取决于一国的经济发展。经济增长时，税收收入比重呈上升趋势，比重相对增加；经济衰退时，税收基础的增长缓慢甚至萎缩，企业经济效益下降，税收比重下降，政府债务收入和收费收入增加，财政收入结构恶化。

2.制度选择状况

不同的财政经济体制及财政收入体制使财政呈现不同的财政收入结构。比如，在计划经济体制下，中央在计划指令下管理经济，财政收入向中央集中。市场经济体制下，多种经济并存，规范性收入占比较大。

3.财政运行状况

财政运行状况越好，债务收入比重越低，收入结构越优异；若财政运行状况恶化，政府举债规模越大，财政结构越差。

**【专栏13】　　“土地财政”及其原因**

自2000开始，我国房地产行情进入了一段长期的上涨通道。

随着房地产价格的上涨，地方财政收入结构对于土地财政的依赖度不断上升。直到2016年，土地出让金在地方财政收入结构中一家独大的情况才有所改善，对房地产相关税收的依赖度逐渐开始慢慢超过土地出让金。

北京大学经济学院的一项研究指出，中国地方财政对于广义的土地财政的依赖度在2003—2013的10年间上升了11.3个百分点。总的说来，在2003年之前的15年里，中国地方财政收入中，土地出让金纯收入的地位要高于土地相关税收所占的地位。但是，2003年以来，中国地方财政收入对于土地财政的依赖度的上升增量，主要是由地方财政对于土地税和房地产企业的税收的依赖度上升贡献的。另外，由于土地税和房地产企业所缴纳的税收具有稳定性，相对于对土地出让金的依赖度，地方财政对于土地相关税收的依赖度则要稳定得多。

那么，对地方财政影响深远的“土地财政”是怎么来的呢？一言蔽之，土地财政形成的原因，主要是在中央和地方之间财政收入的第一次分配时税权划分不合理、地方政府的事权与财权不匹配。

从20世纪80年代开始，因国家放权，赋予了地方政府更多的权利。虽然土地使用权出让金成为地方政府财政收入的一部分，但在当时的财税体制中地方获得了更多的财政收入。所以，当时地方政府并不倚重土地出让金收入，土地财政尚未形成。

为了规范中央与地方之间的财政关系，调动各级政府的理财积极性，1994年我国推行分税制改革。分税制改革后，中央政府财政收入占全国财政收入的比例一直保持在60%，地方政府的财政收入占40%。但是，医疗、教育等大量的政府事务却是由地方政府来履行，这导致了地方政府在财权和事权上的不匹配。地方政府因此需要开辟其他的途径获得相应的收入，土地财政收入便成为这一时期地方财政收入结构的突出变化点。从收入的结构来看，地方政府财政实际上已经是土地财政了。一些调查数据显示，进入21世纪之后相当长的一段时期，在发达地区，地方政府的城市基础设施和公共投资有30%来自土地创收，60%依托土地的抵押贷款。

（根据澎湃新闻等相关资料整理）

## 本章小结

财政收入是指政府通过法定形式，集中一部分社会产品的货币价值形式。财政收入按形式划分可分为税收收入、国有资产收入、收费收入、政府性基金收入、罚没收入、债务收入等；按管理权限划分可以分为中央财政收入、地方财政收入及中央和地方共享财政收入；按财政管理形式划分可分为预算内财政收入及预算外财政收入。

财政收入规模是指一定时期内政府所能筹集到的财政收入的绝对量或相对量，是考察财政分配规模的重要内容。衡量一国财政收入规模的指标有三种：绝对规模、相对规模和财政收入规模变化。影响财政收入规模的因素主要有经济发展水平、分配政策和分配制度、价格水平和公共需求。

财政收入结构是指财政收入来源的构成要素及各要素之间的相互关系。财政收入结构反映通过预算集中财政资金的不同来源、规模、各类财政收入占财政总收入的比重和增加财政收入的途径。影响财政收入结构的因素主要有经济发展状况、制度选择状况、财政运行状况等。

## 复习思考

**一、名词**

(1) 财政收入 (2) 财政收入规模 (3) 财政收入结构

**二、简答**

(1) 简述影响财政收入规模的因素。

(2) 简述影响财政收入结构的主要因素。

**三、论述**

试论财政收入的基本类型。

# 第六章

# 税 收

税收是一国政府最主要的收入形式，不仅关系着一国财政收入与支出的顺利执行，而且影响着一国政府对经济的宏观调控能力和收入分配调节能力。

本章将学习税收的相关内容。

## 第一节 税收的定义和类型

### 一、税收的定义和特点

#### （一）税收的定义

税收是政府为了满足社会公共需要，凭借政治权力，强制、无偿取得财政收入的一种经济行为。从定义可以看出，税收主要包括三个方面：

（1）税收属于社会再生产中的分配环节，是把一部分社会产品强制、无偿转为国家所有，因此是一种分配关系，是政府取得收入的一种重要工具。

（2）与个人和企业基于占有的生产要素数量来获取收入不同，政府征税依据的是政治权力，即是以国家为主体，凭借其政治权力进行强制性征收。

（3）政府取得税收收入的目的是满足社会公共需要，因此其规模受到所需要提供的公共产品的数量的制约。

#### （二）税收的主要特点

1.强制性

税收的强制性是指一国政府作为社会管理者，凭借国家政治权力，以法律形式确定征缴双方的权利义务关系并强制保证税收收入的实现，任何单位和个人都不得违抗。税收强制性是税收作为财政收入形式的前提条件，也是政府满足公共需要的必要保证。

2.无偿性

税收的无偿性是指政府征税后，税收收入即为政府所有，既不需要偿还，也不需要向纳税人支付任何代价。

3.固定性

税收的固定性是指政府在征税前，将纳税人、征税对象及征税标准等有关行为通过法律形式予以明确规定，征缴双方都必须遵守，不能随意改变。税收的固定性是政府取得稳定的财政收入和有效利用税收杠杆调节经济的可靠保证。

## 二、税收的类型

税收的分类是指根据税制构成的基本要素和基本特征，将性质或特征相近的税种归为一类。按照这一观点，可以将税收划分为不同的类型。

### （一）根据征税对象的不同性质分类

根据征税对象，可以把税收划分为流转税、所得税、资源税、财产税和行为税。一般来说，这种分类方法是最基本的税收分类方式。

1.流转税

流转税也称商品税，是以商品流转额或服务流转额为征税对象进行课征税收的税种。商品流转额是指在商品生产和经营过程中，由于销售或购进商品而发生的货币金额。服务流转额是指提供服务取得的营业服务收入额。

2.所得税

所得税是指政府以法人、自然人和其他经济组织在一定时期内各种所得额为征税对象课征税收的税种。

3.资源税

资源税是指以应税自然资源为征税对象，旨在调节资源级差收入的税种。

4.财产税

财产税是指以财产为征税对象课征税收的税种。通常，财产税包括一般财产税、财产增值税和财产转移税。

一般财产税以财产价值为计税依据，在一定时期内征收一次。

财产增值税以财产增值额为计税依据征收。

财产转移税以财产转移时的价值为计税依据向财产承受人征收。

5.行为税

行为税是指以纳税人的某种行为为征税对象征收的一种税。

（二）根据税收负担是否可以转嫁进行分类

税收负担，是指纳税人因履行纳税义务而承受的经济负担。根据税收负担是否能转嫁，可以把税收分为直接税和间接税。

直接税是指那些税负不能转嫁或难以转嫁而必须由纳税人自己负担的税种，如各种所得税、财产税等。

间接税是指那些税负较容易转嫁的税种，即各种以流转额为课税对象的税种。

（三）根据税收的计税依据进行分类

根据税收的计税依据，可以把税收划分为从价税与从量税。

从价税是指以课税对象价格为依据，按一定比例计算征收的税种。例如，增值税等。

从量税是指以征税对象的数量（重量、面积）为依据，规定固定税额征收的税种。例如，资源税、车船税、土地使用税等。

（四）根据税收收入的归属权进行分类

根据税收收入归属权，可以把税收划分为中央税、地方税、中央和地方共享税。

中央税是指税收的管理和使用权属于中央的税种。消费税、海关代征的增值税、关税等就属于中央税。

地方税是指税收的管理和使用权属于地方的税种。房产税、城镇土地使用税等就属于地方税。

中央和地方共享税指税收的管理和使用权由中央和地方共享的税种。增值税、所得税等就属于中央和地方共享税。

（五）根据税收与价格的关系进行分类

根据税收与价格的关系，可以把税收划分为价内税和价外税。

税金构成价格组成部分，称为价内税。

税金作为价格之外的附加，则称为价外税。

价内税的计税依据称为含税价格，价外税的计税依据称为不含税价格。一般认为，价外税比价内税更容易转嫁。

## 第二节 税收原则和税收负担

### 一、税收原则

税收原则是确定税收征缴关系的准则，是制定税收制度和税收政策的基础。

一般来说，税收原则包括财政原则、公平原则和效率原则。

（一）财政原则

财政原则是指税收制度应该有利于保障政府财政，满足政府行使职能的资金需要。税收是用来筹集满足社会公共需要的财政资金的手段，因此税收收入要满足财政支出的需求，并且税收收入要有一定的弹性，通过选择合适税种，保障财政收入能在国民收入中占一定份额。

（二）公平原则

公平原则是指针对不同纳税人的税收负担分配应均等、合理。税收公平主要包括普遍纳税和平等征税两方面。普遍纳税是指征收税收时，征税应当遍及税收管辖权的所有法人和自然人，所有具有纳税能力的人都应毫无例外地纳税。平等征税是指政府征税比例或数量应与纳税人的负担能力相称。

（三）效率原则

效率原则是指税收要有利于资源的有效配置，使社会从可用资源的利用中获得最大利益，进而有利于经济效益的提高和经济稳定增长。效率原则分为经济效率原则和行政效率原则。经济效率是指税收政策和制度的实施应该有利于经济有效运行。经济效率是指税收在配置资源的过程中，力求税收额外负担最小化和额外收益最大化，即政府征税使社会付出的代价应以征税额为限，税收额外负担应尽量小。行政效率是指以最小的税收成本取得最大的税收收入，即税收成本占税收收入的比重应最小。

## 二、税收负担

（一）税收负担的定义及分类

税收负担是指纳税人因履行纳税义务而承受的经济负担，表现为纳税人缴纳税款的数量和比例。可分为宏观税负和微观税负。

宏观税负是指一个国家征税的总规模。可以用国内生产总值负担率来衡量宏观税负，它是指一定时期内，国家税收总额占国内生产总值的比率。通常国际经济组织用这一指标来对比国家之间的总体税负。

微观税负是指纳税人向国家纳税，履行纳税义务的程度。微观税负指标主要有综合负担率和所得负担率。综合负担率是纳税人在一定时期内实际负担的税收总额与其同期各项收入总额的比率。所得负担率是指纳税人在一定时期内实际负担的所得税与其同期所得总额的比率。

（二）拉弗曲线

税负变化关系到经济增长和国民福利水平的变化。

供给学派的代表人物——美国经济学家阿瑟·拉弗曾提出了“拉弗曲线”理

论，用于说明税负与国民经济的关系。

图6-1中的横轴代表税率，纵轴代表税收收入。假设税收收入和GDP呈同向变动，在A点左端，税率上升，税收收入上升；在A点右端，税率上升，税收收入下降。

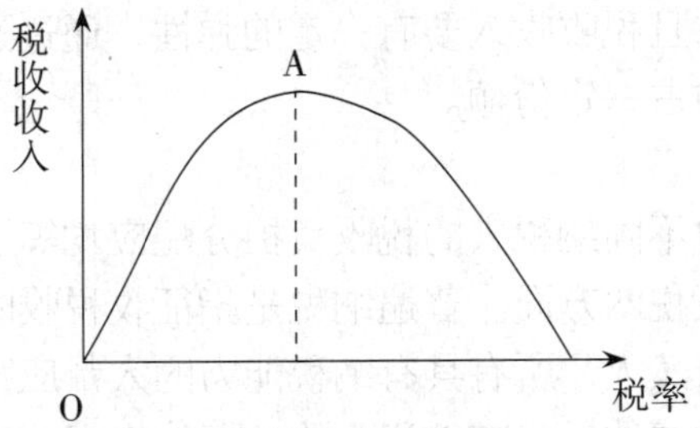


图6-1 拉弗曲线

该理论说明：

首先，高税率并不一定带来高的税收收入。高税率下，国家对经济主体攫取过多，会减弱经济主体的活力，整个经济增长水平会停滞或者下降。

其次，存在一个最优的税率水平，使经济持续稳定增长，但是这个水平很难达到。

（三）税负转嫁

税负转嫁是指纳税人在商品交换过程中，通过提高生产商品价格或者压低要素或中间品价格的形式，将税负转移给商品购买人或者其他经济参与主体的行为。它的本质是各经济主体之间的税负再分配。从理性人的假设来看，纳税人有动机将税负转移给他人，而影响和改变价格水平是纳税人习惯采取的方式。

税负转嫁的必要条件有两个：一是商品交易的存在。没有这一过程，纳税人没有机会进行转嫁。二是价格的自由浮动。如果价格调整近乎完全黏性，也很难通过价格机制转移税负。

税负转嫁的方式有两种——前转和后转。前转是指纳税人在交易过程中，通过提高商品价格将税负转移给消费者。后转是指纳税人在交易过程中，通过压低要素或中间品价格的形式，将税负转移给要素或中间品生产者。在现实经济生活中，大多数纳税人并不拘泥于税负转移形式，常混合运用两种方式，也被称为混转。

**【专栏14】　优化税制结构　坚持以共享税为主体的收入划分制度**

我国共享税收入占比较高，是应对地区间发展不平衡的客观需要，具有中国特色社会主义的分配特点。在保持中央和地方财力格局总体稳定前提下，完善相关税收收入划分。继续将增值税、企业所得税、个人所得税作为中央和地方共享收入，减少经济波动对地方收入的影响，适度消解税基分布不均衡及流动带来地区间利益分享的不合理性，既做大“蛋糕”，又分好“蛋糕”。在保持基本税制稳定前提下，优化税制结构。健全以所得税和财产税为主体的直接税体系，适当提高直接税比重，强化税制的累进性。完善个人所得税制度，适当扩大综合所得征税范围，完善专项附加扣除项目。深化增值税制度改革，畅通增值税抵扣链条，优化留抵退税制度设计。健全地方税体系，加快培育地方税源。全面落实税收法定原则，规范税收优惠政策，进一步加强非税收入管理。

▎资料来源 刘昆．健全现代预算制度［M］//本书编写组．党的二十大报告辅导读本．北京：人民出版社，2022.

## 第三节 税收制度

### 一、税收制度的定义和要素

#### （一）税收制度的定义

税收制度简称税制，是一个国家税收法规、税收体制和税收征收管理制度的总称。税收制度包含了税收分配的法律依据和税收征管的工作规程，是财政经济制度的重要组成部分。

#### （二）税收制度的要素

税收制度要素是指各种单行税种具有的共同基本要素的总称。一般来说，税收制度的要素包括纳税义务人、征税对象、税目、税率、征税基础、纳税环节、纳税期限等。

1.纳税义务人

纳税义务人又叫纳税主体，是法律法规规定的直接负有纳税义务的单位和个人。纳税人有两种基本形式：法人和自然人。

2.征税对象

征税对象又叫课税对象或征税客体，是指法律法规规定的对其进行征税的对象，是征纳税双方权利义务共同指向的客体或标的物。征税对象是税种之间的主要区别标志。一般成为征税对象的有商品、所得、资源、财产和行为。

3.税目

税目是指在法律法规中对征税对象分类规定的具体征税项目，反映了具体的征税范围和征税的广度。

4.税率

税率是指对征税对象的征收比例或征收额度。税率是计算税额的尺度，也是衡量税负轻重的重要标志。通常，税率分为比例税率、累进税率和定额税率。

（1）比例税率

比例税率是指对同一征税对象，不论其数额大小，统一按一个比例征税。使用比例税率具有计算简单、税负透明度高的特点，不仅有利于保证财政收入的课征，而且有利于实现纳税人的公平竞争，促进商品流转额或非商品营业额的扩大。但是，比例税率不能针对不同收入水平实现税收负担的不同层级，在调节纳税人收入水平方面难以实现公平。

（2）累进税率

累进税率是指随征税对象数量的增加而提高税率，即按征税对象数额的大小划分为若干级别，不同级别的课税数额分别适用不同税率，课税数额越大，适用的税率越高。累进税率主要应用于所得税，不仅可以充分调节纳税人的收入，而且有助于实现税收负担的纵向公平。通常，累进税率包括全额累进税率、超额累进税率和超率累进税率。

全额累进税率是指把征税对象按数额分为若干等级，每个等级规定相应的税率，税基超过某个级距时，全部数额都按提高后的级距的相应税率征税。

超额累进税率是指把征税对象按数额分为若干等级，每个等级规定相应税率，税基超过某个级距时，只有超出的数额按提高后的级距的相应税率征税。我国的个人所得税按此税率计算。

超率累进税率是指把征税对象数额的相对率分为若干等级，每个等级规定相应税率，税基超过某个级距时，对超过部分按高一级的税率计算征税。目前，我国税收体系中采用这种税率的是土地增值税。

（3）定额税率

定额税率是按征税对象确定的计算单位，直接规定一个固定税额。目前，我国税收体系中采用定额税率的有城镇土地使用税、车船税和部分消费税等。

5.纳税环节

纳税环节是指法律法规规定的征税对象在从生产到消费的流转过程中应当缴纳税款的环节。

6.纳税期限

纳税期限是指法律法规规定的关于税款缴纳时间方面的限定。

7.起征点与免征额

起征点是指税法规定的对课税对象开始征税的最低界限。免征额是指税法规定的课税对象全部数额中免于征税的数额。当课税对象小于起征点和免征额时，都不予以征税。但是，当征税对象大于起征点和免征额时，采用起征点制度的要对课税对象的全部数额征税，而采用免征额制度的仅对课税对象超过免征额的部分征税。

**二、我国的主体税种分类**

目前，按课税对象标准分类，可以将我国的主体税种分为流转（商品）税类、所得税类、财产税类、资源税类和行为税类等。

（一）流转税类

1.流转税类的主要特点

（1）课征普遍，且具有隐蔽性。对流转额征税的数额是随商品交换过程不断发生的购销额而增加的，因此，随着商品生产和商品流通的不断发展，征税范围也不断扩大。另外，对商品征税后，税款要加在价格中，但因税款隐蔽于价格之中，购买商品的消费者虽然承担了税负，但并没有直接感受到税收的压力。

（2）计税依据是商品和劳务的流转额。流转税额的大小直接取决于商品和劳务价格的高低及数量，无论被课税的企业或个人有无盈利，只要实现了销售收入，就要征税。

（3）普遍采用比例税率，计算简便，但税收负担上显出累退性，有失公平。流转税多采用比例税率，计算、征收简单易行。但是，由于税负按比例承担，对收入较低的个人或盈利少的企业来说，相对税负更重。

2.我国流转税类的主要税种

从目前来看，我国流转税类的主要税种包括增值税、消费税和关税。

（1）增值税

增值税是指以商品或服务在流转过程中产生的增值额作为征税对象而征收的一种流转税。

①纳税人的范围。按照《中华人民共和国增值税暂行条例》的规定，增值税的纳税义务人是在我国境内销售货物或者加工、修理修配劳务（以下简称劳务），销售服务、无形资产、不动产以及进口货物的单位和个人。按会计核算水平和经营规模，增值税的纳税人可分为一般纳税人和小规模纳税人。其中，小规模纳税人是指年销售额在增值税相关法规规定标准以下，并且会计核算不健全，不能正确核算增值税的销项税额、进项税额和应纳税额的纳税人。

②征税对象范围。纳税人销售或进口的货物、提供的应税劳务及应税服务。

③税率。对于一般纳税人，目前增值税的税率分为13%、9%、6%三档；对于小规模纳税人，采用3%的征收率。

④计税依据。增值税的计税依据是应税销售额。应税销售额指纳税人销售货物或提供应税劳务，从购买方收取的全部价款。

增值税的计算公式因纳税人的不同而不同。

对于一般纳税人来说：

应纳税额=当期销项税额-当期进项税额

=当期销售额×适用税率-当期进项税额

对于小规模纳税人来说：

应纳税额=当期销售额（不含增值税）×征收率

（2）消费税

消费税是指对消费品和特定的消费行为按消费流转额征收的一种流转税。其特点：一是征收范围具有选择性，仅选择部分消费品征税；二是征税环节具有单一性，主要在生产与进口环节征收；三是平均税率水平比较高并且税负差异大；四是征收方法具有灵活性。

①纳税人范围。在我国境内生产、委托加工和进口《中华人民共和国消费税暂行条例》规定的消费品的单位和个人。

②纳税环节。目前集中于生产应税消费品、委托加工应税消费品、进口应税消费品、零售应税消费品等环节。

③税目。目前包括烟、酒、化妆品等15种商品，部分税目还进一步划分了若干子目。

④税率。采用比例税率和定额税率两种，根据不同的税目确定相应的税率。

（3）关税

关税是指海关依法对进出境货物、物品征收的一种税。征税对象是准许进出口的货物和物品。货物指贸易性商品；物品指入境旅客随身携带的行李物品、个人邮递物品、各种运输工具上服务人员携带进口的自用物品、馈赠物品以及通过其他方式进境的个人物品。

①纳税人范围。进口货物关税的纳税人是收货人或代理人。出口货物关税的纳税人是出口应税货物的发货人或其代理人。邮寄物品、馈赠物品的关税纳税人是收件人或其代理人。入境旅客携带的行李物品的纳税人为其所有人。

②税率。关税的税率比较复杂。目前来看，主要根据不同商品种类采用从价税、从量税、选择税、复合税、滑准税等不同类型的税率。

③纳税环节。以统一的国境（或关境）为纳税环节。

④计税依据。按照价格征收的关税以货物的关税完税价格为计税依据。按照数量征收的关税以货物的数量为计税依据。

（二）所得税类

1.所得税类的主要特点

（1）税负相对公平。所得税以纯收入或净所得为计征依据，一般采取累进征税的办法，同时往往规定免征额等，能有效调节收入分配。

（2）一般不存在重复计税问题。所得税征税环节单一，不会出现重复计税现象。

（3）课税有弹性。从长远来看，所得税不仅税源可靠，而且可以根据国家需要灵活调整。

2.我国所得税类的主要税种

目前，我国所得税类的主要税种包括企业所得税和个人所得税。

（1）企业所得税。企业所得税是指对我国境内的企业和其他取得收入的组织的生产经营所得和其他所得征收的税种。

①纳税人范围。在我国境内的企业和其他取得收入的组织。分为居民企业和非居民企业。其中，居民企业是指依法在我国境内成立，或者依照外国（地区）法律成立但实际管理机构在我国境内的企业。非居民企业指依照外国（地区）法律成立且实际管理机构也不在我国境内，但在我国境内设立机构、场所，或者有来源于我国境内所得的企业。

②征税对象。企业所得税的征税对象为企业的生产经营所得、其他所得和清算所得。

③税率。企业所得税实行比例税率，分25%和20%两档税率。其中，基本税率为25%，但对于非居民企业在中国境内未设立机构、场所的，或虽设立机构、场所但取得所得与机构场所没有实际联系的，其来源于中国境内的所得适用20%的税率。

④计税依据。企业所得税的计税依据为纳税企业的应纳税所得额。

$$\text{应纳税所得额} = \text{收入总额} - \text{不征税收入} - \text{免税收入} - \text{扣除事项} - \text{允许弥补的以前年度亏损}$$

（2）个人所得税。个人所得税指以自然人取得的各类应税所得为征税对象而开征的税种。

①纳税人范围。包括居民纳税人和非居民纳税人。居民纳税人指在中国境内有住所，或者无住所而在中国境内居住满1年的个人。非居民纳税人指在中国境内无住所又不在中国居住或者无住所在境内居住不满1年的个人。

②征税对象。包括综合所得、经营所得、利息股息红利所得、财产租赁所得、财产转让所得等。

③税率。工资薪金所得适用七级累进税率，经营所得适用五级累进税率，其他所得适用20%比例税率。

④计税依据。个人所得税的计税依据为纳税人的应纳税所得额，即纳税人取得收入总额在扣除税法规定的费用扣除额后的余额。

应纳税所得额=收入总额-扣除事项

（三）财产税类

1.财产税类的主要特点

（1）具有直接税性质，其税负较难转嫁。

（2）课税比较公平，个人拥有财产的多少即可反映其纳税能力。

（3）课税不普遍，弹性较差。

2.我国财产税类的主要税种

目前，我国财产税类的主要税种为房产税（其他还包括车船使用税、车辆购置税、契税、船舶吨税等）。房产税是以房屋为征税对象，按照房屋的计税余值或租金收入向产权所有人征收的一种财产税。

①纳税人范围。房产税以在纳税范围内的房屋产权所有人为纳税人。

②征税对象。城市、县城、建制镇和工矿区的房产。

③税率。房产税的税率采用的是比例税率，分为从价计征和从租计征两种。前者是按房产原值一次减除10%～30%后的余值来计征，税率为1.2%；后者则按房产出租的租金收入计征，税率12%，但对个人出租住房只按4%征收房产税。

④计税依据。房产的计税价值或租金收入。

（四）资源税类

在我国领域和我国管辖的其他海域开发应税资源的单位和个人，是资源税的纳税人，应当缴纳资源税。

目前，我国资源税类的主要税种包括以下两类：

1.自然资源税

自然资源税是对我国境内从事应税矿产品开采和生产盐的单位和个人课征的一种税。其征税对象包括五大类自然矿产资源。资源税的税目、税率依照《税目税率表》执行，并按照《税目税率表》实行从价计征或者从量计征，采用比例税率或者定额税率，以应税矿产品的销售数额或者销售数量为计税依据。

2.城镇土地使用税

城镇土地使用税是以国有土地为征税对象，对拥有土地使用权的单位和个人征收的一种税。其征税对象为城市、县城、建制镇和工矿区的国家、集体所有的土地。采用定额税率进行征收，以纳税人实际占用的土地面积为计税依据。

（五）行为税类

行为税是指以纳税人的某种行为为征税对象征收的一种税。其主要特点是：

（1）具有特殊的目的性，在调节经济行为上能体现国家意志。

（2）征收具有临时性和偶然性，需要时就开征，不需要时可停征。

目前，我国行为税的主要税种有印花税、城市维护建设税、耕地占用税等。

**【专栏15】 个税专项附加扣除政策有变化**

2018年12月22日，国务院正式对外发布《个人所得税专项附加扣除暂行办法》，2019年1月1日起施行。纳税人计算个税应纳税所得额，在5 000元基本减除费用扣除和“三险一金”等专项扣除外，还可享受子女教育、继续教育、大病医疗、住房贷款利息或住房租金，以及赡养老人等6项专项附加扣除。

子女教育方面，明确纳税人的子女在年满3岁后接受学前教育阶段和从小学到博士研究生的全日制学历教育阶段的相关支出，按每个子女每月1 000元标准定额扣除，其中高中阶段教育包含技工教育。

继续教育方面，纳税人接受学历（学位）继续教育的支出，在规定期间可按每月400元定额扣除，但同一学历继续教育的扣除期限不能超过48个月；接受技能人员和专业技术人员职业资格继续教育的支出，在取得相关证书的当年按3 600元定额扣除。

大病医疗方面，纳税人在一个纳税年度内，与基本医保相关的医药费用扣除医保报销后的个人负担，累计超过1.5万元部分，由纳税人在办理年度汇算清缴时，在8万元限额内据实扣除。

此外，纳税人本人或配偶发生的首套住房贷款利息支出，可按每月1 000元标准定额扣除；符合条件的住房租金根据城市的不同，按每月1 500元、1 100元和800元标准定额扣除。

赡养老人方面，纳税人赡养年满60岁父母的支出，按照一定标准定额扣除，其中，独生子女按每人每月2 000元标准扣除，非独生子女与其兄弟姐妹分摊每月2 000元的扣除额度。

为了优化人口结构，促进人口长期均衡发展，国务院决定自2022年1月1日起设立3岁以下婴幼儿照护个人所得税专项附加扣除。纳税人照护3岁以下婴幼儿子女的相关支出，按照每个婴幼儿每月1000元的标准定额扣除。父母可以选择由其中一方按扣除标准的100%扣除，也可以选择由双方分别按扣除标准的50%扣除，具体扣除方式在一个纳税年度内不能变更。

2023年8月，为进一步减轻家庭生育养育和赡养老人负担，依据《中华人民共和国个人所得税法》有关规定，国务院印发《关于提高个人所得税有关专项附加扣除标准的通知》，决定提高3岁以下婴幼儿照护、子女教育、赡养老人个人所得税专项附加扣除标准。自2023年1月1日起，3岁以下婴幼儿照护专项附加扣除标准，由每个婴幼儿每月1 000元提高到2 000元；子女教育专项附加扣除标准，由每个子女每月1 000元提高到2 000元；赡养老人专项附加扣除标准，由每月2 000元提高到3 000元，其中独生子女按照每月3 000元的标准定额扣除，非独生子女与兄弟姐妹分摊每月3 000元的扣除额度，每人分摊的额度不能超过每月1 500元。

（根据《国务院关于印发个人所得税专项附加扣除暂行办法的通知》和《国务院关于设立3岁以下婴幼儿照护个人所得税专项附加扣除的通知》《关于提高个人所得税有关专项附加扣除标准的通知》等相关文件整理）

## 第四节　国际税收

### 一、国际税收的定义和特点

国际税收是指涉及两个或两个以上的国家财税利益的税收活动。它反映着各国政府对跨国纳税人行使征税权力而形成的国家之间的税收分配关系。

国际税收的主要特点有二：

一是国际税收反映的是国家之间的税收分配关系，是一种国际事务。

二是国际税收遵循的并不是一国的法律法规，而是各国之间的国际税收协定。

### 二、税收管辖权和国际重复征税

#### （一）税收管辖权

税收管辖权是指国家在税收领域的主权，是一国政府在征税方面行使的管理权力及其范围。税收管辖权具有独立性和排他性，意味着一国在税收方面行使权力的完全自主性，在处理本国税收事务时不受任何外来干预。税收管辖权的两大基本原则为属地原则和属人原则。因此，税收管辖权可分为三类：

1.地域管辖权

地域管辖权即国家对来源于该国境内的全部所得以及存在于本国领土范围内的财产行使征税权力，不考虑取得所得收入者和财产所有者是否为本国居民或公民。

2.居民管辖权

居民管辖权即国家对该国居民在全世界范围内的所得和财产行使征税权力，不考虑居民所得来源于国内还是国外。

3.公民或国籍管辖权

公民或国籍管辖权即国家对具有本国国籍的公民在全世界范围内的全部所得和财产行使征税权力，不考虑公民是否是本国居民。

一般来说，各国都同时行使两种以上税收管辖权。发展中国家由于居民（公民）海外投资较少，国民收入往往在本国疆域取得，故多强调地域管辖权；而发达国家由于居民（公民）国际收入较多，多强调居民或公民管辖权。

（二）国际重复征税的产生与消除

国际重复征税是指两个或两个以上国家，在同一时期，对参与经济活动的同一纳税人或不同纳税人的同一纳税对象征收相同或类似的税收。国际重复征税产生的原因主要是国际经济领域中各国的税收管辖权重叠行使。

1.国际重复征税的具体表现

（1）居民管辖权与地域管辖权重叠。

（2）公民管辖权与地域管辖权重叠。

（3）居民管辖权与公民管辖权重叠。

2.国际重复征税的消极影响

（1）违反了税收公平负担原则。同样条件下，跨国纳税人往往比国内纳税人多纳税。

（2）不合理地加重了纳税人的税负，加大了其投资成本和风险。

（3）阻碍了国际资本、技术、人才的自由流动，不利于经济发展。

3.国际重复征税的消除方法

（1）抵税法。是指居住国政府对本国纳税人来源于国外的所得，单独制定较低税率征税，减轻重复纳税。

（2）扣除法。是指居住国政府允许本国纳税人将其在国外负担的所得税款从来源于国外的所得中扣除。

（3）豁免法。是指行使居民税收管辖权的国家，单方面放弃对本国居民来自国外的所得的征税权。

（4）抵免法。是指行使居民税收管辖权的国家在对本国居民国外所得征税时，允许用国外已纳税款冲抵本国应缴纳税款。

（5）税收饶让。是指居住国政府对本国纳税人在国外得到减免的一部分所得同样给予抵免待遇，不再按本国规定的税率补征。

**三、国际税收协定**

国际税收协定是指两个或两个以上的主权国家，为了协调相互间的税收分配关系和处理税务方面的问题，通过谈判签订的书面协议。一般来说，根据参加国家（或地区）的多少可以将国际税收协定分为双边协定和多边协定两类。由两个国家（或地区）参与缔结的协定为双边协定，由多个国家（或地区）参与缔结的协定为多边协定。

一般来说，国际税收协定主要包括三项内容：

1. 免除双重征税

免除双重征税包括明确所得概念，协调缔约方之间的税收管辖权，确定消除双重征税的方法。

2. 保障税收无差别待遇

保障税收无差别待遇主要是要确认缔约方一方的跨国纳税人在另一方负担的税收和有关条件。

3. 消除和减少国际逃税

**【专栏16】　国际税收改革方案出台**

经过数年的艰苦努力，国际税收改革方案已呼之欲出。继2021年7月1日130个经济体史无前例地就全球最低税率达成一致后，7月10日，20国集团财长和中央银行行长就更稳定和更公平的国际税收改革达成了历史性协议。该协议定于2021年10月提交给各国领导人最后确定，如无意外，将于2023年正式生效。

（一）国际税收改革的时代背景：应对数字经济的新挑战

当今的国际税收体系形成于20世纪二三十年代，具体内容有五点：一是积极所得在来源国有限征税。二是消极所得在居民国和来源国之间分享征税权，但最终权利归属居民国。三是积极所得在来源国有限征税，限度是常设机构，简称PE。四是常设机构和关联企业归属和计算利润时适用独立交易原则，简称ALP。五是会计上适用独立企业原则或独立会计原则，简称SAP。PE、ALP、SAP是现行国际税收体系的基石，已运行100多年，并深刻塑造了第二次世界大战后的国际经济秩序。

随着全球化进程的加速，越来越多的国家卷入全球经济协作网络。出于各自利益的考量，一些国家出台低税率吸引跨国企业，造成"国际避税"、转移定价等行为，给居民国和来源国带来双重税收损失。对此，多年来以经合组织（OECD）为主的国家的"反制行动"从未停止，如促进国家间税收情报交换、修订国际转移定价规则、加大国际反避税合作等，但始终未能从根本上解决问题。近年来，由于数字经济的兴起，上述问题越发严重。随着企业的生产经营活动由线下转向线上，传统税收征管上对"常设机构""经营实体"的要求形同虚设，这使得跨国企业在很多国家从事生产经营活动、赚取利润更加容易，而来源国贡献了宝贵的用户与市场，税收上却几乎颗粒不收。另一方面，跨国企业凭借无形资产、知识产权将巨额利润转移到"避税天堂"越发容易，其所承担的实际税负大大低于传统企业。有数据表明，欧盟传统行业的平均税率为23.2%，而数字行业有效平均税率仅为9.5%。为了应对以上问题，2015年以来，经合组织启动了"应对经济数字化的税收挑战"的专题研究，历经5年多的时间、涉及137个经济体、数易其稿，终成正果。

（二）国际税收改革的主要内容："双支柱"解决方案

此轮国际税收改革的主要成果被称为"双支柱"解决方案。

"支柱一"旨在确保最大的跨国公司在国家间更公平地分配利润和征税权。所谓最大的跨国公司，是指全球营业收入超过100亿欧元、利润率超过10%的企业。"更公平地分配利润和征税权"是指利润来源国——即使跨国公司在其境内没有设立营业机构、没有固定营业场所，也有权参与跨国公司的利润分配，并行使税收管辖权。以"价值创造地"来重新划分国家间的税收管辖权和利润分配权，堪称国际税收百多年来的革命性变化。

"支柱二"旨在通过引入全球最低税率，为各国税收竞争设定一个底线，以结束长期以来各国为吸引外国投资而在企业所得税率方面的"逐底竞争"。所谓全球最低税率，是指跨国公司应当承担的最低税负。在"支柱二"解决方案下，如果某跨国企业在来源国的实际税率未达到最低税率的要求，其母国将对其进行补征。

据悉，目前确定的全球最低税率至少为15%，高于此前讨论的12.5%，但低于美国提议的21%。如顺利付诸实施，"支柱二"预计每年将新增1 500亿美元的额外全球税收收入。

（三）国际税收改革对我国的影响：进一步深化税制改革

此轮国际税收改革，同样将对我国产生重大影响。从现在的方案看，直接影响可能不严重，但间接影响却很深远。我们要抓住国际税收改革可能带来的变化，顺势做好自己的事，进一步深化我国税制改革。

在我国，符合“支柱一”标准的企业很少。在“支柱一”之下，跨国企业要拿出20%~30%的利润来重新分配，但我国企业符合“全球营业收入超过100亿欧元、利润率超过10%”标准的寥寥无几。即使有一些企业符合这个标准，又主要集中在石油、银行、保险等领域，而这些领域都属于协议规定的排除范围。据测算，我国只有数家互联网巨头可能会受到一定的影响。这些企业更加看重的是能不能到更多的国家做生意，各国营商环境的稳定性、税收制度的公平性、税收遵从的一致性等更广泛长期的问题，相比之下，多拿出一些钱来交税，对他们来说并不是第一要考虑的问题。

“支柱二”将促使我国各级政府加快调整吸引外商投资的相关政策。“支柱二”对我国企业的影响有两个方面，一是我国企业的全球所得，二是外国企业在我国的所得。对于前者，由于我国本身就实行全球征税，即企业的境外所得即使没有汇回也要对其征税，因此全球最低税率的实施实际上对我国是有利的。对于后者，情况则比较复杂。大概率而言，我国各级政府要加快调整吸引外商投资的相关政策，在2023年启动并完成对相关法规、政策文件的重新梳理，废止不合时宜的条款。这将在很大程度上改变我国吸引外资的方式，对我国高质量的营商环境建设提出了更高的要求。

▍资料来源 冯俏彬. 国际税收改革的背景、内容及其影响［J］. 中国财政，2021（16）.有改动.

## 本章小结

税收是政府为了满足社会公共需要，凭借政治权力，强制、无偿地取得财政收入的一种经济行为。税收具有强制性、无偿性、固定性的特点。税收征缴遵循一定的原则。税收原则是确定税收征缴关系的准则，是制定税收制度和税收政策的基础。税收原则包括财政原则、公平原则和效率原则。税收负担是指纳税人因履行纳税义务而承受的经济负担，表现为纳税人缴纳税款的数量和比例，可分为宏观税负和微观税负。

税收制度是一个国家税收法规、税收体制和税收征收管理制度的总称。各种单行税种制度具有的共同基本要素是税收制度要素。税收制度的要素包括纳税义务人、征税对象、税目、税率、征税基础、纳税环节、纳税期限等。按课税对象标准分类，可以将我国的主体税种分为流转税类、所得税类、财产税类、资源税类和行为税类等。

国际税收是指涉及两个或两个以上的国家的财税利益的税收活动，它反映着各国政府对跨国纳税人行使征税权力而形成的国家之间的税收分配关系。

## 复习思考

一、名词

(1) 税收 (2) 税收负担 (3) 拉弗曲线 (4) 税收制度 (5) 税收管辖权 (6) 国际税收

二、简答

(1) 简述税收的特点。

(2) 简述税收制度的要素。

(3) 如何消除国际重复征税?

三、论述

试述我国的主体税种有哪些。

# 第七章

# 公　债

公债是一种广义的财政收入，是筹集财政资金的手段。

本章将学习公债的定义、功能、规模、结构、发行和偿还方式等内容。

## 第一节　公债的特征和功能

公债是政府举借的债务，具体是指政府为筹集资金，以其信用为基础，通过向国内外借款或发行政府债券所形成的债务。公债的具体形式包括发行证券和直接借款等。公债是政府取得财政收入的一种有偿形式。

### 一、公债的特征

与税收一样，公债是筹集财政资金的手段。但是，公债属于特殊的财政收入范畴，主要表现为有偿性、自愿性和灵活性。

#### （一）有偿性

有偿性，是指政府必须对通过发行公债筹集的这部分财政资金按期还本付息，即公债收入以按期向债权人偿还本金和按一定利率支付利息为前提。政府发行公债，只是向公债的认购者借取资金的暂时使用权，政府与认购者之间有直接返还关系。政府对通过税收等其他形式取得的财政收入并不承担偿还义务，也不需对纳税人直接付出偿还代价。

#### （二）自愿性

自愿性，是指公债的发行或认购是建立在认购者自愿承担的基础之上，即经济主体认购公债是根据自身情况自主决策，政府不能作强制性要求。税收收入、收费收入等财政收入则是根据法律规定强制征收的。

（三）灵活性

灵活性，是指公债发行与否以及发行多少，完全由政府根据财政财务状况灵活加以确定，而不需要以法律形式规定发行标准与规模。税收的课征对象、征收标准、征收方式是由税法明确规定的，不能随意改动。

## 二、公债的功能

（一）弥补财政赤字

政府收支不平衡，出现赤字，是经济生活中的一种常见经济现象。弥补赤字的方法很多，最常见的选择是通过发行公债弥补赤字。这是因为，增加税收要靠提高现有税种的税率或增加新的税种，会增加税收负担，容易引起纳税人的抗拒；增发货币又易于引起通货膨胀，损害社会经济秩序；而发行公债只是社会资金使用权的暂时转移，既不会招致纳税人不满，又不会无端增加货币供应量，还能迅速取得资金。

（二）筹集建设资金

通过发行公债筹集建设资金是政府将部分社会储蓄资金以自愿方式向公共领域集中的再分配，引导资金进入建设领域，促进经济发展。在保证建设项目经济效益的前提下，利用举债方式筹措建设资金是一种有效办法，其优势主要体现为：一是可以利用社会上存在的闲散资金；二是政府公债信誉好、接受性强、成本低；三是适度地发行外债，引进先进技术和设备，可以加快国内经济的发展。

（三）调节经济运行

通过发行公债扩大财政支出，既能调节经济资源的配置，又能对有效需求的总量施加影响。一般而言，经济处于过热状态时，政府应增加公债发行，吸纳社会资金，缩小有效需求。而在经济有效需求不足时，政府就应加快公债偿还，向流通领域注入资金，从而刺激有效需求。

**【专栏17】　二战时美国的战争债券**

第二次世界大战（简称“二战”）的战争规模空前庞大，参战国家不但付出了巨大的伤亡，军费也是天文数字。美国二战期间的军费从1941年到1945年总共是2 815亿美元，而1944年美国的当年国内生产总值只不过2 198亿美元。

这么多的军费怎么筹集呢？

第一个办法就是加税。美国正式参战后，罗斯福政府就起草通过了加税政策，提高个人所得税、公司所得税和超额利润税，但这也只能解决军费开支的一部分（据战后的统计，只供应了军费开支的44%），其余的部分，美国以发行战争债券的方式来解决。

战争债券也是一种公债，在美国的国债分类中，战争债券被归类为E.E类国债。其实，在珍珠港事件之前，因为援助英国、苏联的费用额度很大，超出了政府财政开支的正常支付能力，美国就已经开始了发行目的为援苏、援英的国防债券。1941年5月1日，美国财政部宣布发行国防债券，总统罗斯福从财政部长那里购买了第一份国防债券。1941年12月7日，日本偷袭珍珠港，美国海军的太平洋舰队遭到重创。第二天，罗斯福在国会发表演说，向日本宣战。美国财政部发行的国防债券也随即更名为战争债券。

美国的战争债券有记账式和纸质两种，纸质债券采用美元的防伪标准印刷，债券的面额有25、50、100、200等几种。债券是有利息的，以折价方式进行销售，25美元面额的债券折合年利率是3.33%，若考虑到通胀因素，对个人来说仅仅是保本而已，然而，从1942年到1945年12月，美国政府共发行了8期战争债券，每期债券的销售额都超过了预定计划。战争债券大卖的重要前提是民众认识到二战的正义性并予以鼎力支持。

如果仅从经济学的角度分析，由于美国在战时实行消费品定量供应制度，而且增加了税收，老百姓即使有钱也无处消费，于是购买战争债券成为了唯一的投资选择。同时，战争债券也有利于扩大政府投资，带动军工产业以及整个国民经济的发展，形成了所谓的“战争景气”。但从历史的角度观察，战争债券能否顺利售出，关键还是在于百姓是否支持战争。美国在二战期间能够发售数量巨大的战争债券，关键就在于反法西斯的这场战争是得到了举国上下全力支持的正义战争，当前线战士用鲜血和生命奋战时，后方的百姓就通过战争债券贡献自己的力量。其间，当时的美国战争金融委员会总共售出了1 857亿美元的战争债券，其中美国民众个人购买的总值约500亿美元。另据统计，购买国债的人数达到了8 500万人，而当时美国的总人口不过1.3亿，也就是说，超过65%的美国人都购买过战争债券。此后半个多世纪里，美国再也没有发售过战争债券。20世纪60年代的越南战争一度将美国经济拖入泥潭，但美国政府没有发售战争债券，其中最重要的原因就是当时的美国人民怀有强烈的反战情绪。

资料来源　项飞. 战争债券与美国的战争筹资［J］. 军事历史研究，2010（4）. 有改动.

## 第二节　公债的主要类型

公债的种类很多，按照不同的分类方法可以划分出不同类型的公债。

**一、根据公债的发行地域分类**

根据公债的发行地域，可以将其分为国内公债和国外公债。

国内公债又称为内债，是指在国内发行或面对本国居民发行的公债，一般表现为债券形式。

国外公债是指在国外发行或面向非本国居民发行的公债，主要表现形式为国际债券和对外借款。

从定义可以看出，国外公债与国内公债的基本区别在于债权人是否具有债务国居民身份。对于大多数国家来说，国内公债是一国公债的主要组成部分。

**二、根据公债的偿还期限分类**

根据公债的偿还期限，可以将其划分为短期公债、中期公债和长期公债。

短期公债是指偿还期限在1年或1年以内的公债，主要用于弥补预算年度短期内出现的财政短期收支缺口。

中期公债是指偿还期限在1年以上10年以内的公债，主要用于弥补整个预算年度的财政赤字，或用于提高财政调控能力。

长期公债是指偿还期限在10年以上的公债，通常是政府在面临大型项目建设或遇有重大危机时发行的。

**三、根据公债的发行主体分类**

根据公债的发行主体，可以将其分为国家公债和地方公债。

国家公债简称国债，是指中央政府发行的公债。国债收入由中央财政使用和偿还，列入中央政府预算。通常情况下，中央政府为了弥补财政赤字而发行的国债，占一国公债总额的比重较大。

地方公债也称“地方债”，是指地方政府发行的公债。地方债的收入由地方政府用以弥补财政收支差额，并由地方政府自行列入年度预算安排使用。地方债又分为一般性债券和专项债券。一般性债券的偿还资金来源于地方政府的预算资金，专项债券的偿还资金则来源于特定项目的专项收益资金。

**四、根据公债的流通与否分类**

根据公债的流通与否，可以将公债分为可转让公债和不可转让公债。

可转让公债也称上市公债，是指可在金融市场上自由流通的公债，即认购人在购入公债后可以将公债拿到市场上出售。

不可转让公债是指不能在金融市场自由流通买卖的公债，即认购人是债券的唯一或最终持有人，购入公债后，不得将债券拿到市场上出售。

# 第三节 公债的规模和结构

## 一、公债的负担

公债的负担指公债发行与偿还对各经济主体产生的压力。对公债的负担可以从三个角度进行分析。

### （一）政府的债务负担

由于政府承担公债的还本付息责任，因此公债的还本付息会给政府带来财政负担。如果债务规模过大，就有可能产生政府债务危机。

### （二）纳税人的公债负担

公债负担最终是纳税人的负担，主要表现在两个方面：

（1）认购者的负担是短期的，最终认购者能从政府还本付息中获得补偿。

（2）政府负担是形式上的，最后会转嫁到纳税人身上。

由于政府主要以税收收入清偿公债，因此偿还公债的资金最终来源于纳税人。

### （三）后代的代际负担

公债实质上是一种代际的资金转移。若举债资金用于即时性耗费项目，意味着将后代人的税收用于当代人的公共消费，对于承受债务负担的后代并不公平。若举债资金用于长期产生效益的资本项目，后代可以获得项目建设的有效资产和资产带来的收益，则可以减轻公债带来的代际负担。

## 二、公债的规模

公债作为一种社会负担，其规模必然受到一定限制。公债规模限制一般是国家债务规模的最高限额。通常，衡量公债规模的指标主要有债务依存度、公债负担率、居民应债能力和公债偿债率。

### （一）债务依存度

债务依存度取决于公债规模，用公式可以表示为：

$$债务依存度=\frac{当年公债发行额}{国家财政支出}\times 100\%$$

如果债务依存度过高，表明财政支出过分依赖于债务收入，债务风险较高，财政收支状况较脆弱。

### （二）公债负担率

公债负担率是指公债余额占当年GDP的比重，反映公债积累规模的大小。用公式可以表示为：

$$公债负担率=\frac{公债余额}{GDP}\times 100\%$$

公债负担率是衡量公债规模最主要的指标之一。公债负担率越高，则政府的债务风险越高。按照欧盟的规定，其成员国公债负担率不得超过60%。

（三）居民应债能力

居民应债能力是指当年国内债务发行额占当年居民储蓄存款余额的比重，即以居民储蓄水平来衡量其认购国债的能力。用公式表示为：

$$居民应债能力=\frac{当年国内债务发行额}{当年居民储蓄存款余额}\times 100\%$$

居民存款越多，应债能力越强，则公债发行规模越大。

（四）公债偿债率

公债偿债率是指当年到期公债还本付息额占当年财政收入的比例，反映了财政对公债的还本付息能力。用公式可以表示为：

$$公债偿债率=\frac{当年公债还本付息额}{当年财政收入}\times 100\%$$

公债偿债率越高，则表示偿债能力越差；公债偿债率越低，则表示偿债能力越高。

**三、公债的结构**

公债的结构是指不同种类或不同性质的公债间的互相搭配，以及各类公债收入来源的有机组合。为提高公债的使用效率，保持合理的公债规模，减轻政府的债务负担，应当选择合适的公债结构。从不同角度考虑公债结构，可将公债结构分为期限结构和持有者结构。

（一）公债期限结构

公债期限结构是指不同期限的公债在公债总额中的构成比例。期限结构对公债顺利发行、流通、偿还以及政府对经济的调控都有重要影响。较为合理的公债期限结构应是短期、中期、长期并存的结构，避免某一期限债务过于集中，增加还本付息压力。

（二）公债持有者结构

公债持有者结构是指在公债中不同性质的承购主体持有公债的比例。在不同的经济条件下，应根据国家宏观调控政策的需要，适当考虑公债发行成本，选择适当的公债持有者结构，提高机构投资者的公债持有比重。

**【专栏18】 中国地方政府债务风险应急处置预案**

2016年10月，国务院办公厅印发了《地方政府性债务风险应急处置预案》（简称《预案》），要求加强对政府性债务风险的监控，建立预警和分级响应机制，将地方政府性债务风险事件划分为四个等级，实行分级响应和应急处置，以便必要时依法对地方政府财政实行重整计划。

《预案》适用的范围包括两类政府债务：一类是纳入限额管理的地方政府债务，包括地方政府债券债务以及尚未置换为政府债券的存量政府债务；另一类是清理甄别认定的存量或有债务，包括政府负有担保责任的债务和可能承担一定救助责任的债务。

《预案》要求建立分级响应机制。对于Ⅳ级、Ⅲ级债务风险，主要由市县政府立足自身化解；对于Ⅱ级、Ⅰ级债务风险，除上述措施外，省级政府可依据市县政府的申请予以适当救助。另外，当地方政府债务出现极大风险时，中央政府可适当指导。根据《预案》的规定，地方政府对其举借的债务负有偿还责任，中央实行不救助原则。《预案》还提出，必要时可依法实施地方政府财政重整计划。地方政府财政重整计划必须依法履行相关程序，保障必要的基本民生支出和政府有效运转支出，要注重与金融政策协调，加强与金融机构的沟通，不得因为偿还债务本息而影响政府基本公共服务的提供。

《预案》还提出了债务风险的追究响应机制。如果发生Ⅳ级以上地方政府性债务风险事件，将适时启动债务风险责任追究机制，地方政府应当依法对相关责任人员进行行政问责；在地方政府的统一领导下，当地银行监管部门应当对银行业金融机构相关责任人员依法追责。对实施财政重整的市县政府，将视债务风险形成的原因和时间等情况，追究有关人员的责任。对属于在本届政府任期内举借债务形成的风险事件，《预案》要求，在终止应急措施之前，政府主要领导同志不得重用或提拔；属于已经离任的政府领导责任的，依纪依法追究其责任。

▍资料来源 国务院办公厅. 地方政府性债务风险应急处置预案［EB/OL］.（2016-10-27）［2022-10-07］. http://www.gov.cn/zhengce/content/2016-11/14/content_5132244.htm.

## 第四节 公债的发行、流通和偿还

### 一、公债的发行

公债的发行是指公债由政府出售，被个人或企业认购的过程，是公债运行的起点和基础环节，其主要内容是确定公债发行方式和发行条件。

（一）公债的发行条件

公债发行条件直接影响政府偿债能力和认购者收益，主要包括发行价格、公债期限、公债利率等。

1. 发行价格

公债的发行价格是指政府债券向投资者出售时的价格。按照公债发行价格与公债面值的关系，公债发行可以分为平价发行、折价发行和溢价发行。

（1）平价发行。平价发行是指政府按公债面值出售债券，即政府按票面值取得收入，认购者按票面值购买公债。通常，在自身信誉良好、公债利率与市场利率变动大体一致的情况下，政府会选择以平价发行公债。

（2）折价发行。折价发行指政府以低于票面值的价格出售和发行的公债，即政府按折价取得收入。通常情况下，政府只有在急于筹集资金时才会采用这种方式。

（3）溢价发行。溢价发行是指政府以超过票面值的价格出售其发行的公债。溢价发行的前提是公债利率高于市场利率。尽管这种发行能给政府带来额外收入，但是也会加大政府的利息压力。

2. 公债期限

一般来说，确定公债期限需要考虑以下因素：

（1）债务收入的用途。政府发行的某些公债是有特定用途的，要根据项目用途确定公债期限。政府一般倾向于选择长期公债，理由是长期公债资金的使用期限较长，政府在安排资金方向上有更大的选择余地。

（2）政府财政收入和利息率。长期公债的利率往往高于短期公债利率，因此政府在财政收入较差时，常常会选择发行短期公债，以减轻利息压力。

另外，政策制定者的偏好、债券发行制度和债券流通市场状况等因素也会对政府债务期限有一定的影响。

3. 公债利率的确定

公债的利率指公债利息占债务本金的比率。通常，影响公债利率确定的主要因素包括：

（1）市场利率。由于市场利率反映了当前资金供求的基本状况，是资金供给者进行投资选择的基本依据，因此政府公债利率会围绕市场利率上下波动。

（2）政府信用。公债利率以政府税收作为偿还保证，安全性高且投资风险小，因此政府公债利率可以略低于同期市场利息率。

（3）政府的财政政策。公债利率以市场利率为基础，同时也可以影响市场利率，因此政府常常将公债利率作为调节国民经济的政策工具。具体而言，当实行扩张性财政政策时，政府会选择较低的公债利率；当实行紧缩性财政政策时，政府会选择较高的公债利率。

（二）公债的发行方式

一般来说，公债的发行方式有两种——政府直销和金融机构包销。

1.政府直销

政府直销的特点是公债不经过中间购买直接销售到最终债权人手中。政府直销可由政府负责债券推销，直接向公众销售；也可通过证券市场委托经纪人代为销售记账式债券，但政府需要按销售额的一定比例支付佣金。政府直销方式的销售数额完全取决于公众的购买情况，最终融资规模是不确定的。

2.金融机构包销

金融机构包销是指由金融机构将政府所要发行的公债全部按一定条件承销下来，再由金融机构到市场上公开销售，未售出的部分由承销机构自行购买。公债发行规模较大，一家金融机构很难独立承担包销任务，常常由多家金融机构组成承购团进行公债销售。政府一般采用招标方式选择金融机构。

金融机构包销的优势在于，一旦金融机构承销成功，政府公债的最终融资规模是确定的。

**二、公债的流通**

公债的流通是指政府某些公债在到期之前可以在债券市场上自由买卖。通常，债券市场分为发行市场（一级市场）和流通市场（二级市场）。政府通过一级市场完成发行后，公债持有者可以在二级市场进行买卖，不断转让以实现收益的增值。这一过程不仅活跃了公债市场，保证债权人随时变现，也增强了投资者的投资信心与投资热情，有利于以后公债计划的落实。

**三、公债的偿还**

（一）公债的利息支付方式

公债的利息支付方法主要有三种：

（1）在公债还本时一次付息。这种方法可以有效降低政府每年付息的成本，多用于中期债券的利息支付。

（2）在公债发行后至到期前，每年都按期向公债持有者支付利息。具体做法是，在公债发行时附带每年息票，支付一次剪掉一张。政府使用这种方式可以减轻还本时一次性付息的支付压力，适用于利率较高的长期公债。

（3）不付息，由公债持有者通过市场差价获利，适用于1年内的短期债券。

（二）公债的偿还方式

通常，公债的偿还主要有三种方式：

（1）直接偿还法，即直接向公债持有人兑付本金和利息。直接偿还法可以在债务到期时一次性偿还，也可分期偿还。

（2）调换偿还法，即政府以新债调换到期旧债的债务偿还。调换偿还法的实质是在不改变债券持有人的前提下的债务延期，因此要与债券持有人进行协商，采取持有人自愿的方式。

（3）市场购销法，即政府在债券市场上对某些快到期的公债，按照其市场价格适时买进逐步清偿的方式。

（三）公债偿还的资金来源

偿还公债需要有一定的资金保证，最常见的资金来源包括税收、借新债还旧债和发行货币。

1.税收

一般情况下，在税收收入自然增长而政府支出相对稳定的情况下，政府会有剩余资金用于偿还债务。政府还有可能为了偿还公债而进行加税，但这在税收制度比较稳定的国家很难实现。

2.借新债还旧债

这是指政府利用发行新的公债获得的收入偿还到期的公债的本息。但是，政府债务依然存在，只是推迟了偿还期限。

3.发行货币

政府可能通过发行货币增加财政收入，或者通过发行货币筹集资金。但是，这种方式容易引起通货膨胀，因此不应随便采用。

**【专栏19】　　抗疫特别国债启动发行**

备受关注的抗疫特别国债发行拉开大幕。

2020年6月15日，财政部发布通知明确，为筹集财政资金，统筹推进疫情防控和经济社会发展，决定发行2020年抗疫特别国债（一期）和2020年抗疫特别国债（二期）。根据通知，一期国债为5年期固定利率附息债，竞争性招标面值总额500亿元；二期国债为7年期固定利率附息债，竞争性招标面值总额500亿元。两期国债于6月18日招标，6月19日开始计息，招标结束至6月19日进行分销，6月23日起上市交易。

抗疫特别国债是为应对新冠肺炎疫情的影响，由中央财政统一发行的特殊国债，不计入财政赤字，纳入国债余额限额，全部转给地方主要用于公共卫生等基础设施建设和抗疫相关支出。

2020年《政府工作报告》明确，赤字率拟按3.6%以上安排，财政赤字规模比上年增加1万亿元，同时发行1万亿元抗疫特别国债。这是特殊时期的特殊举措。上述2万亿元资金全部转给地方，建立特殊转移支付机制，资金直达市县基层、直接惠企利民，主要用于保就业、保基本民生、保市场主体。

北京大学经济学院教授刘怡认为，提高赤字率和发行抗疫特别国债是集中精力做好“六稳”工作、落实“六保”任务、实现政策有为和推动经济高质量发展的重要制度安排。“新增财政资金通过特殊转移支付机制直达市县基层、直接惠企利民，体现积极财政政策的执行效率；同时，在资金的使用上将更加注重逆周期调节，进一步发挥乘数效应和杠杆效应。”

此前，我国发行过两次特别国债。第一次是在1998年，财政部发行2 700亿元长期特别国债，所筹集的资金全部用于补充国有独资商业银行资本金；第二次是在2007年，发行15 500亿元特别国债，用于购买约2 000亿美元外汇，作为中国投资有限责任公司的资本金。

附：抗疫国债发行和招标条件

一、发行条件

（一）品种和数量。为5年期固定利率附息债，竞争性招标面值总额500亿元，不进行甲类成员追加投标。

（二）日期安排。2020年6月18日招标，6月19日开始计息，招标结束至6月19日进行分销，6月23日上市交易。

（三）兑付安排。本期国债利息按年支付，每年6月19日（节假日顺延，下同）支付利息，2025年6月19日偿还本金并支付最后一次利息。

（四）竞争性招标时间。2020年6月18日上午10：35至11：35。

（五）发行手续费。承销面值的0.1%。

二、竞争性招标

（一）招标方式。采用修正的多重价格（即混合式）招标方式，标的为利率。

（二）标位限定。投标剔除、中标剔除和每一承销团成员投标标位差分别为75个、15个和30个标位。

▍资料来源 曾金华. 财政部启动抗疫特别国债发行［N］. 经济日报，2020-06-19. 有改动.

## 本章小结

公债是指政府为筹集资金，以自己的信用为基础，通过向国内外借款或发行政府债券筹集财政资金所形成的债权债务关系。公债的具体形式包括发行证券和直接借款等。公债是政府取得财政收入的一种有偿形式。公债的特征主要表现为有偿性、自愿性和灵活性。公债具有弥补财政赤字、筹集建设资金、调节经济运行等功能。

为了确定公债的发行规模，需要考虑公债负担。公债负担指公债的发行与偿还对各经济主体产生的压力。可以从政府债务负担、纳税人公债负担及后代的代际负担的角度衡量公债负担，而以债务依存度、公债负担率、居民应债能力和公债偿债率等指标衡量公债规模。

公债的发行、流通和偿还遵循固定的制度规定。公债的发行是指公债由政府出售，被个人或企业认购的过程，是公债运行的起点和基础环节，其主要内容是确定公债的发行方式和发行条件。公债的流通是指政府某些公债在到期之前可以在债券市场上自由买卖。公债的偿还方式主要有直接偿还、调换偿还、市场购销等。

## 复习思考

一、名词

（1）公债（2）公债负担（3）公债发行（4）金融机构包销

二、简答

（1）简述公债的功能。

（2）简述公债的发行方式。

（3）如何衡量公债规模？

三、论述

阐述公债的发行条件。

# 第八章

# 政府预算管理

政府预算管理是财政分配的主要制度形式。

本章将学习政府预算的相关理论与内容及政府预算执行管理制度。

## 第一节　政府预算的特点和功能

政府预算是指由政府编制的，经法定程序批准，具有法律效力和制度保障的年度财力配置计划。它全面反映了政府活动的内容、范围和政策取向，是政府参与国民经济分配的主要杠杆，是政府管理社会经济事务和宏观调控的有力工具。

### 一、政府预算的特点

政府预算的基本特点体现了公共预算的基本原则，主要包括计划性、完整性、公开性、法治性和年度性。

#### （一）计划性

政府预算的计划性，是指政府事先确立财政收支计划，并遵循该计划开展财政收支活动。计划性的直接表现形式是政府为下一年度的财政收支编制计划。

#### （二）完整性

政府预算的完整性，是指所有政府收入和支出，都应当纳入政府预算，都必须处于政府预算的约束和规范中。政府预算需要完整反映以政府为主体的资金收支活动，只有这样才能保证政府调节和控制所有财政性资金的流量和流向，才能保证财政分配和监督职能的实现，从而有利于立法机构的审查和公众的了解监督。

（三）公开性

政府的全部预算收支必须经过立法机构的审查批准，并向社会公布，让社会公众共同监督。在市场经济条件下，政府的财政收入来自纳税人，支出应当为纳税人的利益服务。因此，财政活动需要将政府的收支计划及活动全过程公开，包括预算收支计划的制定、执行及决算的全过程，接受社会公众的监督。

（四）法治性

政府预算的法治性，是指预算编制完毕经过立法机构批准，就具有法律效力，必须贯彻执行。各级预算确定的各类收支指标经国家立法机构审查、批准下达后，就具有法律强制性。各级政府、单位、个人必须维护其法律权威性，严格贯彻执行，非经法定程序，不得擅自改变预算计划。

（五）年度性

政府预算必须按预算年度编制。预算年度是政府编制和执行预算依据的法定期限，长度通常为1年。不允许将不属于本年度的财政收支内容列入本年度的政府预算中。

**二、政府预算的主要功能**

（一）控制政府规模，提高公共资金使用效率

预算是政府收支的计划，因此可以通过在预算编制中控制政府收支数额，进而控制政府规模。

（二）反映政府活动和政策取向

政府预算将预算开支分门别类记载在统一的表格里，全面反映了政府活动的内容、范围和方向。预算收支活动体现了财政分配活动对资金的筹集和使用，体现了政府集中财政资金的来源规模和取向用途。

（三）政府预算是政府提供公共产品，进行资源配置、实现职能的重要工具

市场不能提供公共产品，因此需要政府通过预算计划对其进行安排。政府会根据社会共同需要，将集中的预算收入进行再分配，合理安排各项支出，保障重点建设、行政、国防和科教文卫事业的需要，为公共产品提供必要的财力保证。同时，预算支出的结构比例和取向体现了国民经济及社会发展和各经济部门之间的比例关系，影响着整个社会的资源配置。

（四）政府预算是宏观调控的重要杠杆

预算的这一作用主要体现在三个方面：

（1）调节社会总供求。政府以预算支出影响社会总需求，进而使社会总需求与社会总供给达到基本平衡。

（2）调节经济结构。通过调整预算支出结构，促进国民经济结构和产业结构的调整，推动生产要素优化配置和经济效益的提高。

（3）公平分配。通过预算计划及管理体制划分预算收支范围，有利于处理中央和地方，地方之间、行业之间、个人之间的财政分配关系，适当缩小地区间经济社会发展差异和个人收入分配差异。

（五）政府预算综合反映和监督经济运行状态

政府预算通过收支活动和指标，反映政府活动的范围和方向。预算收入反映国民经济发展规模和经济效益水平，预算支出反映各项建设事业发展的基本情况。因此，通过政府预算的编制和执行，可以监督国民经济运行状态，促进国民经济稳定、快速、健康发展。

## 第二节 政府预算的类型和运行过程

### 一、政府预算的类型

（一）根据编制形式分类

根据政府预算的编制形式，政府预算可以划分为单式预算和复式预算。

1.单式预算

单式预算，是指所有政府收支通过单一的预算收支表格反映，不区分各类预算收支的经济性质。

单式预算的优点是综合性强、结构简单、便于操作。

单式预算也有明显的缺点，主要体现在：

（1）没有按经济性质的不同来区分预算收支，不能反映收支之间的对应关系，不利于经济分析和调控。

（2）各项收入加总和各项支出加总后进行总量平衡，导致无法识别赤字发生在哪一项目下，从而掩盖了预算赤字的真实状况。

（3）经常性收支和债务性收支混在一起，容易造成经常性支出和建设性支出相互挤占，不利于考核预算资金的支出效益。

2.复式预算

复式预算，是指在预算年度把全部的预算收支按其经济性质不同，分别汇编于两个或两个以上的预算之中。通常，可以分为经常性预算和资本性预算。

复式预算的优点是：

（1）对应性强，区分了预算收支不同的经济性质、来源和用途，收支之间的对应关系明确。

（2）透明度高，各个分预算之间相对独立，一般不能相互混淆和相互挤占。

（3）预算结构清晰，将预算收支按经济性质划分具体明确，便于对预算进行分类管理，控制预算资金流向。

复式预算也有缺点，表现为各个分预算之间的划分标准难以掌握，要求编制预算时对于每项预算收支必须进行定性分析，预算编制的技术难度较高。

### （二）根据内容和计量差别分类

根据预算的内容和计量差别，政府预算可以分为增量预算和零基预算。

增量预算，是指财政收支计划指标是在以前年度财政收支基础上，按照新财政年度的经济发展情况和财政经济政策要求加以计算和调整形成的预算。增量预算的优点是简单易编，对于增量部分的资金控制和管理较好；缺点则是对于基数部分财政资金的管理相对宽松。

零基预算，是指财政收支计划指标不依据以前年度财政预算收支的规模，而是对每个部门的工作计划进行全面的重新审核和测算，以确定各部门所需资金而形成的预算。零基预算的优点是没有基数，对整个预算收支的控制都比较严格，避免浪费，节省资金；缺点是工作量大，费时费力。

目前，世界各国的预算编制多采取增量预算编制的方法，零基预算通常只用在某些具体收支项目的编制上，并未成为编制政府预算的一般方法。

### （三）根据投入项目能否直接反映经济效果分类

根据投入项目能否直接反映经济效果，可以将政府预算分为项目预算和绩效预算。

项目预算，是指只反映项目的用途和支出金额，而不考虑支出经济效果，侧重于考察预期预算目标的实现情况的政府预算。

绩效预算，是指用以反映和考察预算支出效益的预算，这种预算侧重于反映采取了什么行动及每种行动的有效性加总情况。绩效预算重视对预算支出效益的考察，按职责、用途和最终产品进行分类，并根据最终产品的单位成本和以前计划的执行来评判支出是否符合效率原则。

### （四）根据收支管理范围分类

根据收支管理的范围，政府预算可以分为总预算和部门预算。

总预算，是一级政府全辖地区的预算，由本级财政部门对本级政府预算和下级政府预算进行汇编而成。

部门预算，是指国家机关、社会团体和其他单位各自编制的反映本单位收支情况的预算。

## 二、政府的预算运行过程

政府的预算运行是一个连续的过程，包括预算编制的准备、预算编制、预算审批和执行监督、决算编制和审查及预算绩效评价等环节。

### （一）预算编制的准备

预算编制的准备工作主要包括两项内容：

（1）由国务院下达预算编制指示，提出编制预算草案的原则和要求。

（2）各级财政部门对本级预算收支指标进行测算，下发政府预算科目和表样，组织部署预算编制事项。

### （二）预算编制过程

预算编制关系着财政资金的使用效率。部门预算由各主管部门及所属单位编制，由财政部门在各主管部门预算的基础上汇总编制。部门预算的编制程序采取“两上两下”的模式。具体的编制过程是：

（1）部门对各基层单位的预算建议计划进行汇总，编制部门预算建议计划上报给财政部门。

（2）财政部门审核计划后，根据财力情况提出总量支出建议控制指标，报同级政府同意后下达给部门。

（3）各部门按财政预算控制数额重新调整本部门预算草案，上报财政部门审核。

（4）财政汇总本级财政收支预算草案，上报同级政府批准，并提请同级人民代表大会审议。

### （三）预算审批和执行监督

立法机构预算审批是科学预算的保证。立法机构审批预算的主要内容是：

（1）审查预算编制要件。

（2）审查预算收入、支出编制是否合理合法。

（3）预算收支是否平衡，财政债务规模是否过大，是否存在风险。

此外，立法机构还会对预算执行过程进行监督，主要内容包括：

（1）对预算批复进行监督。

（2）对预算执行的合规性进行监督。

（3）对财政重点支出进行监督。

（4）对财政转移支付情况进行监督。

### （四）决算编制和审查

决算是对政府预算执行情况的总结。正确编制决算可以全面反映预算的执行结果。政府决算由中央决算和地方决算构成。每一级政府决算又由部门决算和总决算构成。政府部门需要从执行预算的基层单位开始，自下而上编制，层层审核和汇总，形成最终的政府决算，并经立法机构批准，向社会公开，接受公众的监督。

（五）预算绩效评价

预算绩效评价是指财政部门及预算部门（单位）根据设定的预算目标，对预算支出的经济性、效率性和效益性通过科学合理的绩效标准进行评价的过程。预算执行结束后，资金使用单位要对照确定的绩效目标进行预算绩效自评，形成相应的绩效评价结果，作为预决算的组成内容和以后年度预算安排的依据。财政部门要在单位预算绩效自评的基础上，开展总体预算绩效评价，形成相应的绩效评价结果。

**【专栏20】　提升资金效益和政策效能　进一步完善预算管理制度**

加强预算管理重点环节，促进资金规范安全高效使用，精准有效落实积极的财政政策。深化预算绩效管理。扩大重点绩效评价范围，提高绩效评价质量。推进部门和单位整体支出绩效评价，探索开展政府收入绩效管理。用好绩效评价结果，形成评价、反馈、整改、提升良性循环。推进支出标准化。完善基本支出标准，加快项目支出标准建设，健全基本公共服务保障制度和标准。健全预算执行管理体系。严格预算控制、核算、决算，完整反映预算资金流向和预算项目全生命周期情况。优化政府采购需求管理和交易制度，强化政府采购政策功能。完善国债收益率曲线，进一步发挥政府债券金融工具作用。完善财政资金直达机制。优化直达资金范围，保持规模合理适度。压实地方主体责任，增强地方分配资金自主性。实施资金分类管理，完善全过程监管机制。全面推进预算管理一体化。推动中央和地方财政系统信息贯通，动态反映各级预算安排和执行情况。加强财政与行业部门信息互联共享，实现一体化系统在各级财政部门和预算单位全面运行。加强预决算公开。进一步扩大范围，细化内容，改进方式，提升公开的及时性、完整性、规范性和可获得性。

▎资料来源　刘昆. 健全现代预算制度［M］//本书编写组. 党的二十大报告辅导读本. 北京：人民出版社，2022.

## 第三节　政府预算执行管理制度

政府预算执行管理制度是对政府预算执行过程中财政收入和支出事项的制度规范，为预算执行提供了制度保障。它由国库集中收付制度、政府采购制度等分制度组成。

## 一、国库集中收付制度

### （一）国库集中收付制度的定义

国库集中收付制度是指对财政资金实行集中收缴和支付的制度，其核心是通过国库单一账户对现金进行集中管理。具体而言，国库集中收付制度具有三个基本特征：

（1）建立国库单一账户体系，财政统一开设国库单一账户，单位开立单一零余额账户。

（2）所有财政收入都缴入国库，做到应缴尽缴；所有财政支出根据部门预算由财政集中支付到预算单位或商品和劳务的提供者。

（3）财政设立专门的国库现金管理和支付执行机构。

### （二）实行国库集中收付制度的动因

随着社会主义市场经济体制下公共财政的建立和发展，原有的财政管理体制显露出重重弊端，主要表现在：

（1）多重设置账户，延滞了财政资金的入库时间。

（2）在财政支出方面，资金在支付行为之前就流出国库，大量滞留在预算单位，降低了预算资金使用效率。

（3）财政资金运行信息反馈迟缓，透明度不高，难以为预算编制、执行分析以及宏观经济调控提供有效依据。

为了克服这些弊端，有必要建立和完善以国库单一账户体系为基础的国库集中收付制度，进一步加强财政资金监督，提高资金使用效率。

### （三）国库集中收付制度的构成

国库集中收付制度主要包括三个方面：建立国库单一账户体系、规范收入收缴程序及规范资金支付程序。

1.建立国库单一账户体系

建立国库单一账户体系，即所有财政性资金纳入国库单一账户体系管理。国库单一账户主要包括四类账户：

（1）国库单一账户。由财政部门在中国人民银行或其分支机构开设，用于核算和反映纳入预算管理的财政收入和支出活动，与零余额账户进行清算，实现支付。

（2）零余额账户。财政部门按资金使用性质在商业银行为预算单位开设零余额账户，用于记录和反映预算资金的日常支付活动，并与国库单一账户清算。

（3）预算外资金专户。财政部门在商业银行开设预算外资金财政专户，用于记录和反映预算外收入和支出活动，并对预算外资金的日常收支进行清算。

（4）特殊专户。是经国务院和省级人民政府批准或授权财政部门开设的特殊过渡性专户，用于记录和反映预算单位的特殊专项支出活动，与国库单一账户进行清算。

2.规范收入收缴程序

规范收入收缴程序，即取消收入收缴过渡账户，采取直接缴库和集中汇缴两种方式，将收入直接缴入国库或财政专户。

3.规范资金支付程序

规范资金支付程序，即资金只能通过国库单一账户体系支付到商品和劳务供应者或用款单位。国库集中收付制度的支付方式主要有两种——财政直接支付和财政授权支付。财政直接支付是指财政部门根据预算计划和用款单位申请，通过国库集中收付系统将款项直接支付到收款人（即商品和服务供应方）账户。财政授权支付是指财政根据预算计划和用款单位申请，给予用款单位零余额账户相应的授权支付额度，由用款单位将资金支付到收款账户上。

**二、政府采购制度**

（一）政府采购的定义和特点

政府采购也称为公共采购或统一采购，是指各级政府及其所属实体为开展政务活动和为公众提供公共物品与服务的需要，在财政等部门监督下，按照法定方式、方法和程序，使用财政资金购买所需商品和劳务的行为。

一般来说，政府采购行为主要有三个特点：

（1）采购主体具有特殊性。政府采购的主体应为依靠财政资金运作的行政事业单位及社会团体。

（2）采购资金具有公共性。政府采购资金的性质是财政拨款，因此具有公共性特征。

（3）采购行为具有公开、规范性。政府的采购行为是在公开的情况下进行的，通过公开的程序进行，所有采购信息也是公开的。同时，政府采购行为要遵照有关法律法规，根据不同的采购规模、对象与采购时间要求，采用适当程序，体现公开、竞争的原则，接受社会监督。

（二）政府采购制度的内容

政府采购制度是指政府采购过程中，以法律法规形式表现的采购法规、政策、程序等一系列规章制度的统称。政府采购制度是世界各国普遍采取的制度，也是我国预算管理制度改革的重要内容，是加强财政支出管理与监督，规范政府消费行为，从源头抑制腐败的有效手段。政府采购制度的主要内容包括：

1.采购当事人

政府采购的当事人是指采购人和供应商。采购人是依法进行政府采购的国家机关、事业单位、团体组织；供应商是向采购人提供商品或服务的法人组织或自然人。

2.采购范围

凡是用财政资金进行的政府购买产品或服务的作为，除涉及国家安全和另有规定外，一般都应当纳入政府采购的范围。

3.采购模式

政府采购一般实行集中采购与分散采购相结合的模式。

4.采购程序

政府采购程序一般采取公开招标的方式进行，即采购机关或其委托的政府采购业务代理机构发布招标公告，符合标准的采购商进行投标。政府采购程序的流程通常包括：

（1）预算单位拟订采购计划，财政部门进行审批。

（2）预算单位和财政部门根据法律和相关规定选择采购方式。

（3）政府采购中心对供应商进行资格审查，执行招投标等采购程序。

（4）采购双方签订采购合同。

（5）采购双方履行采购合同。

（6）政府采购中心等相关部门验收采购合同。

（7）财政部门办理采购资金结算。

（8）相关部门进行采购项目效益评估。

（三）实施政府采购制度的意义

我国传统的行政单位采购方式是由各行政事业单位分散采购的方式，由各级政府财政部门根据预算和各单位提交的用款计划，将所需财政资金拨付给各行政事业单位，由它们自行向市场购买商品和劳务。

这种分散采购的优点是各单位采购方便、随买随用。但是，这种方式使政府采购的分配和使用脱节，资金使用效率不高，同时采购过程不透明、不公开，容易产生腐败现象。而实行统一的政府采购制度，不仅有利于财政部门对资金的监督，提高财政资金使用效率，而且可以形成规模效应，作为一种产业手段，能够增强财政对经济的调节能力。

（四）政府采购制度的功能

（1）政府采购制度具有公正、公开、公平竞争等特征，建立完善的政府采购制度，可以将竞争机制引入政府采购行为，使政府能在市场上买到价廉物美的商品与服务。

（2）政府采购制度使政府在采购中取得市场优势地位，便于提高财政资金使用效率，建设节约型政府。

（3）政府采购制度可以提高政府采购行为的透明度，能够有效防止采购主体与供应商之间的合谋，对分散采购可能发生的寻租等行为产生制约力，促进财政资金的合理使用。

**【专栏21】 立足谱写全面建设社会主义现代化国家崭新篇章 充分认识健全现代预算制度的重大意义**

预算体现党和国家的意志，服务保障党和国家的重大方针、重大方略、重大决策、重大工作。经过党的十八大以来的改革，我国现代预算制度基本确立。党的二十大要求健全现代预算制度，这是党中央立足国情、着眼全局、面向未来的重大部署，现代预算制度建设迈上新征程。

（一）健全现代预算制度是实现新时代新征程目标任务的重要举措。党的二十大从新的时代条件出发，针对我国改革发展面临的新形势新任务，从战略全局上对党和国家事业作出规划和部署，向全面建成社会主义现代化强国、实现第二个百年奋斗目标迈进。当前，世界百年未有之大变局加速演进，我国发展需要应对的风险和挑战、需要解决的矛盾和问题更加错综复杂。作为党执政的重要资源，现代预算必须准确把握新的战略机遇、新的战略任务、新的战略阶段、新的战略要求、新的战略环境，以新发展理念为引领，更加体现时代性、法治性、透明性、科学性、开放性、安全性，支持加快构建新发展格局，实现高质量发展。

（二）健全现代预算制度是推进中国式现代化的重要保障。党的二十大提出，以中国式现代化全面推进中华民族伟大复兴。与产生于资本主义制度的西方式现代化相比，中国式现代化坚持中国共产党的领导，基于我国社会主义制度而形成，既有各国现代化的共同特征，更有基于自己国情的中国特色。现代预算制度是中国特色社会主义制度的重要组成部分，必须与中国式现代化相适应，立足社会主要矛盾，着力解决发展不平衡不充分问题，发挥预算在资源配置、财力保障等方面的重要作用，补短板、强弱项、固底板、扬优势，更好满足人民日益增长的美好生活需要，更好推动人的全面发展、社会全面进步。

（三）健全现代预算制度是构建高水平社会主义市场经济体制的重要支撑。党的二十大提出，构建高水平社会主义市场经济体制，充分发挥市场在资源配置中的决定性作用，更好发挥政府作用。预算作为宏观经济治理工具，根据社会主义市场经济体制要求和宏观调控目标，引导优化市场资源配置，推动有效市场和有为政府结合。现阶段预算统筹力度、预算控制和约束、财政资源使用等方面还存在不足，深化和拓展预算制度改革成果，必须坚持社会主义市场经济改革方向，盯住重点领域和关键环节发力，进一步提高宏观经济治理能力，为更好理顺政府和市场关系、构建高水平社会主义市场经济体制提供支撑。

▍资料来源　刘昆．健全现代预算制度［M］//本书编写组．党的二十大报告辅导读本．北京：人民出版社，2022.

## 本章小结

政府预算管理是财政分配的主要制度形式。政府预算是指由政府编制的，经法定程序批准，具有法律效力和制度保障的年度财政收支计划。政府预算全面反映了政府活动的内容、范围和政策取向，具有计划性、完整性、公开性、法治性和年度性。政府预算具有控制政府规模、提高公共资金使用效率、反映政府活动和政策取向的作用，是政府提供公共产品、进行资源配置、实现职能的重要工具；同时，政府预算能够综合反映和监督经济运行状态，是宏观调控的重要杠杆。

政府预算根据编制形式可以分为单式预算和复式预算；根据预算的内容和计量差别可以分为增量预算和零基预算；根据投入的项目能否直接反映经济效果可以分为项目预算和绩效预算；根据收支管理范围可以分为总预算和部门预算。政府预算运行包括预算编制的准备、预算编制、预算审批和预算执行监督以及决算编制、审查等环节。

政府预算执行管理制度是对政府预算执行过程中财政收入和支出事项的制度规范，为预算执行提供了制度保障。它由国库集中收付制度、政府采购制度等制度组成。国库集中收付制度是指对财政资金实行集中收缴和支付的制度，其核心是通过国库单一账户对现金进行集中管理。政府采购制度是指政府采购过程中以法律法规形式表现的采购法规、政策、程序等一系列规章制度的统称。

## 复习思考

**一、名词**

(1) 政府预算 (2) 复式预算 (3) 零基预算 (4) 国库集中收付制度 (5) 政府采购制度

二、简答

（1）简述政府预算的特点。

（2）简述政府预算的功能。

（3）简述政府预算的分类。

三、论述

试论政府预算的运行过程。

# 第九章

# 财政管理体制和财政政策

财政管理体制关系着各级政府之间的财政关系；财政政策关系着国民经济的稳定增长。财政管理体制与财政政策是政府主体下财政制度改革和政策深化的重要因素。

本章将学习财政管理体制和财政政策的相关内容。

## 第一节 财政管理体制

### 一、财政管理体制的定义和特点

财政管理体制是指在特定的行政体制下，通过一定方式调节政府间的财力分配，处理中央和地方各级政府之间财政关系的基本制度。从定义可以看出，财政管理体制规定着中央政府与地方政府以及地方上下级之间在财政管理方面的职责、权限以及资金的划分，是国家财政管理的一项根本制度。

通常，财政管理体制具有三个基本特点，主要体现为整体性、规范性和稳定性。

（1）整体性。一方面，财政管理体制对各级政府的事权和财权加以明确划分，并由各级政府编制相对独立的预算；另一方面，为了实现全国社会经济发展目标，中央财政必须发挥宏观调控作用，以转移支付的形式实现财政纵向与横向平衡。

（2）规范性。在绝大多数情况下，财政管理体制是以法律法规形式明确各级政府与财政的责、权、利关系。

（3）稳定性。财政管理体制一经确定，就要在较长时期内保持相对稳定，避免因体制频繁变动造成的消极影响。

**二、财政管理体制的内容**

一般来说，财政管理体制的内容主要包括四个方面：

（1）财政分配和管理机构的设置。财政分配需要一定机构来从事财政管理。目前我国的财政管理机构分为中央、省（自治区、直辖市）、市、县（市）、乡（镇）五级，各级财政部门内部又设置了不同业务分工的机构负责各项业务管理。

（2）财政管理权责的划分。财政管理权责划分是指确定各级财政及同级财政各管理部门之间在财政分配和管理上的权限、职责。一般来说，财政管理权责划分以公共需要的层次为基础，即根据公共需要的受益范围将其划分为不同的层次，再根据这些不同的层次确定中央政府与地方政府、地方各级政府之间的事权范围和财政管理权责。

（3）财政收支的划分。政府间财政收支的划分是财政管理体制的核心内容，它与财政管理权责的划分有一定的对应关系，但并不是绝对的。中央政府的财政收入大于事权，而地方政府的财政收入小于事权。

（4）政府间的转移支付制度。政府间的转移支付制度是中央政府为均衡各地方政府财力状况，协调地区间经济发展，对全国整体经济实施宏观调控，将中央掌握的一部分财力转移给地方政府使用的一种调节制度，是财政管理体制的重要组成部分。

**三、影响财政管理体制的因素**

（1）公共产品的受益范围。由于市场失灵，公共产品必须由政府提供，但公共产品的受益范围具有区域性。全国性公共产品如国防、外交等受益范围是整个国家，地方政府提供会造成效率损失。区域性公共产品如消防、路灯设施等受益范围是一定的区域，如果由中央政府提供会无法兼顾不同区域群体的喜好。因此，要根据公共产品的受益范围确定财政管理体制。

（2）政权的组织结构形式。政权的组织结构形式是联邦制国家还是单一制国家，直接影响着中央与地方政府的财政管理权限和财政收支划分。联邦制国家里，地方政府的财权、财力比单一制国家的地方政府多。

（3）经济发展水平。一般来说，发达国家经济实力雄厚、市场机制成熟，有条件实现较高程度的财政分权。发展中国家的财政集权程度较高。

（4）国内外政治和社会环境。当政治社会环境面临重大变革时，需要实行集中度较高的财政体制。

（5）国家地域面积的大小。地域面积较大的国家，通常有较多的政府级次，会将较多的公共产品供给事务交给不同级次的地方政府去办，中央和地方财政关系内容较为复杂。

## 四、我国的分税制财政管理体制

分税制是将国家的全部税种在中央政府和地方政府之间进行划分，以此确定中央财政和地方财政的收入范围。分税制的实质是根据中央政府和地方政府的事权确定相应的财权，通过税种的划分形成中央与地方的收入体系。我国现行的分税制财政管理体制的主要内容包括：

### （一）中央政府和地方政府事权和支出的划分

中央政府支出包括国防费，武警经费，外交和援外支出，中央行政管理费，中央统管的基本建设投资，中央直属企业的技术改造，地质勘探费，由中央本级负担的公检法支出和科教文卫支出；地方政府支出主要包括地方行政管理费，公检法支出，民兵事业费，地方统筹基本建设投资，支农支出，城市维护建设经费，地方科教文卫事业费，价格补贴等。

### （二）中央政府与地方政府收入的划分

中央政府固定收入包括消费税（含进口环节海关代征的部分）、车辆购置税、关税等。

地方政府固定收入包括城镇土地使用税、耕地占用税、土地增值税、房产税、车船税、契税、环境保护税和烟叶税等。中央与地方政府共享收入包括：

（1）增值税。国内增值税中央政府50%，地方政府50%。进口环节海关代征的增值税和铁路建设基金营改增值税为中央收入。

（2）企业所得税。中国铁路总公司、各银行总行及海洋石油企业缴纳部分归中央政府，其余部分中央与地方政府按60%与40%比例分享。

（3）个人所得税。除储蓄存款利息所得的个人所得税外，中央与地方政府按照60%与40%比例分享。

（4）资源税。海洋石油企业缴纳部分归中央政府，其余归地方政府。

（5）城市维护建设税。中国铁路总公司、各银行总行及海洋石油企业缴纳部分归中央政府，其余部分归地方政府。

（6）印花税。证券交易印花税归中央政府，其他印花税收入归地方政府。

### （三）确定政府间体制事项

政府间体制事项主要包括中央财政对地方财政税收返还数额的确定、原体制中央补助、地方上解及有关结算事项的处理、政府间转移支付形式的选取。

中央财政对地方财政税收返还数额，是指在分税制下，为了保持地方的既得利益，有利于分税制体制的顺利推行，中央财政向地方返还一定数额。按照

1993年地方实际收入以及税制改革和中央地方收入划分情况，核定1993年中央从地方净上划的收入数额，将1993年净上划数额全额返还地方，同时以此作为以后中央对地方税收的返还基数并逐年递增。1994年以后的税收返还增长率按照增长率的1∶0.3系数确定。地方税收每增长1%，返还额增长0.3%。如果达不到基数，则相应扣减税收返还数额。

地方上解方式按不同体制类型执行：实行递增上解的地区，按原规定继续递增上解；实行定额上解的地区，按原规定的上解额继续定额上解。中央向地方财政的转移支付则可归结为两种基本形式：一种是一般性转移支付，也叫作无条件转移支付；另一种是专项转移支付，也叫作有条件转移支付。

一般性转移支付，指上级政府对下级政府进行无条件拨款，不附带拨款条件，不附加对资金的使用范围的限制，不要求下级政府进行资金配套。一般性转移支付是为了平衡地区间财政收入差距、弥补地方的财政缺口而从中央转移来的财政资源。这种转移支付方式给予地方政府较大的自由度。但是，如果一般性转移支付数额过大，财力平调过多，则会伤害地区的积极性，需要中央政府进行合理运用。

专项转移支付，指上级政府在对下级政府进行拨款时，提出该款项的特定用途与使用要求，下级政府必须按照上级政府的要求，实行专款专用，对于部分项目，下级政府还应提供一定的配套资金。专项转移支付的目的在于实现上级政府的特定政策意图，鼓励下级政府对一些特殊项目进行投资，以达到预期效果。

分税制财政管理体制的建立，理顺了中央与地方的分配关系，调动了各级政府理财的积极性，建立了财政收入稳定增长机制。同时，增强了中央财政宏观调控能力，促进了资源优化配置和产业结构的调整，促进了财政资金供给范围的合理调整和财政支出结构的优化，对协调地区经济的平衡发展十分有利。但是，分税制管理体制依然存在一些弊端。例如，部分事权划分不明确，有些事权划分缺乏明确的法律依据；税收权限过于集中，地方主体税种不突出，税收规模过小，难以满足地方政府的支出需要；转移支付定位于区域均等化，但是实际政策目标较为模糊。

### 五、我国现行财政管理体制存在的问题

在财政管理体制中，中央与地方事权和收入支出责任划分是理顺政府间财政关系的前提和基础，是推进国家治理体系和治理能力现代化的重要因素。

改革开放以来，中央与地方的财政关系经历了从高度集中的统收统支到“分灶吃饭”、包干制，再到分税制财政体制的变化，财政事权和支出责任的划分逐渐明确，特别是1994年实施的分税制改革，初步构建了中央与地方财政事权和支出责任划分的体系框架，为我国建立现代财政制度奠定了良好的基础。但新形

势下，现行的中央与地方财政事权和支出责任划分还存在不够清晰、合理、规范等问题，需要在后续的改革中不断加以调整理顺。下面主要提及三个问题：

一是政府的职能定位不够清晰。

这个问题表现在两个方面：一方面，政府财政过多地涉入一些应由市场调节机制起基础性作用的领域；另一方面，一些本应由政府承担的基本公共服务职责财政承担得不够。

二是中央与地方财政事权和支出责任的划分不尽合理。

政府事权归属较为笼统，具体执行者在有些事情的处理上无所适从。一些本应由中央直接负责的事务交给地方承担，如部分涉及地方的外交事务，使得地方财政会负担一部分外交开支；而一些宜由地方负责的事务中央又承担过多，地方没有担负起相应的支出责任。同时，不少中央和地方在提供基本公共服务的事项上职责交叉重叠，共同承担的支出较多。

三是在收入权的中央与地方的划分上也存在一些问题。

这些问题主要表现为：一方面，税收权限过于集中。税收立法权集中于中央，地方没有主要税种的立法权；税收政策制定权归于中央，地方政府只对个别小税种具有决定权。另一方面，税种划分存在不合理之处。地方主体税种不突出，税收规模过小，难以满足地方政府支出需要。

**【专栏22】 发挥中央和地方两个积极性 完善财政转移支付体系**

按照与财政事权和支出责任划分相适应的原则，规范转移支付分类设置，厘清边界和功能定位。共同财政事权转移支付具有鲜明中国特色，以保障和改善民生为目标，增强地方基本公共服务保障能力。合理安排共同财政事权转移支付，实行差异化补助政策，推进地区间基本公共服务水平更加均衡。专项转移支付以保障党中央重大决策部署落实为目标，资金定向精准使用，强化对地方的引导激励，并逐步退出市场机制能够有效调节的领域。专项转移支付据实安排，不强调数量多寡。一般性转移支付以均衡区域间基本财力配置为目标，结合财政状况增加规模，并向中西部财力薄弱地区倾斜，向革命老区、民族地区、边疆地区、欠发达地区以及担负国家国防安全、粮食安全、能源安全、生态安全等职责的功能区域倾斜，促进财力分布更加均衡。全面提升管理科学性。严格转移支付设立程序，健全定期评估和退出机制。对支持同一战略、同一领域、同一行业的转移支付，加强统筹、协同实施。优化分配方式，完善支出成本差异、财政困难程度评价方法等工具，探索建立区域均衡度评估机制及指标体系，逐步加大常住人口权重。

▍资料来源 刘昆. 健全现代预算制度［M］//本书编写组. 党的二十大报告辅导读本. 北京：人民出版社，2022.

## 第二节　财政政策

### 一、财政政策的定义

财政政策是指一国政府为实现宏观目标而调整财政收支规模和收支平衡的指导原则及相应措施。财政政策贯穿于财政工作的全过程，主要体现在收入、支出、预算平衡和国家债务等方面。市场经济条件下财政功能的正常发挥，主要取决于财政政策的适当应用。财政政策的工具主要有预算政策、财政支出、财政补贴、税收政策、公债、政府投资等。

### 二、财政政策的目标

财政政策目标是实现充分就业、物价稳定、经济增长和收入公平分配。

充分就业，是指有工作意愿的劳动力都能按照现行工资水平获得工作。如果失业率过高，说明社会经济活动不稳定，社会资源没有得到充分利用。因此，政府可以通过宽松的财政政策刺激社会总需求，增加劳动需求，通过增加相关支出保证劳动的有效供给。

物价稳定，是指一国一般物价水平在短期内不发生显著或急剧的波动。政府通常会综合采用财政收入政策和财政支出政策保持价格水平的稳定，通过财政政策将物价总水平保持在一定范围内，避免通货膨胀或通货紧缩。

经济增长，是指一定时期内一国商品和服务产出的稳定增加。财政可以通过引导劳动、资本、技术等生产要素的合理配置，对经济产生促进和推动作用。

收入公平分配，是指分配上的公平，即使个人对所获报酬有公正的知觉。收入的公平分配是一国经济与社会稳定的重要因素。财政作为参与国民收入分配与再分配的手段，追求收入公平分配是其重要目标。

### 三、财政政策的类型

一般来说，最常见的财政政策主要包括两种：自动稳定的财政政策和相机抉择的财政政策，扩张性财政政策和紧缩性财政政策。

#### （一）自动稳定的财政政策和相机抉择的财政政策

1. 自动稳定的财政政策

自动稳定的财政政策是指根据经济波动的情况，无须借助外力就可以自发直接地对经济产生调控效果的政策。这种政策是依靠既定的政府支出及税收政策的内在调节作用自发地进行调节，不需要政府有意识地采取干预措施。它的显著特点是反周期性，即在经济衰退时期自动刺激经济，在经济过旺时自动增加预算盈余抑制过旺的经济。

自动稳定的财政政策的作用主要是通过以下两个路径实现的：

（1）税收的自动稳定器。这一作用主要体现在累进税上，通过税基的自动调整机制发挥作用。具体来说，在经济衰退时期，累进税率会降低，税基会自动减少，因而政府税收会减少，预算产生赤字，而短期内的赤字会刺激经济增长。在经济过热时期，累进税率会提高，税基会自动增加，政府税收会增加，预算产生更多盈余，达到抑制经济过热的目的。

（2）转移支付的自动稳定器。主要通过政府的社会保障计划起作用。具体来说，政府的社会保障制度标准是一定的，接受社会保障的人数则因经济环境而变化。在经济衰退时期，接受社会保障的人数会增加，政府支出会增加，刺激经济增长。在经济过热时期，接受社会保障的人数会减少，政府支出会减少，抑制经济过热。

但是，自动稳定器作用也会受到许多因素的影响，主要表现在：

（1）政府支出在经济总量中的比重越高，政府支出对经济波动的敏感性越高，财政政策的自动稳定器作用越大。

（2）一国经济的开放程度会影响自动稳定器作用的发挥，一国经济越不开放，自动稳定器作用越大。

（3）税收结构及转移支付覆盖范围对于自动稳定器效力的发挥起着决定性作用，税收更具有累进性质且社会保障覆盖范围更广，财政政策的自动稳定器作用越大。

2.相机抉择的财政政策

相机抉择的财政政策是指政府根据当时的经济形势，运用政府财力有意识地进行反经济周期干预，达到消除通货膨胀或刺激经济增长的目标。相机抉择政策可以被大致分为两种——汲水政策和补水政策。

汲水政策，是指在经济萧条时期，政府通过付出一定数额的公共投资使经济恢复活力的政策。从本质上说，汲水政策是一种刺激经济的恢复性财政政策。

补水政策，相较汲水政策更加全面，它是指政府为了稳定经济波动，有意识地从当时经济状态的反方向调节经济变动幅度的财政政策。具体而言，在经济衰退时期，政府通过减收增支来增加消费和投资的需求，促使社会经济增长；在经济过旺时期，政府通过增收减支减少并抑制投资过热和消费过旺，达到抑制通货膨胀的目的。

（二）扩张性财政政策和紧缩性财政政策

扩张性财政政策，是指通过增加财政支出或减少税收，刺激社会总需求，进而达到刺激经济增长目的的政策。

紧缩性财政政策，则是指通过减少财政支出或增加税收，抑制社会总需求，达到抑制经济过热目的的政策。

**四、财政政策的功能**

（1）导向功能。政府通过制定明确的财政政策目标以及财政收支计划，实现财政政策对于经济各部门的导向功能。例如，通过财政的产业政策达到调整产业结构的导向作用，引导投资向有利于国计民生的产业或高新科技产业转移。

（2）调节功能。政府通过财政政策的制定和协调来调节宏观经济的总量和结构，实现预定的经济目标。

（3）稳定功能。财政政策稳定功能主要体现在国家对经济实施反周期操作，进而促进经济稳定发展。

**五、财政政策工具**

财政政策工具主要有税收政策、公债政策、财政补贴政策、公共投资政策等。

（一）税收政策

税收政策是财政部门最主要的政策工具之一。财政部门通常采取调节税率和减免税收等形式来实现政策意图。

税收政策的主要作用：

一是调节社会总供给与社会总需求的关系。税收可以通过自动稳定器作用来调节经济供求关系。即经济高涨时，税收会自动增加，以防止经济过热；经济衰退时，税收下降，以刺激经济复苏。另外，政府可以根据经济形势相机抉择，通过调节税率或增加减免税额的方式调节经济。在经济过热时，提高税率，减少税收减免，抑制经济过热；在经济衰退时，降低税率，增加税收减免，促进经济复苏。

二是实现特定的产业意图。政府对于有利于国计民生和经济长期发展的行业，通常会采取低税率或者一定时期内减免纳税额等税收优惠政策，促进该行业的发展；而对于不利于经济社会长期发展的行业则采取高税率和高税收政策，以限制该行业的发展。

三是调节收入分配。政府对于高收入人群的所得额采用高税率，对于低收入人群的所得则采取低税率或者免除对所得征税，从而降低收入差距，维护社会的稳定。

（二）公债政策

公债政策也是政府经常采用的财政政策工具之一。它的优势在于政府可以控制发行公债的规模、对象及利率，可控性强，可以在宏观经济层面用来调节利率和货币供应量，也可在微观经济层面支持特定产业的发展，有利于产业结构的优化升级。

公债政策的作用主要表现为具有流动性效应和利率效应。

流动性效应。是指政府通过发行和回收公债，改变公债的流动性程度，进而影响社会经济中的流动性状况，对经济产生扩张或抑制效应。当经济过热时，政府通过发行长期公债，赎回市场上的短期公债，降低经济体系的资金流动性，从而对经济产生抑制效应；当经济萧条时，政府通过发行短期公债，赎回长期公债，增加经济体系中的资金流动性，促进经济复苏。

利率效应。政府发行公债的利率对金融市场利率具有一定示范作用，可以通过公债利率对市场利率产生影响，进而对经济体系内的投资和消费产生影响。当经济萧条时，政府通过降低公债发行利率，带动金融市场利率下降，进而降低社会融资成本，促进社会投资和消费；当经济过热时，政府通过调高公债发行利率，推动金融市场利率上行，增加社会融资成本，抑制投资和消费，从而抑制经济的过热。

（三）财政补贴政策

财政补贴政策主要通过对生产和消费领域的特定行为进行补贴，以达到促进经济社会发展、促进产业结构优化升级等政策目的。消费性补贴政策主要是对日常生活消费品的价格补贴，主要是为了增加消费者的可支配收入，鼓励消费者增加消费需求。生产性补贴则主要是针对生产者的特定生产活动给予补贴，以促进生产者的生产能力，促进特定产业的升级。

（四）公共投资政策

公共投资政策主要是通过调整财政投资规模、方向和方式，达到促进经济结构调整和经济社会发展的目的。公共投资政策的特点是投资规模大，主要投向基础设施、公共事业等部门，投资目标主要是促进经济、社会的长期持续发展而非短期盈利，投资资金来源于财政和公债收入，政府通过对投资方向的把控，扩大或缩小社会总需求，调整产业结构、资源结构和劳动力结构，刺激投资，从而促进经济发展。

**【专栏23】　日本复兴时期的财政政策**

日本作为二战战败国，在战后重建的过程中确立了市场经济体制。政府在重建过程中对干预经济有着强烈的责任感：在废墟上重建国家，发展经济，改善人民生活。在干预过程中，只要能达到促进经济发展的目的，直接和间接行政的手段及各种对策都是政府宏观调控的工具。日本的市场经济很大程度上是政府主导型的，而市场则是政府干预的市场。政府通过经济政策、计划和立法引导和帮助私人企业沿着政府既定的轨迹发展，使经济更好地运行。

日本战后的经济腾飞极具特色，其中美国的协助起了重要作用。20世纪90年代后，日本基本靠自己的力量走出了之前因为泡沫经济带来的经济低迷，其制定的财政政策具有更强的主动性，可以作为在政府介入程度较高的情况下对市场经济进行调节的经验。20世纪80年代日本曾面临非常严峻的经济形势：从经济萧条到缓慢复苏再到经济负增长，形势越来越紧迫；个人消费、私人投资持续疲软；产业发展不景气导致国际竞争力下降，优势的半导体、汽车、电子等均被美国赶超，出口下降；泡沫经济初现端倪，金融业背负大量不良债务负担，并随即出现大金融机构相继倒闭的情况，贷款数量迅速下降且出现"惜贷"现象；银行系统和股票市场出现混乱，业务萎缩严重，无法发挥投融资的作用。这一系列问题导致日本战后重建以来最严重经济危机的总爆发，也为考察分析日本面对经济负增长时的财政政策，以及日本政府运用财政政策干预经济的方式提供了最佳时机，借鉴的效果更好。在财政收入不断减少的情况下，桥本（桥本龙太郎）内阁上台后坚持紧缩开支、平衡预算的紧缩性财政政策，致使在赤字不断减少的同时经济也大幅滑坡，桥本随即调整，转向实施扩张性的财政政策以帮助经济恢复，具体内容包括：进行总额为2万亿日元的特别减税，并结合增加科技领域的公共投资和筹措社会的投资资本，同时放宽对通信、医疗、就业、物流和土地的进入限制，刺激相关领域的投资。但以上措施并未收到预期效果，经济继续下滑，促使小渊（小渊惠三）内阁取代桥本内阁上台。小渊上台后迅速制定了一套财政政策，内容包括：动用政府特别金稳定金融体系，缓解信贷紧缩局面，灵活运用信贷金和保证制度，保证资金供应渠道的多样化，尤其增加了对中小企业的资金扶持；充实社会资本，增加公共事业、环境保护投资；政府带头创建新产业，加强科技研发，尤重信息通信产业，努力创造就业机会；实施综合减税政策，包括个人所得税、法人税等税种的多手段减免，促进企业投资和个人消费；就业政策的关怀对象是中老年失业者，政府实施培训计划，帮助中老年再就业……终于在21世纪即将到来之时遏制住了下滑趋势，日本经济开始缓慢复苏。

小渊内阁在公共事业和高新技术研发上大力投入，说明这些举措是实现扭转经济颓势的重要手段。由此可见，政策制定者需要寻找当前社会的主要矛盾，以解决主要矛盾的政策为突破口，寻求相关政策目标的配合；在实施过程中也需要不断根据调整结果进行政策微调，达到宏观管理与市场竞争并存的良好效果。

▍资料来源　刘阳. 国外典型财政政策分析与我国财政政策选择［J］. 唯实，2004（12）：18-20.

## 本章小结

财政管理体制是指在特定的行政体制下，通过一定方式调节政府间财力分配，处理中央和地方各级政府之间财政关系的基本制度。财政管理体制规定着中央政府与地方政府以及地方上下级之间在财政管理方面的职责、权限以及资金的划分，是国家财政管理的一项根本制度。

财政管理体制的特点主要体现为整体性、规范性和稳定性。财政管理体制的内容主要包括财政分配和管理机构的设置、财政管理权责的划分、财政收支的划分、政府间的转移支付制度等。

我国的财政管理体制属于分税制。分税制是将国家的全部税种在中央政府和地方政府之间进行划分，根据中央政府和地方政府的事权确定相应的财权，通过税种的划分形成中央与地方的收入体系。

财政政策是指一国政府为实现宏观目标而调整财政收支规模和收支平衡的指导原则及相应的措施。财政政策目标是实现充分就业、物价稳定、经济增长和收入公平分配。财政政策的工具主要有预算政策、财政支出、财政补贴、税收政策、公债、政府投资等。财政政策主要具有导向功能、调节功能、稳定功能等。

## 复习思考

一、名词

（1）财政管理体制（2）政府间转移支付制度（3）财政政策

二、简答

（1）简述财政管理体制的组成内容。

（2）简述影响财政管理体制的因素。

（3）简述财政政策的目标。

（4）简述财政政策的工具。

三、论述

（1）试论我国分税制财政体制的构成。

（2）试论财政政策的类型及功能。

# 金融篇

# 第十章

# 货币与信用

传统上，金融是指货币流通和信用活动以及与之相联系的经济活动的总称，是一个复杂的经济过程和经济结构的总和。因此，货币和信用是金融运行的两个最基础的元素。

本章将以货币和信用作为研究对象，逐一讨论货币的产生和货币形式的演进、货币的职能、货币制度的内容、信用的定义和特征、信用的主要形式以及运行方式等基本问题。

## 第一节 货币与货币制度

### 一、货币的产生和货币形式的演进

货币与商品伴生，是商品交换发展的必然产物。同时，一旦货币形成，也就具备了保证其能够转换成其他商品的能力，这种能力以一般等价物的形式呈现出来，并且充当一般等价物的特殊商品因时因地存在着差异，这也是货币有很多形式的原因。

#### （一）货币的产生

在货币产生之前，经济体的基本交易方式是以物易物，即人们生产出自己最擅长的物品，并将自己消费后的剩余物品用以交换，以取得其他需要的物品。尽管在以物易物的经济中，个人可能通过专业化分工实现生活水平的改善，但是这种交换方式存在着两个主要缺点：第一，寻找需要的交易对手，实现所谓的“需求的双重吻合”，即每一个潜在交易者必须恰恰拥有另一个交易者想要的物品，并且恰恰都想要在同一个时点进行交易。可以预见，实现这一过程需要花费漫长的时间和很大的精力，形成极高的交易成本，导致效率低下，而且交易市场也极为狭窄。第二，在这一交换体制下，每一个潜在的交易都需要根据两种物品来确定一个价格，其结果就是每一种物品都具有多个价格，而这些价格的计量单位差异很大，缺乏统一的标准，造成交换困难。

为了降低以物易物交易过程中过高的交易成本，交易者们逐渐发现某一种物品在交易中会频繁地遇到，我们假定其为洋葱。某个想要交换那些稀有商品的交易者发现，直接找到合适的交易对象很难，但如果先进行一次中介交易，将手中的物品换成洋葱，然后再用洋葱交换到他们想要的物品，这样就会容易一些。一旦商品市场上的交易者都开始用洋葱做交易，市场上寻找洋葱的交易者的数量就会增加，这一过程一直持续下去，最终的结果是洋葱参与了大部分的交易过程，从而成为交易媒介或者货币。

实际上，能够成为交易媒介或者货币的物品必须具备某些特征，如价值稳定、便于运输、易于识别、持久耐用、可拆分、保存方便、可随时售卖等。需要指出的是，虽然有些物品缺乏上述的某些特征，但仍然有可能被当作交易媒介，如社会成员正式承诺接受一种物品作为交换媒介，进而建立起一种社会惯例。这实际上表明，最终决定物品能否成为货币的因素是社会公众的可接受性。

**【专栏 24】　　集中营的货币**

第二次世界大战期间，在纳粹的战俘集中营中流通着一种特殊的商品货币——香烟。当时的红十字会设法向战俘营提供了各种人道主义物品，如食物、衣服、香烟等。由于数量品种有限，按人平均分配，战俘们有进行交换的需要。为了使交换能够更加顺利地进行，需要有一种充当交易媒介的商品，即货币。许多战俘营都不约而同地选择香烟扮演这一角色。战俘们用香烟进行计价和交易，如一根香肠值10支香烟，一件衬衣值80支香烟，有了这样一种记账单位和交易媒介之后，战俘之间的交换就便利多了。

尽管香烟作为货币多少有些怪异，但它们却执行了金属货币的所有功能：作为计价单位、价值尺度和储藏手段。同时，香烟也具有金属货币的部分特征，即价值相当平均，可长时间完好保存，散烟适合小额交易，而整包烟又可用于大额交易。当红十字会有规律地每星期按人头发放50支或25支香烟，人们保有了相当的储备时，香烟就极好地履行了其货币职能。

▍资料来源　Radford Ra. The Economic Organisation of a P.O.W Camp［J］. Ecomomica, New Series, 1945, Nov, 12（48）：189-201. 本文为刘杰、魏广森译。

（二）货币形式的演进

纵观历史，货币的形式是多样化的，并且经历了由低级向高级不断演进的过程。迄今为止，货币的形式主要有五种：实物货币、金属货币、纸币、存款货币和电子货币。

1.实物货币

实物货币是指以自然界存在的某种物品或人们生产的某种物品充当货币。在人类经济史上，牲口、烟草、皮革、兽皮、橄榄油、啤酒、贝壳、盐等都曾经充当过实物货币。但是，许多实物货币都具有价值随供求变动、不易携带、不易分割和保存等特点，并不能很好地满足交换对货币的要求，所以不是理想的货币形式。随着商品经济的不断发展，实物货币逐步被金属货币所取代。

2.金属货币

金属货币是指以铜、银和金等为材料的货币。早期的金属货币通常以块状流通，在每笔交易中都要称重量、鉴定成色，甚至还要进行分割，因此流通中使用很不方便。随着经济的发展，人们开始在金属货币块上打上印记，标明重量和成色，形成所谓的铸币。但是，铸币存在一个明显的问题，由于铸币的价值与其所含金属的纯度有关，私人铸造的铸币所标明的重量和成色的真实性很难得到保证。为了解决这一问题，社会生活中最具权威地位的组织——国家政府开始铸造以国家印记证明重量和成色的金属货币。随着国家铸币的出现，货币具有了国家信用的性质，不仅促进了商品交换的发展，而且有利于统一市场的形成。因此，国家铸币逐步被人们广泛接受，私人铸币逐步退出了流通。

【专栏 25】 **格雷欣法则**

格雷欣法则认为，存在“劣币驱逐良币”现象，即如果货币当局将新的足值硬币发行到已经存在不足值硬币的市场中，足值硬币将立刻消失（要么被储藏起来，要么被用于国际支付）。结果是流通硬币的金属含量将变得越来越少，从而造成流通的混乱局面。为了解决这一问题，货币当局采用的唯一办法就是减少已经命名的单位硬币的金属含量标准，因而新的硬币比原来不足值的硬币的重量要轻。同时，政府规定两者都能用来进行债务清偿。这样做，导致新的硬币相对于原来不足值的硬币就成了“劣币”，新币将驱逐旧币退出流通领域。这种通过减少硬币的金属含量标准来解决“劣币驱逐良币”问题的方法被称为货币减铸。

▍资料来源 刘易斯，米曾．货币经济学［M］．北京：经济科学出版社，2008.

3.纸币

数量的不规律波动和质量的可变性是实物货币和金属货币的固有缺陷。作为一种解决问题的方案，纸币被创造且得以迅速发展。纸币是指以纸张作为材料的货币，包括可兑现的纸币和不可兑现的纸币。随着商品经济的发展，商品交易规模越来越大，所需要的金属货币量也越来越多，金属货币的有限产量和便携性较差的问题使其无法与快速扩张的商业交易相适应。另外，由于人们使用货币进行商品交易时，关注的是其所代表的价值，而不是货币本身的形式，因此政府和特定的机构以足值的贵金属作为准备，发行代表一定金属含量的纸币，并承诺可以随时向持有者兑现与之价值相等的金属货币。同时，纸币还具有携带方便等特点，因此很快就取代了金属货币，在流通中被广泛使用。但是，由于可兑现的纸币与贵金属挂钩，其发行量受到作为准备的贵金属的产量制约，仍然难以满足经济发展对货币数量的需要。于是，纸币开始与贵金属脱钩，不可兑现的纸币开始出现。不可兑现的纸币不再代表任何金属货币，其自身的价值远低于其货币价值，纸币进化成为一种货币符号，流通主要依赖于人们对该货币的信心和货币发行的立法保障。

4. 存款货币

存款货币是指能够发挥交易媒介职能和作为支付手段的银行活期存款。活期存款户可以随时签发支票进行结账结算，完成交易支付。在这一过程中，可签发支票的活期存款实际上发挥了货币的功能。用存款货币替代纸币进行支付，具有快速、安全、方便的优点，特别是在大额异地交易中，存款货币较现金更便于进行即时交易。因此，在发达的商品经济中，转账结算是一种重要的支付方式，绝大部分交易都通过存款货币的转移实现支付。

5. 电子货币

尽管存在着争议，但近些年来，关于电子货币定义的一种共识在慢慢达成。根据国际清算银行支付与基础设施委员会使用的支付与结算系统术语表，电子货币是指“在芯片或者个人电脑等硬盘设备中电子化存储的价值”，包括借记卡、信用卡等。这些卡片本身并不储藏价值，仅用于识别身份，使用者将其与自己的储蓄账户或者信用账户挂钩，实现已有货币的转移。随着移动金融的发展，电子货币的定义逐渐扩大，各种零售支付机制被引入，例如多用途付费储值卡、支付宝、财付通等，目前已经扩展到加密货币和中央银行数字货币。

加密货币是存储在公共和无许可的区块链网络上的去中心化数字资产。与传统的电子货币相比，加密货币存在着三个关键的不同：（1）在大多数情况下，加密货币是资产，其价值由供求决定，类似于黄金等商品。但是，加密货币的内在价值为零，其价值依赖于一种信念：它们未来会被兑换成一定数量的商品服务或者主权货币。（2）从支付人到收款人的价值转移方式不再是通过受到信任的清算与结算交易实体等中心化的金融基础设施完成，而是使用分布式账本，实现无中介机构情况下点对点的电子价值交换。（3）与由各种服务商协同运作的传统电子货币不同，加密货币并不是由任何特定的个人或者机构运作的，其去中心化的性质意味着没有可识别出的运营商。迄今为止，全球已发行了6 726种加密货币，其价值从2013年年底的大约100亿美元飙升至2020年8月的3 700亿美元。

加密货币的发展给中央银行和监管当局带来一些潜在的政策问题。例如，分布式账户的出现可能减少甚至消灭中央银行的某些特定功能。如果商业银行同意不再需要中央银行支付清算系统记录交易信息，转而采取分布式账户，那么现有的金融交易结算中的中央银行分类账户将消亡。为了应对这些变化，一种可能的选择就是发行中央银行数字货币。所谓中央银行数字货币是指中央银行发行的不同于现金、储备资金或清算账户资金的新形式货币，能够替代现金活跃于金融交易的各个场景中。中央银行数字货币与加密货币存在着显著的差异，主要表现为：（1）区块链类型。中央银行数字货币使用许可的（私有的）区块链，而加密货币使用无许可的（公共的）区块链。前者是一个中心化结构，后者则不是。（2）匿名性。加密货币用户喜欢匿名，而中央银行数字货币的用户将其身份与现有的银行账户和与之相关的个人信息联系起来。（3）去中心化。在中央银行数字货币网络上，由中央银行来决定其运行规则，而在加密货币网络上，制定规则的权力被委托给用户，通过用户达成的共识来做出决定。（4）用户场景。中央银行数字货币只能用于支付和与其他货币进行交易，而加密货币也可以用于投机目的和支付。

目前，数字人民币在金融领域应用场景拓展步伐加快，并已在住房公积金、租房补贴、缴税业务、保险等多领域落地。随着数字人民币深入金融等应用场景，将释放更多潜力，更大范围提升数字人民币的普惠性。

**【专栏 26】　无现金社会的优势和问题**

随着货币数字化进程的推进，经济交易中现金使用量减少是各国普遍存在的一种趋势，尽管这一趋势在不同国家呈现出较大差异。国际货币基金组织一项研究表明，现金类交易中使用现金的比重（以取现量和使用银行卡以及电子货币作为现金替代品完成的交易额衡量）几乎在所有样本国家都出现显著下降，唯一例外的国家是印度。平均而言，从2006年到2016年间，世界各经济体使用现金的比重年均降速为6%，从49%下降到29%。

2016年，现金使用率最低的国家是挪威，比重为10%（2006年该国这一指标为22%），使用率最高的国家仍然是德国，比重为70%（2006年该国这一指标为84%）。东亚经济体的这一指标则快速下降，中国现金使用率年均降速为10%，日本为9%。韩国政府也积极推动进一步减少现金使用，有报道称其计划在2020

年实现现金的零使用。瑞典则在讨论使用中央银行数字货币e-krona替代现金的可能性。

现金相对重要性下降，部分原因是电子支付方式与移动设备相结合带来便利性以及效率的提高。支持无现金社会的其他论据包括预期减少犯罪，例如纸币不存在将意味着盗窃和抢劫现金以及伪造货币被消灭；在依赖中央对手方集中记录所有交易数据的电子支付系统中，为非法交易融资、洗钱和逃税也会因纸币不存在变得更加困难。但是，加密货币因允许匿名点对点交易削弱了这种优势，从而导致加密货币市场在许多国家都受到严格监管。另外，取消现金有利于引入负利率政策，进一步拓宽货币政策的范围，理由是名义利率的实际下限取决于将现金转换为存款无息替代品的可能性。

同时，完全放弃现金也会带来一些问题和担忧。第一，涉及隐私问题，例如私人公司通过追踪账户获取个人交易（和行动）信息，可以构建消费者资料档案。第二，随着电子支付份额的上升，包括欺诈、未经授权访问和数据泄露在内的数字犯罪的可能性可能会上升。第三，在无现金社会中，完全依赖电子基础设施会使经济更容易受到网络攻击。第四，确保目前依赖现金作为支付手段的人能够使用数字货币。例如，老年人一般不太习惯使用电子支付系统，往往无法获取电子支付服务。第五，电子支付系统使人们更难以控制自己的预算，进而可能导致消费者债务问题的增长。

▍资料来源　European Parliament’s Committee on Economic and Monetary Affairs.The Future of Money［C］. Compilation of papers：14-15.

### 二、货币的职能

传统上，货币是通过其职能进行定义的，即货币是一种能够执行特定职能的资产。当货币被引入经济体系，将履行四个职能：交易媒介、价值尺度、支付手段和价值储藏。

#### （一）交易媒介

货币的交易媒介职能是指货币充当一般等价物，作为商品交易的媒介。人们生产商品是为了交换，但物物交易的实现是建立在交易双方需求的双重耦合基础之上的，即交易双方需求商品的耦合、需求商品价值的耦合以及需求时间的耦合。满足上述条件的物物交换将产生大量的交易成本，为了降低交易成本，某种被人们普遍接受的商品独立出来，成为商品交易的媒介，这种商品就成了货币。货币的出现，使商品的买和卖成为两个相互独立的环节，打破了物物交易中的交易双方需求双重耦合的限制，大大提高了交易效率，促进了社会生产的发展。

（二）价值尺度

货币的价值尺度职能是指货币作为商品和劳务价值衡量的工具。与我们用重量单位来度量重量、用长度单位来度量距离一样，使用货币单位度量商品和劳务的价值，即用货币标示商品的价值，能够大大减少交易的次数和简化价格体系，使交易更为便利顺畅。

早期的货币单位通常是贵金属的重量单位。例如，我国早期金属货币的单位是“两”“钱”等。随着货币形式的改变，货币单位也逐渐脱离了重量单位，如我国人民币的单位为“元”“角”“分”。

（三）支付手段

货币的支付手段职能是指人们使用货币延期支付货款、进行借贷以及其他资金支付。随着商品流通的发展，出现了商品所有权转移和货币支付在时间上不一致的情况，如先付定金、货到付款等。货币作为支付手段，使货币运动脱离商品运动过程成为可能，从而促进了信用制度和借贷关系的产生，为现代市场经济的发展奠定了基础。

（四）价值储藏

货币的价值储藏职能是指货币能够保存一般的购买力，即储藏价值，实现收入和支出在时间上的分离。货币作为价值储藏手段，使大规模的资本积累和资本重新分配得以实现，极大地促进了经济发展。但是，货币的价值储藏能力受通货膨胀的影响。通货膨胀使货币的购买力下降，货币价值储藏能力也随之下降，经济人转向购买土地和黄金等大宗商品。

**三、货币制度的内容和主要形式**

历史上，货币形式的多样性决定了即使在某一个特定的国家也很少只采用一种形式的货币，多种货币形式共同作为交易媒介和支付手段的现象也极为普遍，由此产生的问题就是不同货币的价值之间存在的一定联系使得交易结构和支付体系变得更为复杂。为了对一国所有货币形式进行管理，各国纷纷建立货币制度。一般来说，货币制度简称币制，是指一国政府以法律形式确定的货币流通结构和组织形式。

（一）货币制度的内容

通常，货币制度的内容主要包括确定货币材料，确定货币单位，规定通货的铸造、发行与流通程序和规定货币发行准备制度。

1.确定货币材料

历史上，货币制度的基础条件之一就是要有确定的货币材料，铜、白银和黄金都曾先后作为世界上大多数国家的货币材料，但在纸币出现之后，货币材料这一要素逐渐消失，目前已经不再作为货币制度的内容。

2. 确定货币单位

货币单位又称价格标准，是货币标示商品价格的基准。规定货币单位就是确定货币单位的名称和每一货币单位的金属含量。按照国际惯例，一国货币单位的名称往往就是该国货币的名称，而每一货币单位的金属含量通常是既定成色的黄金含量。随着信用货币的发展和信用制度逐渐成熟，货币单位与含金量的规定脱钩。

3. 规定通货的铸造、发行与流通程序

通货包括本位币和辅币两种形式。本位币是一国法律规定作为价格标准的基本货币，是一国流通中的基本通货，具有无限法偿能力。辅币是低于本位币面值的小额货币，用于日常零星交易和找零之用，具有有限法偿能力，但可以与本位币自由兑换。

当代世界各国实际流通的本位货币都是不兑现纸币，是以国家信用为保证的法定支付手段，本质上是价值符号，因此必须由法律加以限制和保护。法定发行单位以外的任何单位和个人制造和发行货币都是非法的，必须取缔和加以惩罚。

4. 规定货币发行准备制度

在金属货币和纸币同时作为流通中的基本通货时，为了保障纸币的信誉，纸币的发行机构根据其发行规模持有一定数量的、约定成色的贵金属，从而确保纸币的持有人能够随时将其持有的纸币兑换成作为发行准备的贵金属。通常，作为发行准备的贵金属主要是黄金。1971年，由于黄金储备短缺，美国总统尼克松签署法令停止了美元与黄金的兑换，主要西方国家随即于1973年转向浮动汇率制度，自此世界各国的法定货币都失去了基于实际商品价值的锚。

（二）货币制度的主要形式

历史上曾经出现过多种形式的货币制度。按照本位货币的不同性质，货币制度形式主要包括金本位制、复本位制和信用本位制。

1. 金本位制

金本位制是指以黄金作为本位货币或者确定本位货币与黄金的固定比价的货币制度。金本位制主要包括金币本位制、金块本位制和金汇兑本位制。

金币本位制是最典型的金本位制。在金币本位制下，金币作为本位货币，可以自由铸造、自由熔化；流通中的辅币和银行券与金币可以自由兑换；黄金可以在国与国之间自由地输入输出。金币本位制的优点是利用黄金储藏手段的职能自动调节流通中的货币量，使其适应商品生产与交换的需要，进而稳定一般价格水平，同时国家间的自由输出入可以自动平衡国际收支。但是，金币本位制也存在弊端：可自由兑换性是金币本位制的核心基础，如果各国黄金产量增长与经济发展的需要不相匹配，或者一国为了维持自身国际收支平衡的需要限制黄金的自由输出入，都会动摇这一基础。这也是金币本位制最终衰落的根本原因。

金块本位制和金汇兑本位制实际上是为了弥补金币本位制的缺陷而设计出来的。

金块本位制是指以金块作为发行准备的纸币流通货币制度。在金块本位制下，金币退出流通，纸币（主要是银行券）成为本位货币，规定纸币的含金量，纸币与黄金的兑换必须是在要求兑换的黄金数量达到规定的数量标准后才能进行。因此，金块本位制的优点在于一定程度上解决了金币本位制下流通中的黄金数量不足和分布不均衡等问题，其缺点是该货币制度仍然是以黄金作为运行基础。

金汇兑本位制是以可直接兑换黄金的外汇作为发行准备的纸币流通货币制度。与金块本位制相同，金汇兑本位制下没有铸币流通，纸币作为本位货币，规定了含金量，但不能兑换黄金，能自由兑换外币，而这种外币可以直接兑换黄金，从而实现本币与黄金的间接挂钩。金汇兑本位制的优点在于外币替代黄金成为货币发行准备，这一设计从根本上弥补了金币本位制的不足。但是，该货币制度要求所持有外币的发行国必须实行金币本位制，如果该国放弃金币本位制或者实行货币贬值，那么实行金汇兑本位制国家的货币秩序就会受到扰乱，从而遭受经济损失。

**【专栏 27】　布雷顿森林体系下的金本位制**

1944 年 7 月，44 个国家代表在美国新罕布什尔州的布雷顿森林（Bretton Woods）举行了“联合国联盟国家国际货币金融会议”。会议通过了《国际货币基金协定》，建立了布雷顿森林体系。该体系的主要内容是：

（1）实行双挂钩，即美元与黄金直接挂钩，各国货币与美元挂钩。各国确认 1934 年 1 月美国规定的 35 美元等于 1 盎司黄金的官价，各国政府或中央银行可用美元按官价向美国兑换黄金，各国货币与美元汇率可按各国货币含金量确定，或不规定含金量而只规定与美元的比价。

（2）实行固定汇率制度。各国货币与美元的汇率一般只能在平价±实行的幅度内波动，各国政府有义务干预金融市场的外汇汇率，从而保持汇市稳定。

布雷顿森林体系构建的美元-黄金双挂钩制度，一方面通过给予美元等同于黄金的地位，解决了黄金供给不足的问题；另一方面又通过建立国际货币基金组织、关税和贸易总协定和世界银行等国际机构来协调各国经济政策，防止竞争性贬值，加强国际合作，从而试图避免金本位制的弊端。但是，在布雷顿森林体系中，美元作为世界货币被要求保持币值稳定，这就需要美国具有足够的黄金储备和保持国际收支顺差。而美国保持国际收支顺差会使国际交易中所需要的清偿力严重不足，进而影响美元发挥世界货币的职能。这种两难抉择的难题就是所谓的“特里芬难题”。当美国的经济实力无法解决特里芬难题时，布雷顿森林体系就会因为美元贬值和黄金挤兑而崩溃。

▍资料来源　杨长江，姜波克. 国际金融学［M］. 4版. 北京：高等教育出版社，2014.

2. 复本位制

复本位制是指一国同时规定黄金和白银作为本位货币的货币制度。在复本位制下，黄金和白银可以自由买卖、自由铸造和自由输出入。复本位制的主要优点是使本位货币金属有了更为充足的来源。但是，该制度的缺点在于其具有内在不稳定性。具体而言，在黄金和白银同为本位货币的情况下，一国必须规定金币和银币的铸币平价。如果某一种铸币本身的价值发生变动，格雷欣法则将发生作用，国家因此无法维持法定的铸币平价，复本位制就会瓦解，成为黄金或者白银的单本位制。直到铸币本身价值恢复到原有水平或者一国根据市场均衡重新调整铸币平价，复本位制才会恢复。

3. 信用本位制

信用本位制是指一国规定其中央银行发行的纸币作为本位货币的货币制度。从目前来看，世界各国实行的货币制度都是信用本位制。在信用本位制下，既不规定纸币的含金量，纸币也不能兑换黄金，同时纸币的发行也不再需要黄金准备，国家信用和强制力成为纸币发行和流通的基础。信用本位制的优点在于为国家通过调节货币数量影响经济活动创造了条件，缺点则是可能造成纸币的无度发行，从而诱发严重的通货膨胀。

## 第二节　信用和信用形式

货币产生以后，商品交易的市场条件发生了巨大的改变，信用因素在货币经济中被凸显了出来。作为对于货币交易媒介和支付手段职能的替代和延伸，信用的出现和信用活动的迅速开展有力地推动了商品货币关系的发展，为现代货币经济的出现和运行奠定了基础。

### 一、信用的定义和基本特征

所谓信用，是借贷活动的一个方面，即要求在未来偿付商品或者货币的一种权利。通常，借贷活动包括两个方面，一方面是债权人借出商品或货币，从而获得了要求未来偿付商品或货币的权利，这一权利即为信用；另一方面是债务人接受商品或货币，从而承担在未来偿还商品或货币的义务，这一义务即为债务。因此，信用和债务是同一借贷活动的两个方面，信用的发生是基于债权人对债务人偿还能力的信心。

根据信用的定义，可以看出其具有四个基本特征：

（1）时效性。信用是债权人将一定量的商品或货币的使用权在一定时期内暂时让渡给债务人，而保持其所有权，所以信用是有时效性的。

（2）偿还性。债权人让渡商品或货币使用权时，要求债务人在一定时间内以一定方式归还。也就是说，商品或货币使用权的暂时出让是以归还为前提条件的。

（3）收益性。债权人在让渡商品或货币的使用权时，要求债务人在归还时，要有一定的增值。

（4）风险性。债权人到期能否收回贷出的商品或货币并获取一定的收益，在很大程度上取决于债务人的信誉能力、法律完善程度、道德规范等约束机制，具有一定的风险性。

## 二、信用的主要形式

信用的形式很多，根据产生信用的主体不同，可以划分为商业信用、银行信用、国家信用、消费信用。

### 1.商业信用

商业信用是指工商企业之间在进行商品销售时，以赊销、预付等形式提供的信用。商业信用是现代信用制度的基础，主要特点是：

（1）提供商业信用的主体是工商企业，即无论是债权人还是债务人都是工商企业。

（2）商业信用规模大小受到产业资本的规模和生产能力的约束。

（3）商业信用具有严格的方向性，通常都是上游产品企业向下游产品企业提供。

### 2.银行信用

银行信用是指银行以货币资金形式向工商企业和公众个人提供的信用，有些非银行金融机构也提供类似形式的信用。银行信用是现代信用的主要形式，其具有以下三个显著特点：

（1）银行信用的债权人是银行和非银行金融机构，债务人是从事商品生产和流通的工商企业和公众个人。

（2）银行信用的规模巨大，并且不受单个银行资金数量的限制。

（3）银行信用没有方向性。

3.国家信用

国家信用是指社会公众或一国政府依据信用原则向他国政府及其附属机构提供的信用。

根据定义可以看出，国家信用包括两种形式：

（1）国内信用，即一国国内居民、工商企业向该国政府及其附属机构提供的信用。

（2）国外信用，即一国的国外居民、工商企业以及其他国家政府向该国政府及其附属机构提供的信用。

国家信用的主要特点是：

（1）国家信用的债务人是一国政府及其附属机构，债权人则比较广泛，包括该国和其他国家的居民、工商企业等。

（2）国家信用所筹集的资金主要用于政府的各项支出，如政府的各种行政支出等；国家信用的偿还主要依赖税收收入。

4.消费信用

消费信用是工商企业、金融机构以货币形态或消费品形态向消费者个人提供的信用。

消费信用的形式主要有三种：

（1）赊销，即零售商直接以延期付款的销售方式向消费者提供短期信用。信用卡结算方式就属于此类。

（2）分期付款，即销售方向购买方提供的中长期信用，双方约定销售方先交付商品，再由购买方在规定的时间内分期偿还货款。

（3）消费贷款，即由商业银行或其他金融机构直接向消费者发放信用贷款或担保贷款。

消费信用的主要特点是：

（1）消费信用的债权人是金融机构或者工商企业，债务人是消费者。

（2）消费信用主要用于购买高价格耐用消费品和住房，其不仅仅有利于提高居民福利水平，而且有助于稳定宏观经济波动。

**三、主要信用工具**

从广义上说，信用工具也称基础金融工具或基础融资工具，是资金盈余者和资金短缺者进行资金转移时签订的证明债权和所有权权益具有法律效用的凭证总称。由于资金盈余者和资金短缺者具有不同的需求，导致信用工具的形式多样化。根据不同的划分标准，信用工具主要包括以下类别：

根据偿还期限划分，信用工具可以分为长期信用工具和短期信用工具。长期信用工具通常是指期限在1年以上的信用工具，而短期信用工具则是指期限在1年以内的信用工具。

根据有无金融中介划分，信用工具可以分为直接信用工具和间接信用工具。直接信用工具是指由非金融机构所发行或签发的实现资金转移的信用凭证，而间接信用工具则是由金融机构发行或签发的信用凭证。

根据可接受的程度划分，信用工具可以分为无限可接受性的信用工具和有限可接受性的信用工具。无限可接受性的信用工具是由政府或中央银行发行的、在任何场合都可以充当交易媒介和支付手段的信用工具，而有限可接受性的信用工具则是指可接受范围和数量等都具有一定约束条件的信用工具。

不论采用哪种划分方法，信用工具的核心功能之一都是作为支付手段以及由此延伸出来的融资功能。传统的信用工具主要包括三种：票据、股票和债券。

（一）票据

票据是指出票人依法签发的、约定无条件向持票人支付一定的货币金额，并可以流通转让的有价证券，其本质是具有融资属性的远期支付结算工具。根据各国的票据法，最典型的票据主要是指汇票、本票和支票。

1. 汇票

汇票是指由出票人签发的、委托付款人在见票时或者在指定日期无条件支付确定金额给收款人或持票人的票据。汇票的出票人原则上必须是具有真实委托付款关系的付款人，并且付款人具有支付汇票金额的可靠资金来源。

根据出票人的不同，汇票分为银行汇票和商业汇票。银行汇票是指由商业银行签发的，由其在见票时按照结算金额无条件支付给收款人或者持票人的票据。银行汇票的出票银行为银行汇票的付款人，单位和个人各种款项结算均可使用银行汇票。银行汇票可以用于转账，标明“现金”字样的银行汇票也可以用于支取现金。商业汇票是出票人签发的，委托付款人在指定日期无条件支付确定的金额给收款人或持票人的票据。商业汇票经过承兑后称为承兑汇票。所谓承兑是指汇票付款人承诺在汇票到期日支付汇票金额的票据行为。按照承兑人的不同，商业汇票又分为商业承兑汇票和银行承兑汇票。商业承兑汇票是由收款人或者付款人签发，作为付款人的企业承诺付款的票据。银行承兑汇票则是由收款人或者付款人签发，经付款人委托其存款账户开户银行承兑的票据。由于银行承兑汇票在一定程度上解决了商业汇票的信用风险问题，因此得以被广泛使用。

2. 本票

本票是出票人签发的，承诺自己在见票时或在指定日期无条件支付确定的金额给收款人或持票人的票据。根据出票人的不同，本票分为商业本票和银行本票。商业本票大多是由规模大、信誉好的大企业为筹集短期资金而发行的，而且需要有金融机构担保。银行本票通常是见票即付，可以用来支取现金，也可以用于转账，但银行本票仅限于同城范围内的商品交易、劳务供应及其他款项的结算。

3. 支票

支票是出票人签发的，委托办理支票存款业务的银行或者其他金融机构在见票时无条件支付确定金额给收款人或者持票人的票据。支票的种类很多，最常见的是根据支付方式的不同而划分出的现金支票和转账支票，前者只能提取现金，后者只能通过银行转账收款。

【专栏 28】 汇票、本票和支票的区别

本票与汇票有许多共同之处，汇票的相关法律中有关出票、背书、付款、拒付证书以及追索权等的规定，基本上都可适用于本票。二者的区别主要有两点：

（1）汇票有三个当事人，即出票人、付款人与受款人；而本票只有两个当事人，即出票人（同时也是付款人）与受款人。

（2）汇票必须经过承兑之后，才能使承兑人（付款人）处于主债务人的地位，而出票人则居于从债务人的地位；本票的出票人则始终居于主债务人的地位，自负到期偿付的义务，不必办理承兑手续。

支票和汇票一样有三个当事人，即出票人、付款人与受款人。二者的差别主要有：

（1）支票的付款人限于银行；汇票的付款人则不以银行为限。

（2）支票均为见票即付；汇票则不限于见票即付。

（根据《中华人民共和国票据法》以及相关司法解释整理）

（二）股票

股票是股份公司发行的，由股东持有，证明其对该公司具有所有者权益的有价证券。股票持有者不能中途退股，但可以将股票转让或者作为抵押品。通常，股票主要有五个特点：

第一，收益性。收益性是股票最基本的特征。股票持有人通过买卖和持有股票获取收益，包括在股票市场上低买高卖赚取差价收益，以及因持有股份获得股份公司派发的股利。

第二，风险性。股票的风险来自收益的不确定性，或者说实际收益与预期收益之间可能存在着偏离。偏离既可能是正向的，也可能是负向的。与存款、国债等投资形式相比，股票的风险要大许多。

第三，流动性。股票的流动性表现在投资者是否能够依法以合理价格在市场上执行交易，完成变现。

第四，永久性。股票载有权利的有效性是始终不变的，反映了股东和股份公司之间稳定的契约关系。

第五，参与性。股票持有人作为股份公司的股东，有权出席股东大会，行使对公司经营决策的参与权。

股票的种类多种多样，最常见的股票分类方法是根据股东享有权利的不同，将股票分为普通股和优先股。普通股是一种最基本、最常见的股票形式，是指在公司的经营管理、盈利及财产的分配上享有基本权利的股票。普通股股票持有者按其所持有股份的比例享有以下基本权利：经营决策参与权，盈利分红享有权，新增认股优先权以及公司解散时的财产分配权。优先股是相对于普通股而言的，主要指其在利润分配及剩余财产分配的权利方面优先于普通股。同普通股股东相比，优先股股东享有优先支取固定股息的权利和破产清算时财产分配的优先权。在我国，还有两种比较常用的股票分类方法。按照流通受限与否，可将股票划分为流通股和限售股。流通股是指上市公司发行的，可以在证券交易所上市流通的股份。限售股则是指股份持有人依照法律法规或自身承诺而持有的转让受限的股份。按照市场属性和面对的投资者不同，股票可以被划分为A股、B股和H股。A股又称人民币普通股票，是由我国境内的公司发行，供境内机构、组织或个人（不含台、港、澳投资者）以人民币认购和交易的普通股股票。B股，也称人民币特种股票，是指我国境内的公司发行，以人民币标明面值，以外币认购和交易的股票。A股和B股均在境内证券交易所上市交易。H股是指境内企业在香港联交所上市的股票。

**【专栏 29】 中概股：从远渡海外到重归故土**

中概股即中国概念股，广义上的概念是指在海外上市的中国境内注册的公司，或者是虽在海外注册但业务和关系在境内的公司的股票。境内企业的海外上市从20世纪90年代开始，一开始是由政府主导推动，是境内企业走向国际资本市场之路的探索尝试。1995年8月，中国通过了《设立境外中国产业投资基金管理办法》，允许注册于境外的基金投资于境内的产业。外资的进入也给境内企业境外上市打通了更广阔的融资渠道，此后中概股的群体迅速壮大，其中在美国上市的中概股占据较大的比例。

随着时间的推移，当初选择海外上市的企业在获得机遇的同时也面临水土不服的风险，部分赴美上市的中概股选择退市回归，因此我们现在常常说的中概股回归也往往指代美股中概股回归。截至2019年年底，从美国三大交易所摘牌的中概股共达107只，仍在美股市场交易的中概股共240只，摘牌中概股占比30.8%。中概股的回归将使得我国A股市场结构更加合理，尤其是独角兽上市、海外科技巨头回归，将使A股指数代表性更强，进而促进国内资本市场生态良性循环。

▍资料来源　荀玉根. 海外信任危机，中概股何去何从？[S]. 海通证券研究报告. 2020.

（三）债券

债券是指债务人发行的，承诺在未来按一定利率向债权人定期支付利息并到期偿还本金的债权债务凭证。通常，债券主要有四个基本特点：第一，偿还性。债券的发行人必须按期向债券持有人支付利息并偿还本金。这一特征与股票的永久性有很大的区别。第二，流动性。债券持有人可按需要和市场的实际状况，灵活地转让债券，以此提前收回本金和实现投资收益。第三，安全性。一般来说，具有高度流动性的债券同时也是较安全的，因为它不仅可以迅速地转换为货币，还可以按一个较稳定的价格转换。第四，收益性。在实际经济活动中，债券收益可以表现为三种形式：利息收入、资本损益（即债权人到期收回的本金与买入债券之间，抑或中途卖出债券与买入债券之间的价差收入）以及再投资收益。

债券的种类繁多，最常见的分类方法是根据发行主体的不同，将债券分为政府债券、公司债券和金融债券。政府债券的发行主体是各级政府，其主要用途是弥补财政资金的不足或解决由政府投资的公共设施或重点建设项目的资金需要。公司债券的发行主体是企业，主要是为筹集中长期发展资金。金融债券的发行主体是银行或其他非银行金融机构，主要目的是用于某种特殊用途或者改变本身的资产负债结构。按照偿还期限的不同，还可以将债券分为短期债券、中期债券和长期债券。短期债券是指偿还期限在1年以内的债券，偿还期限在10年以上的是长期债券，中期债券的偿还期限则在1~10年之间。按照是否存在信用风险，可以分为利率债和信用债两类。利率债是指发行人为国家或信用等级与国家相当的机构，因而债券信用风险极低，收益率变动主要和利率变动有关。信用债是指发行人没有国家信用背书，存在违约风险，发行人信用水平是影响债券收益率的重要因素。

**【专栏30】　　我国公司债券和金融债券的基本类别**

由于债券市场结构和多头监管格局，我国目前公司债券和企业债券并存。从本质上说，二者是同一类债券，但还存在着差异，主要体现在以下三点：

（1）两者发行主体的范围不同。公司债券由股份有限公司或者有限责任公司发行，非公司制企业不得发行公司债券；企业债券主要是由中央政府部门所属机构、国有独资企业或者国有控股企业发行的。

（2）两者所筹集的资金用途不同。发行公司债券所筹集的资金，其主要用途包括固定资产投资、技术改造更新、支持公司并购和资产重组等；发行企业债券所筹集的资金，其主要限定用于固定资产投资和技术改造更新方面。

（3）两者的监管机构不同。公司债券的监管机构是证监会；而企业债券的监管机构是发改委。

我国金融债券的基本类别包括：

（1）政策性金融债券。政策性金融债券是指政策性银行在银行间债券市场发行的金融债券，主要是由国家开发银行、中国进出口银行和中国农业发展银行发行。

（2）商业银行债券。主要包括商业银行金融债券、商业银行次级债券和混合资本债券。商业银行金融债券是指金融机构法人在全国银行间债券市场发行的债券。商业银行次级债券是指商业银行发行的、本金和利息的清偿顺序列于商业银行其他负债之后，先于商业银行股权资本的债券。混合资本债券是指商业银行为补充其附属资本所发行的，清偿顺序位于股权资本之前，但列在一般债务和次级债务之后，期限在15年以上，发行之日起10年内不可赎回的债券。

（3）证券公司短期融资券。这是指证券公司以短期融资为目的，在银行间债券市场发行的、约定在一定期限内还本付息的金融债券。

（4）保险公司次级债务。这是指保险公司经批准定向募集的、期限在5年以上（含5年）、本金和利息的清偿顺序列于保单责任和其他负债之后但先于保险公司股权资本的保险公司债务。

（5）财务公司债券。这是指企业集团财务公司在银行间债券市场发行的财务公司债券。

（6）中央银行票据。这是指中央银行为调节商业银行超额准备金而向商业银行发行的短期债务凭证，其实质是中央银行债券，之所以称“中央银行票据”，是为了突出其短期性特点。

（根据上海证券交易所投资者教育专栏相关内容整理）

## 第三节 利率和利率的决定

货币资金从盈余者流向短缺者，是以二者约定在未来确定的时间内归还本金并支付一定利息为前提的。因此，利息是资金盈余者让渡一段时间资金使用权所取得的报酬。这就意味着货币是具有时间价值的，即同等金额货币的现在价值大于其未来价值，而利息就是货币时间价值的体现。为了更好地体现生息资本的增值程度，人们提出了利率的概念。

## 一、利率的定义和计息方法

利率是利息率的简称，是指一段时间内获得的利息总额与本金的比率。用公式表达为：

$$利率=\frac{利息}{本金}\times 100\%$$

从定义可以看出，利率反映了单位货币在单位时间内所获得的利息。使用利率计算利息主要有两种基本方法：单利和复利。

（1）单利是指在约定的存贷期内用本金额乘以利率计算出的利息。计算公式如下：

利息=本金×利率×时间

本利和=本金×（1+利率×时间）

从单利计息的公式可以看出，在存贷期内，无论计息次数如何约定，单利计息方法都只对本金计息，而对本金产生的利息不再计息。

（2）复利又称“利滚利”，是指在存贷期内，根据约定的计息次数，将上一期的利息与本金之和乘以利率计算出的利息。计算公式如下：

利息=本金×［（1+利率）$^{n}$−1］

本利和=本金×（1+利率）$^{n}$

从复利计息的公式可以看出，复利计息的方法与计息次数有关，在相同的时间内，相同的利率水平下，计息次数越多，计算出的复利利息越高。

在实际操作中，使用的利率要加上一种时间维度，即年利率、月利率和日利率。年利率就是以年为单位计算利息，月利率就是以月为单位计算利息，而日利率就是以日为单位计算利息。通常，计算中给出的利率都是年利率，月利率和日利率是根据年利率换算得出的。具体换算如下：

月利率=年利率÷12

日利率=年利率÷360

## 二、利率的主要类别

现实中的利率具有不同的具体形式，不同形式的利率具有不同的作用，受到不同因素的影响。例如，根据决定方式，可以分为官定利率、市场利率和公定利率；根据借贷期限内是否浮动，可以分为固定利率和浮动利率；根据是否考虑币值变化，可以分为名义利率和实际利率；按照期限长短，可以分为短期利率和长期利率。

（一）官定利率、市场利率和公定利率

官定利率是指一国或者一个地区的货币管理部门或中央银行规定的利率。官定利率作为一国或一个地区金融管理当局实现宏观经济管理的一种方法，在整个利率体系中处于主导地位。市场利率则是指完全由市场上的资金供求所决定的利率，主要包括借贷双方融资时确定的利率和在金融市场上买卖有价证券时的利率，是经济体中资金供求状况变动的指示器。公定利率是指由非政府部门的一般民间金融组织如银行同业公会所确定的利率，旨在维护公平竞争，因此该利率只对会员银行具有约束力。

（二）固定利率和浮动利率

固定利率是指在约定的存贷期内保持不变的利率。浮动利率则是指在约定的存贷期内，随着市场利率变动定期调整的利率。通常，在借款期限较短或者市场利率变化不大的条件下，采用固定利率对投资者有利；而在借款期限较长或市场利率变化较快的条件下，采用浮动利率有利于投资者防范利率风险。

（三）名义利率和实际利率

名义利率是指以名义货币表示的，未扣除通货膨胀因素影响的利率。实际利率则是指剔除了通货膨胀因素影响后的利率。由于投资者作出投资决策的依据是预期实际利率，因此他们常常通过已知的名义利率和预期通货膨胀率来计算预期实际利率。具体公式如下：

预期实际利率=名义利率-预期通货膨胀率

从上式可以看出，在名义利率不变的情况下，预期通货膨胀率的上升会导致预期实际利率的下降，从而影响投资者的投资决策和宏观经济的运行。

（四）短期利率和长期利率

习惯上，一年期以内的信用活动被称为短期信用，其使用的利率就是短期利率。一年期以上的信用活动被称为长期信用，其使用的利率就是长期利率。一般来说，基于对流动性和风险等因素的考虑，长期利率水平会高于短期利率水平。另外，长期利率和短期利率之间的差异不仅是研究未来通货膨胀率和宏观经济走势的重要指标，同时也在一定程度上反映了货币政策实施的效应，因此长短期利差一直是各国货币当局关注的指标之一。

【专栏 31】　　负利率的运行机理

在人类历史上的大部分时间里，名义利率（即银行公布的贷款人支付的贷款利率）都是正值，也就是说是大于零的。但是通货膨胀超过存款或贷款的收益时则不然。当通货膨胀率为3%，贷款利率为2%时，放款人的收益经过通货膨胀的调整以后就成了负值。在这种情况下，我们就称实际利率（名义利率减去通货膨胀率）为负值。

在现代，中央银行在借出短期资金以调节经济周期时，会以正名义利率收取费用。但是近年来，越来越多的央行诉之于低利率政策。欧洲央行以及丹麦、日本、瑞典和瑞士等国的央行已开始尝试推行负利率，基本上就是让民间银行为将多余的现金存放在中央银行进行付费，其目的是鼓励银行用这些资金放贷，以抵消2008年全球金融危机以来的持续性疲弱增长。很多人认为，世界已经完全颠倒：储蓄者现在将亏损，而借贷者却能获得收益？然而事情并非这么简单。

金融市场上存在多种不同的利率，但一国央行设定的政策利率为该国经济的借贷成本提供了重要基准。央行根据经济周期的变化调整政策利率，并通过调节多种不同（主要是短期的）利率来引导国民经济。较高的政策利率会刺激储蓄，而较低的政策利率会刺激消费并降低商业投资成本。在制定政策利率的过程中，指导央行银行家的一个概念叫作中性利率，即与稳定通胀保持一致的长期利率。中性利率不会刺激或抑制经济增长。利率低于中性利率时，采用扩张性货币政策；利率高于中性利率时，采用紧缩性货币政策。

当前，人们普遍认为，许多国家的中性利率几十年来一直处于明显的下行趋势，而且很可能低于以前的设想。此外，发达经济体中持续的低通胀（多数时候远低于目标通胀率或长期平均水平）似乎降低了市场的长期通胀预期。种种因素相结合表明，长期利率不仅已经下降，而且在许多国家都是负值。

中性利率低意味着短期利率可能会更加频繁地突破零利率下限，并长期保持这种水平。

▌资料来源　哈卡萨，科普.负利率的运作机理［J］. 金融与发展，2020（3）：50-51.

### 三、利率的决定

#### （一）利率决定理论

纵观经济学史上的各种利率决定理论，影响较大的是马克思的利率决定理论、古典利率理论、流动性偏好理论和可贷资金理论。

1.马克思的利率决定理论

马克思认为，利息来源于利润，是利润的一个组成部分，因而利息率是由利润率决定的。但是，利息率不能由个别企业的利润率决定，而是由社会平均利润率来决定，平均利润率构成利息率的最高界限。至于利率的最低界限，则取决于职能资本家与借贷资本家之间的竞争，但不会等于零或低于零。因为如果利率等于零或低于零，借贷资本家将无息可得。因此，利息率将在零和平均利润率之间变动。

2.古典利率理论

古典利率理论是对从19世纪末到20世纪30年代的西方经济学家提出的所有利率决定理论的统称。该理论认为，社会资本的供给和社会资本的需求共同决定了利率水平。具体而言，他们认为，社会资本的供给主要来源于储蓄，而储蓄是利率的增函数。社会资本的需求则主要来源于投资，而投资是利率的减函数。当储蓄大于投资时，储蓄资金得不到充分运用，储蓄者要求的利率就会下降；而当储蓄小于投资时，部分投资需求将得不到资金的支持，为了得到资金，投资者会愿意付出更高的利率，从而推动市场利率上升；当储蓄等于投资时，经济达到均衡状态，此时的利率通常被称为均衡利率或“自然利率”。

3.流动性偏好利率理论

流动性偏好利率理论是凯恩斯在其1936年出版的《就业、利息和货币通论》中提出来的。他认为，货币是流动性最强的资产，能够满足人们的交易动机、预防动机和投机动机。如果想让人们在一定时期内放弃流动性，就要以利息的形式加以补偿。因此，利率水平是由货币供给和货币需求共同决定的。由于凯恩斯假定货币供给量由货币当局外生决定，而货币需求取决于人们的流动性偏好，因此在货币供给量不变的情况下，如果人们的流动性偏好增加，则意愿持有的货币数量（即货币需求）增加，从而推高利率水平；如果人们的流动性偏好减少，则意愿持有的货币数量（即货币供给）减少，从而导致利率下降。当货币供给量和货币需求量相等时，达到均衡利率水平。

4.可贷资金理论

可贷资金理论是由英国经济学家罗伯逊（Robertson）和瑞典经济学家俄林（Ohlin）在20世纪30年代共同提出来的。该理论认为，利率是使用信贷资金的成本，因此影响信贷资金供求水平的因素就是利率变动的原因。一方面，可贷资金供给来自同一期间的储蓄流量和该期间货币供给量的变动；另一方面，可贷资金的需求来自某一期间投资流量和人们希望保有的货币余额。可贷资金的供求决定了均衡利率水平。当可贷资金的供给大于可贷资金的需求时，则市场利率会下降；当可贷资金的供给小于可贷资金的需求时，则市场利率会上升。

（二）影响利率变动的其他因素

1.风险和期限因素

通常来说，不同金融工具的风险差异会导致利率的不同，即金融工具的风险越高，则利率越高；金融工具的风险越低，则利率越低。另外，金融工具的不同期限也会导致利率的差异，即金融工具的期限越长，则利率越高；金融工具的期限越短，则利率越低。

2.中央银行的货币政策

利率是中央银行利用货币政策进行宏观调控的一种重要工具。当中央银行实施紧缩性的货币政策时，会运用各种货币政策工具提高利率水平；当中央银行实施扩张性的货币政策时，则会运用各种货币政策工具压低利率水平。

3.国际利率水平

在开放经济的条件下，由于国家间紧密的经济联系，一国国内利率水平不可避免地受到国际市场利率的影响。当国内利率水平高于国际市场利率时，大量国际资本流入国内，导致国内货币供给量增加，最终会导致国内利率水平的下降；当国内利率水平高于国际市场利率时，国内资本外流，导致国内货币供给量减少，最终则导致国内利率水平上升。

## 本章小结

货币和信用是金融运行的重要因素。货币是一种能够执行特定职能的资产，它具有交易媒介、价值尺度、支付手段和价值储藏等职能。货币制度的内容主要包括确定货币材料、确定货币单位、规定货币的铸造、发行与流通程序和规定货币发行准备制度。随着时间的推移，货币制度经历了金本位制、复本位制和信用本位制的演变。

信用是要求在未来偿付商品或者货币的一种权利。信用可以划分为商业信用、银行信用、国家信用、消费信用。信用工具是资金盈余者和资金短缺者之间进行资金转移时所签订的证明债权和所有权的具有法律效用的凭证的总称。信用工具主要有三种：票据、股票和债券。

利息是资金盈余者让渡一段时间资金使用权所取得的报酬。利率是指一段时间内获得的利息总额与本金的比率。影响利率变动的因素主要有风险和期限因素、中央银行的货币政策、国际利率水平。

## 复习思考

**一、名词**

（1）货币制度（2）信用（3）利率（4）支票

**二、简答**

（1）货币有哪些职能？如何理解这些职能之间的相互关系？

（2）货币有哪些重要形式？其演变趋势如何？

（3）简述信用形式的种类及其特点。

（4）简述货币制度的主要形式。

**三、论述**

论述主要利率决定理论的基本内容。

# 第十一章

# 金融体系

金融体系是由金融机构、金融市场和金融工具以复杂的方式相互作用，共同构成的有机整体。经济体中的金融部门将商品和资产、国内和国外、当期和远期联系在一起 。通过货币和不同的金融部门，居民和厂商能够彼此借贷，从而实现消费和投资。因此，金融体系是日常金融交易的基础，只有其有效运行，才能保证经济体健康有序地发展。

通常而言，对金融体系的分析主要基于两种视角：机构的视角和功能的视角。由于金融功能比金融机构更加稳定，而且金融机构的形式以功能为指导，因此本章首先从功能的视角出发，介绍一国金融体系的基本功能和与之相匹配的一般结构，然后从机构的视角出发，对构成金融体系的主要机构和市场进行分析，最后讨论金融机构和金融市场借以实现不同功能的金融工具。

## 第一节　金融体系的基本功能和结构

在没有信息和交易成本的或然状态下，不需要金融体系的存在，不需要花费资源考察将要进行借款的项目是否具有可行性，不需要监督贷款企业经理以及设计可以减少风险和便利于交易的各种金融安排。然而，现实生活并非如此。因此，获得信息、执行合约以及进行交易的成本创造了特定类型的金融合约、金融市场和金融机构出现的动机，同时也确定了金融体系的基本功能。

## 一、金融体系的基本功能

划分金融体系功能的方法有很多。从有效资源配置这一根本性功能出发，金融体系的基本功能包括四项：（1）资金配置；（2）风险分担；（3）提供支付清算便利；（4）信息收集和处理。

1.资金配置功能

金融体系最基本的功能是配置资金的功能，即将资金从盈余部门转移到短缺部门。具体而言，在任何一个经济体中，资金盈余部门（即储蓄者和借出者）都存在借出资金的需求，即作为资金的供给方，把资金提供给借款者，从而换取在未来得到大于借出资金额的偿还的承诺。而资金短缺部门（即支出者和借款者）则存在着借入资金的需求，即作为资金的需求方，获取资金购买原材料、设备或者建设厂房，并且承诺将未来收益的一部分作为使用资金的报酬。金融体系配置资金的方式主要有三种：跨期资金配置、跨地区资金配置以及跨行业资金配置。通过跨期资金配置，金融体系将资金从一个时点转移到另一个时点；通过跨地区资金配置，金融体系将资金从一个地区转移到另一个地区；通过跨行业资金配置，金融体系在不同行业之间进行资金转移。无论哪种配置方式，从本质上说，都是使稀缺的资金从相对较低收益的用途转向提供更高收益的用途，从而使资金能够得到更有效的利用，进而促进经济增长和提高社会经济福利。

2.风险分担功能

风险是指金融资产的价值偏离投资者预期价值的可能性。为了寻求整体上相对稳定的资产收益，投资者会寻求各种途径降低风险。金融体系通过将风险进行分拆、捆绑、分散和转移，在不同微观经济主体之间进行优化配置，有能力而且愿意承担风险的投资者可以承担更多风险，不愿意承担风险的投资者可以将风险转移出去。这样，一旦风险转变为实际损失，其影响也会被局限在少数投资者之间，而不至于通过倒闭、破产以及债权债务关系向外扩散，影响其他经济主体的正常活动。金融体系的风险分担机制主要包括两种——金融中介的跨期风险分担机制和金融市场跨部门风险分担机制。金融中介的跨期风险分担机制，是指金融中介机构通过不同时期之间的均衡投资得失来规避金融资产价格过度波动的风险，从而达到在不同时期内平滑投资收益的目的。金融市场跨部门风险分担机制则是指在既定时点上，不同投资者可以通过风险互换实现有效的风险分担，金融市场通过向投资者提供各类投资工具来分散和转移风险。

3.提供支付清算便利功能

金融体系的一项重要功能是提供有效的支付体系，使居民和企业无须在购买过程中浪费时间和资源，为商品、服务和资产的交换的顺利实现提供便利，有效节约社会交易成本。

4. 信息收集和处理功能

由于评估企业、管理层以及市场条件的成本较高，个人储蓄者没有能力收集、处理与投资意向相关的信息，导致他们不愿意投资于仅有很少可靠信息的项目，从而妨碍了经济体中的资金流动。金融体系则可以收集和处理有关资金短缺部门情况的信息，降低匹配资金盈余部门和资金短缺部门的信息成本，进而有效地配置资金。

## 二、金融体系的一般结构

简单地说，金融体系的一般结构是指金融体系的主要构成要素及其相互关系。具体而言，金融体系的构成要素主要包括金融中介机构、金融市场和金融工具。在这些要素中，现代金融体系运作的载体是金融中介机构和金融市场，各种金融交易活动则是通过多样化的金融工具来实现交易。这些要素相互联系、相互促进，共同构成整体金融体系。

1. 金融中介机构

金融中介机构是指从事金融活动的组织。金融中介机构的基本功能是充当资金盈余者和资金短缺者的桥梁，即通过吸收存款、发行证券等形式形成资金来源，通过发放贷款、投资等方式构成资金运用，促使资金转移，实现金融资源的重新配置，进而提高全社会经济运行的效率。

2. 金融市场

金融市场的定义有广义和狭义之分。广义的金融市场是指金融工具的供求关系、交易活动和组织管理等活动的总称。狭义的金融市场则是指金融工具交易的场所。金融市场的基本功能是便利了投融资活动，降低了金融交易的成本，从而更好地满足资金余缺双方的需求。

3. 金融工具

金融工具是一种对发行人未来收益或者资产的索取权，主要包括两种：

（1）基础金融工具，即传统的信用工具，主要包括票据、股票、债券等。

（2）金融衍生工具，是指建立在基础金融工具或者基础变量之上的派生金融产品，主要包括远期合约、期货、期权、互换和结构化衍生产品等。

从功能的视角来看，基础金融工具的功能在于促使储蓄向投资的转化，而衍生金融工具的功能则是进行风险规避和管理。与金融工具相关的两个概念是金融资产和金融负债。金融资产和金融负债都是金融工具。对金融工具的购买者而言，所持有的金融工具构成其金融资产；而对金融工具的发行者而言，所发行的金融工具构成其金融负债。

### 三、金融创新和金融体系结构的演进

金融创新是近几十年来国际金融界最为重要的发展趋势之一，它发端于20世纪60年代的发达国家，70年代得到了蓬勃发展，80年代最为活跃。金融创新通过金融制度、金融产品和金融交易方式等创新和改革，促进金融领域各种要素重新优化组合和金融资源的重新配置，极大地推进了金融市场的发育和金融行业的发展，成为金融体系发展变革的重要推动力量。

1. 金融创新的定义和内容

金融创新的定义包括狭义和广义两种。从狭义来讲，金融创新是指金融产品和工具的创新。从广义来讲，金融创新是指引起金融领域结构性变化的新的组织体系和发展模式、新的产品和服务、新的工具和技术等。因此，金融创新的主要内容通常包括：金融产品和工具的创新、金融组织体系的创新、金融技术的创新等。

（1）金融产品和工具的创新

金融产品和工具的创新主要有两种途径：第一，对现有金融产品或金融工具的期限、风险和收益等方面的特征进行分拆和重组，从而设计出新型的金融产品和金融工具。例如，大额可转让定期存单、自动转换储蓄账户、协议账户等。第二，在新的金融结构和条件下创造出全新特征的新的金融产品和金融工具。例如，各类信用卡、电子货币等。

（2）金融组织体系的创新

金融组织体系的创新主要包括三个方面：第一，新型的金融中介机构不断出现，主要体现为非银行金融机构的种类和规模迅速增加以及跨国银行的发展壮大。第二，新型的金融市场不断形成，主要表现为衍生金融工具市场的爆发性增长和各国金融市场连接形成全球性金融交易市场。第三，金融机构组织形式不断创新，主要表现为不再单纯地囿于传统的单一银行制和总分行制，连锁制、控股公司制以及联邦制银行等新的组织形式纷纷涌现。

（3）金融技术的创新

金融技术创新的核心就是将新的科学技术广泛运用于金融领域，从而使金融领域发生重大变革。例如，将新兴的互联网信息科技运用到金融业中，催生出新的业务和新的服务形式，主要包括：在支付清算领域，出现了网络和移动支付、数字货币、分布式账本技术的应用等；在融资领域，出现了股权众筹、P2P网络借贷、分布式账本技术的应用等；在市场基础设施领域，出现了智能合约、大数据、云计算、数字身份识别等；在投资管理领域，出现了电子交易、机器人投资顾问等。

2. 金融创新推进了金融体系结构的演进

传统上，世界各国的金融体系结构主要包括两种：金融中介主导型金融体系结构（主要是银行）和金融市场主导型金融体系结构。二者的划分标准是金融中介机构和金融市场在企业外部融资中的相对重要性。具体而言，就是金融中介机构参与的融资数量和通过金融市场获得的融资数量占企业外部融资总量的比重。

在以金融中介为主导的金融体系中，金融中介机构的融资作用是主要的，金融市场则是金融中介的补充。资金盈余部门和资金短缺部门之间的关系直接而且紧密，使资金短缺企业倾向于形成关系型的相机治理结构。金融市场主导型金融体系结构则是建立在金融市场有效发挥其融资功能的基础之上的，在这种金融体系中，金融市场在资金配置上的作用举足轻重，使资金短缺企业倾向于形成股东控制型的治理结构。

金融创新通过金融产品和工具的创造、金融组织体系的调整和金融技术的创新，使金融活动和交易变得通畅，同时也促进了金融业在业务操作、产品研发、市场分析等方面的发展，从而推动了传统金融体系结构的变迁和发展。但是，对于每一个特定的国家而言，其金融体系结构中银行和金融市场的最优化配置比例要受本国“要素禀赋”的约束和影响。

**【专栏 32】 坚持在市场化法治化轨道上推进金融创新发展**

金融是创新活跃的行业，金融创新能力是金融强国的重要软实力。以现代商业银行、现代资本市场、现代投资体系为特征的金融创新活动，为各国现代化提供了重要支持。党的十八大以来，以习近平同志为核心的党中央持续推进我国金融事业实践创新、理论创新、制度创新，取得了一系列重大成果，有力支撑经济社会发展大局，为如期全面建成小康社会、实现第一个百年奋斗目标作出了重要贡献。在党中央的坚强领导下，我国资本市场改革开放持续深化，法治体系不断健全，投融资功能逐步增强，市场生态进一步优化。其中的一条宝贵经验就是，坚持在市场化法治化轨道上推进金融创新发展。

坚持在市场化法治化轨道上推进金融创新发展，是中国特色金融发展之路“八个坚持”的重要内容。资本市场的市场属性极强，规范要求极高，这要求我们在做好资本市场监管工作时，进一步深化对资本市场发展一般规律和中国国情市情的认识，在实践中继续探索完善，走好中国特色金融发展之路。

▍资料来源　中国证监会党委理论学习中心组. 坚持在市场化法治化轨道上推进金融创新发展［N］. 人民日报，2024-04-22（10）.

## 第二节　金融中介机构的类别与内容

金融中介机构是金融体系赖以正常运行的组织条件。随着现代经济金融的发展，金融中介机构也变得越来越复杂。根据金融中介机构的性质和主要业务类别，可以将其分为五类：存款型金融机构、契约型储蓄金融机构、投资型金融机构、政策性金融机构和其他金融机构。

### 一、存款型金融机构

存款型金融机构是指主要通过吸收存款获得资金来源的金融机构。作为最重要的金融机构，存款型金融机构主要包括商业银行和合作金融机构。

#### （一）商业银行

商业银行是指以吸收存款、发放贷款和办理转账结算为主要业务，以营利为主要目标的金融机构。商业银行的存贷款种类很多：存款主要包括活期存款、定期存款和储蓄存款；贷款主要包括企业贷款、农业贷款、消费贷款等。20世纪80年代以来，随着金融管制的放松，商业银行的业务活动范围和种类得到了极大拓展，逐渐囊括了投资理财、证券承销、保险出售等金融服务。因此，商业银行被称为“金融百货公司”。进入21世纪以来，随着互联网的发展和智能移动终端的普及，利用数字化渠道获得金融服务已经成为市场的主流，全球银行业正在迈入数字化时代。

根据银行监督部门的统计口径，我国商业银行体系主要包括六个层次：

（1）国有大型商业银行。这是指中国工商银行、中国农业银行、中国银行、中国建设银行和交通银行。这些银行的突出特点是资产规模大、经营地域广、业务品种和组织管理较为复杂，在我国银行业金融机构中占有特殊重要的地位。

（2）股份制商业银行。这是指除国有大型商业银行以外，通过募集股本发起设立的、可以在我国全国范围内设立分支机构，并在全国范围内经营业务的商业银行。主要包括招商银行、中信银行、浦东发展银行、兴业银行、光大银行等12家银行。股份制商业银行不同机构间在资产规模、业务经营品种、经营地域、组织复杂性等方面都存在较大差异。

（3）城市商业银行。这是指在我国特定地域的城区范围内经营的地方性金融机构。虽然也有一些资产规模较大、经营管理水平较高的城市商业银行，如北京银行、上海银行等，获准在其他城市开设分支机构，但是，大多数城市商业银行的经营地域还是限于其所在城市区域范围内。城市商业银行在经营方面受地方经济发展的影响较大，各分支机构间的业务经营、风险管理、公司治理和组织结构均差异巨大。

（4）农村商业银行。这是指由经济比较发达、城乡一体化程度较高的地区的农村信用合作社进行股份制改造而形成地方性商业银行，是主要为农村和农业经营提供金融服务的地方性金融机构。大多数农村商业银行以经营存款和贷款业务为主。与城市商业银行类似，不同地区的农村商业银行在业务经营、风险管理、公司治理和组织结构方面的差异也非常大。

（5）村镇银行。这是近年来发展起来的新型金融服务机构，主要为当地农民、农业和农村经济发展提供金融服务。目前来看，村镇银行的规模还很小，业务经营也以存款和贷款业务为主。

（6）其他存款型金融机构。主要包括民营银行、外资银行、中国邮政储蓄银行、中德住房储蓄银行等。

民营银行是指由民营资本控股，并采用市场化机制运作的银行。2014年3月，当时的银监会公布了首批5家民营银行试点名单，包括深圳前海微众银行、上海华瑞银行、天津金城银行、温州民商银行和浙江网商银行。根据试点方案的要求，民营银行的四种经营模式分别是："小存小贷"（限定存款上限，设定财富下限）、"大存小贷"（存款限定下限，贷款限定上限）、"公存公贷"（只对法人不对个人）和"特定区域存贷款"（限定业务和区域范围）。因此可以看出，民营银行设立的初衷是突出有别于传统银行的发展特色，建立差异化的市场定位和特定战略，与现有银行实现错位竞争、互补发展。经过8年的发展，民营银行数量已经扩张至18家，并且具有了互联网基因和小微金融风格。

外资银行是指依照中华人民共和国有关法律、法规，经批准在中华人民共和国境内设立的下列机构：① 1家外国银行单独出资或者1家外国银行与其他外国金融机构共同出资设立的外商独资银行；② 外国金融机构与中国的公司、企业共同出资设立的中外合资银行；③ 外国银行分行；④外国银行代表处。总体来看，目前我国境内外资银行无论是资产规模还是机构规模，在银行业金融机构中的比重都较小。但是，外资银行在业务经营、风险管理、组织机构方面各有特色，我们应充分发挥外资银行的比较优势，推动我国金融市场结构的进一步完善，使其更好地服务于实体经济。

中国邮政储蓄银行于2007年3月20日正式挂牌成立，是在改革邮政储蓄管理体制的基础上组建的商业银行。中国邮政储蓄银行承继原国家邮政局、中国邮政集团公司经营的邮政金融业务以及因此而形成的资产和负债，并将继续从事原经营范围和业务许可文件批准、核准的业务。根据银保监会发布的截止到

2021年12月31日的银行业金融机构法人名单，中国邮政储蓄银行机构类型为“国有控股大型商业银行”，不再与工、农、中、建、交同列为“国有大型商业银行”。

中德住房储蓄银行是中国建设银行和德国施威比豪尔住房储蓄银行于2004年2月合资组建的专业经营住房信贷业务的商业银行。

（二）合作金融机构

合作金融机构是指个人或者企业，为了改善自身的经济条件，获取便利的融资服务或经济利益，按照自愿入股、民主管理、互助互利的原则组织起来，为入股者提供服务的一种特殊的资金融通组织。合作金融机构在组建过程中必须遵循合作社的基本原则，即自愿和开放的社员原则、社员民主控制原则、经济参与原则、自立自治原则和盈利共享原则。根据定义，合作金融机构的资金来源主要是其成员缴纳的股金和吸收的存款，贷款则主要用于解决其成员的资金需要。

目前，农村合作金融机构是我国合作型金融机构的主体，主要包括三种类型：

（1）农村信用合作社，是指经中国人民银行批准设立、由社员入股组成、实行民主管理、主要为社员提供金融服务的农村合作金融机构。

（2）农村合作银行，是由辖内农民、农村工商户、企业法人和其他经济组织入股组成的股份合作制社区性地方金融机构，主要以农村信用社和农村信用社县（市）联社为基础组建。其服务的对象仍然是本地区的农民、农业和农村经济。

（3）农村资金互助社，是指经银行业监督管理机构批准，由乡（镇）、行政村农民和农村小企业自愿入股组成，为社员提供存款、贷款、结算等业务的社区互助性银行业金融机构。农村资金互助社实行社员民主管理，以服务社员为宗旨，谋求社员的共同利益。

**二、契约型储蓄金融机构**

契约型储蓄金融机构是指在契约基础上按期定量取得资金，并进行长期投资的金融中介机构。从严格意义上讲，银行存款也是一种契约，但这种契约对存款人几乎没有约束力。契约型储蓄金融机构的资金运行特点主要有四个：

（1）资金来源由契约确定，按期定量，非常确定。

（2）可以精确地预测在未来的年度中必须向受益人支付的资金规模和时间。

（3）资产管理基本是中长期运用，即投资于资本市场，投资对象主要包括股票和中长期债务工具。

(4) 没有货币创造能力。

一般来说，契约型储蓄金融机构主要包括保险公司和养老基金。

(一) 保险公司

保险公司是指依据风险分散原则，通过制定专门的保险合约，使保单持有者免受特定事件的发生带来财务损失的风险影响的金融中介机构。从定义可以看出，保险公司的主要功能在于分担风险和管理风险。保险公司的资金来源是保险人所缴纳的保费，资金运用是存放银行、购买股票、债券、不动产等生利资产，其收益来源于保费收入超出赔付数额的部分以及投资所获得的收益。

按照投保标的不同，目前我国的保险公司主要有三类：人寿保险公司、财产保险公司和再保险公司。

人寿保险公司通过出售保单使保险受益人免受被保险人因疾病、意外伤害、伤残以及死亡带来的经济损失的影响。

财产保险公司通过出售保单使被保险人免受失窃、火灾、自然灾害、信用、责任等带来的经济损失的影响。

再保险公司则是为保险公司转移风险的保险公司。

(二) 养老基金

养老基金是一种向参与养老金计划的雇员支付退休收入的金融机构。它的资金来源是参与养老金计划的雇员及其工作单位缴纳的养老金，其资金运用是投资于股票、长期债券和抵押贷款。养老基金主要包括两类：公共养老基金和私营养老基金。

长期以来，无论是在理论研究中还是在实务操作中，“养老基金”一词始终被与“养老金”混合使用。从定义上看，养老金又称退休金，是一种最主要的社会养老保险待遇。我国的养老金主要有三个组成部分：基础养老保险及储备资金、作为补充养老金的企业年金和职业年金、个人商业养老金。因此，养老金和养老基金是不同的。2000年8月，经中共中央批准，建立全国社保基金。由于该基金是政府直接建立并管理的，因此属于公共养老基金。为了更好地应对我国人口老龄化面临的种种问题，完善三支柱养老金制度成为必然。2018年3月，证监会正式发布实施《养老目标证券投资基金指引（试行）》，标志着公募基金行业服务个人养老投资进入新的阶段。

**三、投资型金融机构**

投资型金融机构是指为企业和个人在证券市场上提供投融资服务的金融机构，主要包括证券投资基金、证券公司和财务公司。

（一）证券投资基金

证券投资基金又称共同基金，是指通过发售基金份额募集资金，由基金托管人托管，由基金管理人管理和运作资金，为了基金投资者的利益，以资产组合方式进行证券投资的一种利益共享、风险共担的集合投资方式。证券投资基金主要购买股票、债券、商业票据或者衍生性金融商品，以获得利息、股息或者资本利得。通过投资所获得的利润由投资者和基金管理人分享。从本质上说，证券投资基金是一种间接通过基金管理人代理投资的一种方式，投资者通过基金管理人的专业资产管理，以期获得比自行管理更高的收益。

依据运作方式的不同，证券投资基金通常包括两种——封闭式基金和开放式基金。

封闭式基金是指基金份额在基金合同期限内是固定不变的，基金份额可以在依法设立的证券交易所交易，但基金投资者不得申请赎回的一种基金运作方式。

开放式基金是指基金份额可以变动，投资者可以根据基金的净值情况在基金合同约定的时间和场所随时向基金公司申购或者要求赎回的一种基金运作方式。

【专栏 33】 **证券投资基金托管人制度**

证券投资基金托管人制度是基金治理法律制度的重要组成部分，是基金市场有序运行的有力保障。根据各国信托法的传统和资本市场发展程序的不同，证券投资基金托管人制度分为“一元”信托模式和“二元”信托模式。

“一元”信托模式最早产生于日本，韩国和我国台湾地区也有仿效。在“一元”信托模式中，基金管理人作为委托人，享有经营管理权。基金托管人作为受托人，取得基金财产名义上的所有权，并负有保管基金财产和监督管理人的义务。基金投资者作为受益人，依法享有投资收益权。

德国的模式被称为“二元”信托模式。该模式分别通过信托契约和保管契约设定三方之间的法律关系：一是基金投资者与基金管理人订立信托契约。基金投资者同时兼任委托人及受益人。基金管理人作为受托人，是基金财产的名义所有人，有权在合理范围内处分基金财产。二是基金管理人与基金托管人订立保管契约。基金托管人负责保管基金财产，并依照基金管理人的指示处分该财产，监督基金管理人的基金运作，对其特定的违法行为提出诉讼，甚至有权停止基金管理人权利的行使。

我国在证券投资基金的立法过程中，依据“一元信托”与“二元信托”模式各自的特点，结合我国证券投资基金发展的实际状况，构建了颇具中国特色的证券投资基金治理结构，以“一元”信托模式为基础，并采纳“二元”信托模式中的“保管契约”。具体来讲，即投资人通过购买基金份额与基金管理人和基金托管人订立信托契约，成为委托人和受益人，基金管理人和基金托管人则成为证券投资基金信托契约中的受托人。管理人和托管人通过信托契约和托管协议来明确各自的职责，主要涉及管理、运用、监督等方面。

▌资料来源 吴凡. 论券商作为我国证券投资基金托管人的法律地位［M］//中国证券业协会.创新与发展：中国证券业2013年论文集. 北京：中国财政经济出版社，2014.

（二）证券公司

证券公司是指在证券市场上从事全部或者某一项业务的金融机构。证券公司是我国的称谓，在不同的国家，其有不同的称谓：在美国，被称为“投资银行”或者“证券经纪商和交易商”；在英国被称为“商人银行”。

证券公司是资本市场的组织者，是资本市场发展的主要力量。通常情况下，证券公司的主要业务包括四项：

（1）投资银行业务。主要包括承销业务和财务顾问业务。承销业务包括股票、债券等金融产品的公募发行和私募配售；财务顾问业务则包括兼并收购、资产重组等咨询服务。

（2）销售和经纪业务。主要包括代理买卖交易业务、做市业务、证券服务业务等。

（3）资产管理业务。主要包括私人财富管理业务和机构客户的资产管理业务。私人财富管理业务是根据高净值客户和富有家族的投资需求与风险偏好，设计投资组合策略，提供投资咨询服务，帮助客户打理金融资产，实现资产的保值增值；机构客户的资产管理业务主要是为机构客户（包括养老金、主权基金等）提供不同类型的金融产品、投资渠道和投资组合策略，包括股票投资、固定收益产品投资、货币市场产品投资以及房地产投资、PE投资等另类投资。

（4）投资和自营业务。主要包括二级市场自营交易、私募股权投资、向客户提供贷款以及直接投资业务等。

从我国证券公司所经营的业务来看，核心业务是投资银行业务以及投资和自营业务。其中，投资银行业务主要集中于股票承销业务，而财务顾问业务因国内并购市场尚未真正发展起来，因此处于起步阶段。销售和经纪业务的功能单一，主要限于最低层次的经纪业务，即提供证券交易所交易系统的通道服务，收取一定手续费，做市交易、产品创设和融资融券等业务规模都相对较小。资产管理业务的规模也很小。

（三）财务公司

财务公司又称金融公司，是指通过发行商业票据和证券（包括股票和债券）或者从银行借款获得资金，再运用这些资金为个人和企业提供小额贷款的金融机构。

一般来说，按业务不同，财务公司主要分为三类：消费者财务公司、企业财务公司和销售财务公司。消费者财务公司的主要业务是提供消费贷款，帮助消费者购置汽车、家具、电器以及改善住房条件等。企业财务公司的主要业务通常是以一定的折扣价格购买企业应收账款，财务公司持有应收账款到期后获得利润。销售财务公司的业务则是与大企业合作，为大企业的产品销售提供融资。

从我国目前的情况看，主要存在三种类型财务公司：汽车金融公司、消费金融公司和企业集团财务公司。汽车金融公司是我国汽车金融市场的主要力量之一，对推动汽车消费升级、支持汽车产业发展、促进金融服务水平提升发挥着积极作用。消费金融公司在城镇化进程加快和鼓励消费的大背景下，有利于更好地满足中低收入群体的合理消费信贷需求，推动普惠金融政策的贯彻落实。我国企业集团财务公司则是以加强企业集团资金集中管理和提高企业集团资金使用效率为目的，为企业集团成员单位提供财务管理服务。根据我国财务公司协会的统计数据，我国财务公司主要分布在电力、电子电器、钢铁、机械制造、建筑建材、交通运输等关系国计民生的基础产业和各个重要领域的20多个行业之中。

**四、政策性金融机构**

政策性金融机构是指由政府创立、参股或保证的，不以营利为目的，专门为贯彻、执行政府社会经济政策或意图，在特定的业务领域内，直接或间接地从事融资活动的金融机构。按照机构的类型，政策性金融机构可以划分为银行类政策性金融机构和非银行类政策性金融机构。政策性金融机构的资金来源渠道主要包括两种——政府直接提供资金和通过市场筹集资金。政府直接提供的资金包括政府注资、政府借款、政府专项基金、央行借款等。通过市场筹集资金的方式包括发行债券、发行股票、吸收存款、同业借款等。政策性金融机构的资金运用都与需要金融支持的领域相关，通常涉及四大领域：

（1）经济社会发展的瓶颈领域和薄弱环节，如农业、中小企业、扶贫开发项目等。

（2）国家重点战略领域，如经济振兴、进出口贸易、基础设施建设等。

（3）国家战略导向型新兴领域，如高新技术产业等。

（4）国计民生领域，如普通住房建设、生态环保、教育医疗等。

目前，我国政策性金融机构主要包括两类：

（1）政策性银行，即国家开发银行、中国进出口银行和中国农业发展银行。

（2）政策性信用保险公司，即中国出口信用保险公司。

**五、其他金融机构**

在现实的金融体系中，还有一些满足特定服务需求和特定行业发展需要的金融机构存在，如信托公司、金融租赁公司、小额贷款公司、金融资产管理公司等。下面我们将逐一介绍这些公司。

（一）信托公司

信托是指委托人（投资者）将资金或其他财产交付给受托人，受托人必须按照委托人（投资者）的意愿和要求，为委托人或受益人的利益管理和处分资产，资产的名义所有者是受托人，但实质所有者是受益人。受托人一般都是专业的资产管理机构。信托公司是主要经营信托业务的金融机构，其职能是接受客户委托，代客户管理、经营、处置财产。信托公司的资金来源主要是委托人的资金或者其他财产，资金运用则涵盖了股权、债权以及各种收益权投资。

我国现代信托业始于1979年中国国际信托投资公司的建立。2001年，《中华人民共和国信托法》正式颁布实施，标志着我国信托制度进入了有法可依的时代。2007年，《信托公司管理办法》和《信托公司集合资金信托计划管理办法》正式实施，监管层开始对信托业实施分类监管，信托公司或立即更换金融牌照，或进入过渡期，标志着信托公司重新回归本业。2014年3月，当时的中国银监会发布《关于信托公司风险监管的指导意见》，明确规定信托公司“受人之托，代人理财”的金融功能，要求信托公司要将资产管理、投资银行、受托服务等多种业务有机结合起来，走差异化发展的道路。

（二）金融租赁公司

在经济学中，租赁是指由财产所有人（出租人）按照契约规定，将财产租让给承租人使用，承租人根据契约按期支付租金给出租人的经济行为，属于对物品使用权的借贷活动。金融租赁又称融资租赁，是指出租人根据承租人对出卖人和租赁物的选择，向出卖人购买租赁物后提供给承租人使用，由承租人向出租人提供租金的交易活动。金融租赁公司则是经营金融租赁业务的金融机构。

目前，我国经营金融租赁业务的公司的现状是“一种业务、两种名称、三种牌照”。具体而言，从事融资租赁业务的公司，按照监管机构的不同，可以分为受银保监会监管的金融租赁公司和受商务部监管的融资租赁公司。根据具体经营牌照的不同，又可以分为金融租赁牌照公司、内资租赁牌照公司和外资租赁牌照公司。这三类公司虽然经营相同性质的业务，但在注册资本、牌照获批难度、经营杠杆上限以及具体监管措施等方面都有不同的要求。目前它们的业务模式基本以售后回租为主，直租为辅。金融租赁公司通过融资租赁服务积极支持高端装备制造、节能环保、新能源等国家战略性新兴产业以及“三农”、小微企业等重点领域和薄弱环节。需要指出的是，从严格意义上说，属于金融机构的仅仅是受银保监会监管的金融租赁公司。

（三）小额贷款公司

小额贷款起源于20世纪70年代孟加拉国著名经济学家穆罕默德·尤努斯教授的小额贷款试验。尤努斯教授针对穷人很难获得银行贷款来摆脱贫穷现状的问题，建立了以互助组织为载体的一种小额贷款模式。

1994年，我国开始引入小额贷款模式。2008年，中国人民银行和当时的银监会联合下发《关于小额贷款公司试点的指导意见》。该文件规定，小额贷款公司是指由自然人、企业法人与其他社会组织投资设立，不吸收公众存款，经营小额贷款业务的有限责任公司或股份有限公司。由于小额贷款公司不能吸收公众存款，其主要资金来源则为股东缴纳的资本金、捐赠资金以及来自不超过两个银行业金融机构的融入资金，所以，其资金主要用于为小微企业及“三农”等经济实体提供贷款，贷款利率由借贷双方在限定范围内自主协商，最高不能超过中国人民银行规定的同期基准利率的4倍。目前，我国小额贷款公司的监管权归属省级人民政府，各地方政府自行出台地方性政策法规。近年来，在传统金融机构业务下沉与严监管环境下，小额贷款公司数量锐减，最近6年时间减少了2 500多家。

（四）金融资产管理公司

作为金融机构的金融资产管理公司，通常是在银行出现危机或者存在大量不良债权时由政府建立的，专门用于处理不良资产。

我国的金融资产管理公司是指经国务院决定设立的收购国有银行不良贷款、管理和处置因收购国有银行不良贷款形成的资产的国有独资非银行金融机构。为处置国有商业银行的不良资产，1999年我国成立了华融、东方、信达和长城四家金融资产管理公司，分别处理中国工商银行、中国银行、中国建设银行和中国农业银行的不良资产。在圆满完成1.4万亿元不良资产的处置任务之后，四家金融资产管理公司启动了商业化转型。从2005年开始，四家金融管理公司探索按照商业化原则收购和出售不良资产，收购范围也逐步扩大至股份制商业银行、城市商业银行、农商行、信用社以及证券、信托、金融租赁公司等非银行金融机构。目前，金融资产管理公司通过全资设立、控股和参股的形式，拥有包括银行、保险、基金、信托、租赁、证券、期货等不同业务领域的牌照，已经成功转型为多元化的现代综合性金融服务集团。

## 第三节 金融市场的类别与内容

金融市场的运行极为复杂，为了简化分析，通常会对金融市场进行分类，进而从某一个角度抽象出其运行的基本特征。因此，按照不同的标准，金融市场被划分成许多子市场，例如：根据交易的金融工具期限，将金融市场划分为货币市场和资本市场；根据交易的标的物，将金融市场划分为证券市场、外汇市场、衍生金融工具市场和黄金市场；根据市场参与主体所承担的具体职能，将金融市场划分为一级市场和二级市场；根据交易场所的差别，将金融市场划分为场内市场和场外市场等。下面我们将逐一分析这些子市场，以便从不同的角度，尽可能地勾勒出一国较为完整的金融市场体系。

### 一、根据交易的金融工具期限分类

根据交易的金融工具期限，金融市场可以分为货币市场和资本市场。

#### （一）货币市场

货币市场是指以期限为1年或者1年以内的短期金融工具为媒介，进行短期资金融通和借贷的市场，其核心功能是为市场参与者提供流动性。货币市场的参与者主要包括中央银行、商业银行、证券公司、保险公司、基金管理公司、非金融企业、政府部门等机构参与者以及专业交易人员。最为常见的货币市场工具包括同业拆借资金、短期政府债券、商业票据、大额可转让定期存单以及回购协议等，这些工具分别形成具体的货币子市场。一般情况下，个人投资者很少参与货币市场，只有大额可转让定期存款市场例外。

1.同业拆借市场

同业拆借市场是各类金融机构之间以货币借贷方式进行短期资金融通活动的市场。同业拆借市场的功能不会仅限于调剂短期资金头寸的余缺，它还能够为金融机构（特别是商业银行）弥补资金流动性的不足，进而有助于金融机构充分、有效地运用资金，减少资金闲置。

作为货币市场中最为活跃、最为重要的组成部分，同业拆借市场的主要参与者是商业银行和非银行金融机构，同业拆借的期限包括隔夜、7天、14天、20天、30天、60天、90天、120天、6个月、9个月、1年等，其中最为普遍的是隔夜拆借，其主要通过电子交易网络平台进行交易。同业拆借资金的价格被称为同业拆借利率，由拆借双方根据市场资金供求状况自行决定，由于该利率决定了商业银行获得资金的基本成本，因此被视为整个金融市场的基准利率，不仅其他债务工具的利率以此作为参考，而且中央银行也据此制定货币政策，从而影响货币供给量。

1984年，中国人民银行专门行使中央银行职能之后，鼓励金融机构利用资金的行际差、地区差和时间差进行同业拆借，我国同业拆借市场开始萌芽。1996年，中国人民银行成立了全国统一的同业拆借市场——全国同业拆借市场交易系统，这标志着我国同业拆借市场进入规范化快速发展的阶段。2016年2月，国务院宣布取消中国人民银行对进入全国银行间同业拆借市场的金融机构的审批权。同年8月，全国银行间同业拆借中心发布的《全国银行间同业拆借市场业务操作细则》规定，金融机构进入同业拆借市场直接向同业拆借中心提交相关材料，材料齐全的，在5个工作日内完成联网手续。目前，全国同业拆借市场的拆借利率由拆借双方协商决定，一般根据市场资金供求状况确定，可自由浮动，但主要参考利率为上海银行间同业拆借利率（Shibor）。

2.短期政府债券市场

短期政府债券是指政府部门以债务人身份承担到期偿还本息责任的，期限在1年及1年以内的债务凭证。根据定义，短期政府债券应该包括国家财政部门、地方政府以及政府代理机构所发行的债券。

但是，一般来说，短期政府债券市场主要指的是短期国债市场。短期国债又称国库券，是指由一国财政部门发行的期限在1年以内的债券。短期政府债券市场包括发行市场和交易市场。短期政府债券通常以贴现方式发行，其发行目的主要有两个：第一，满足政府部门短期融资的需要。第二，为中央银行的公开市场业务提供可操作的工具。由于短期国债期限短且没有信用风险，因此其利率通常作为无风险利率，成为其他债券利率的形成基础。短期国债交易市场是中央银行进行货币政策操作的主要场所，其原因在于根据各国法律规定，中央银行不能直接在发行市场上购买短期国债，从而导致中央银行只能在交易市场上参与短期国债的买卖，因此这一市场也被称为“公开市场”。非金融企业和个人投资者大多通过金融中介机构参与短期国债市场的交易活动。

我国短期政府债券市场并不发达，主要原因在于短期国债的品种较少、发行量少、发行频率较低。目前，在我国短期政府债券市场上交易的工具主要有三种：第一种是短期国债。主要品种有91天、182天、273天和1年期的国债。第二种是短期中央银行票据。中央银行票据是中国人民银行为调节商业银行准备金而向商业银行发行的短期债务凭证，主要以1年期以内的短期品种为主。第三种是以地方政府为主体发行的1年期的地方政府债券。

3.票据市场

票据市场是指以商业汇票为交易工具的短期资金融通场所。商业票据市场在发挥支付结算功能的同时，其所承载的信用和融资功能不断深化，不仅拓宽了企业融资渠道，有效调节了商业银行的资产负债结构，还分散了社会信用风险。按照承兑人的不同，商业汇票分为商业承兑汇票和银行承兑汇票，因此，商业承兑汇票市场和银行承兑汇票市场是票据市场的两个子市场。商业承兑汇票市场是指以规模巨大、信誉卓著的大公司发行的商业承兑汇票作为交易对象的市场；而银行承兑汇票市场是指以银行承兑汇票作为交易对象的市场。商业承兑汇票市场和银行承兑汇票市场都包括发行市场和流通市场。商业票据的发行由票据签发和承兑两个环节构成，二者缺一不可。商业票据流通是通过贴现、再贴现和转贴现等交易行为完成的。

1979年，中国人民银行开始批准部分企业签发商业承兑汇票，之后逐步推广了商业汇票的承兑、贴现和背书转让，这标志着我国票据市场开始形成。1996年《中华人民共和国票据法》实施后，票据市场步入快速发展的轨道。2000年，中国人民银行批准成立国内首家票据专营机构——中国工商银行票据营业部，票据市场进入专业化、规模化和规范化的发展阶段。2016年12月8日，上海票据交易所正式挂牌成立，标志着全国统一的票据交易平台问世。

目前，我国票据市场上流通的商业汇票主要有两种——一种是纸质商业汇票，最长期限为半年；另一种是电子商业汇票，最长期限为1年。

**【专栏34】　我国票据市场将迈入电子化时代**

根据中国人民银行下发的《中国人民银行关于规范和促进电子商业汇票业务发展的通知》，自2017年1月1日起，单张出票金额在300万元以上的商业汇票应全部通过电票办理，2018年1月1日起原则上单张出票金额在100万元以上的商业汇票应全部通过电票办理，纸票将逐渐退出市场。由此，我国票据市场迈入电子化时代。

所谓电票，又称电子商业汇票，是指出票人依托电子商业汇票系统，以数据电文形式制作的，委托付款人在指定日期无条件支付确定金额给收款人或者持票人的票据。电子商业汇票分为电子银行承兑汇票和电子商业承兑汇票。电子银行承兑汇票由银行业金融机构、财务公司（以下统称金融机构）承兑；电子商业承兑汇票由金融机构以外的法人或其他组织承兑。电子商业汇票的付款人为承兑人。与纸质票据相比，电子票据存储在电子商业汇票系统中，通过采用电子签名和可靠的安全认证机制，保证其唯一性、完整性、安全性，极大地避免了纸质票据携带转让风险、遗失损坏和遭盗抢风险、假票和克隆票风险。电子商业汇票全面革新了商业汇票的记载形式和流通方式，提高了效率和安全性，使票据在物理载体上实现了从纸质到电子的飞跃，为票据市场的下一步发展奠定了重要的技术基础。

电子商业汇票的出票、承兑、背书、保证、提示付款和追索等业务，必须通过电子商业汇票系统办理。电子商业汇票系统（ECDS）是经中国人民银行批准建立，依托网络和计算机技术，接收、存储、发送电子商业汇票数据电文，提供与电子商业汇票货币给付、资金清算行为相关服务的业务处理平台。ECDS自2009年10月建成至今，一直由中国人民银行清算中心负责运行和维护。上海票据交易所成立后，中国人民银行就开始与其进行电子商业汇票系统的移交切换工作，到2017年10月9日，已经实现顺利切换。根据上海票据交易所的数据，截止到2020年年末，票据市场业务总量超过148万亿元，其中电票占比已经上升到99%。

（根据相关资料整理）

4.大额可转让定期存单市场

大额可转让定期存单（CDs）又称大额可转让存款证，是由商业银行发行的一种具有固定面额、固定期限、可以流通转让的大额存款凭证。大额可转让定期存单市场则是指以已发行的大额可转让定期存单作为交易对象，进行短期资金融通的市场。这一市场能够使参与者既保持资产的流动性，也可以获得稳定的收益。大额可转让定期存单市场包括发行市场和流通市场。一般来说，大额可转让定期存单主要发行给企业、个人或者其他机构投资者，发行利率市场化。企业和货币市场基金等机构投资者可以在流通市场上交易这些存款单，交易通常由交易商代理完成。

1986年，交通银行首发大额可转让定期存单。1987年，中国银行和中国工商银行也相继发行大额可转让定期存单。1989年，中国人民银行推出《大额可转让定期存单管理办法》，规定大额存单最高利率上浮幅度为同类存款利率的10%。但由于利率尚未市场化，贷款利率受到管制，大额存单诱发了商业银行的存款“利率大战”，出现了存贷款利率倒挂现象，影响了银行的正常经营。同时，受当时交易系统、技术条件的限制，大额存单不仅难以转让流通，而且欺诈案件频发，于是，中国人民银行于1997年下文停止了大额可转让定期存单的发行。2013年，中国人民银行发布《同业存单管理暂行办法》，允许金融机构在银行间市场发行大额可转让同业存单，以市场化方式确定其发行利率和价格，为发行大额可转让定期存单积累了经验。2015年6月，中国人民银行发布《大额存单管理暂行办法》，允许银行业存款类金融机构发行面向个人和企业的普通大额存单，这标志着我国大额可转让定期存单市场的重启。

5.回购市场

回购市场是指以回购协议作为交易对象，进行短期资金融通交易的市场。所谓回购协议，是指卖方在卖出一定数量金融资产的同时，与买方约定在将来某一时间，按照约定的价格将出售的资产赎回的合约。回购协议的实质是以金融资产作为抵押品而进行的短期资金融通。回购市场的交易对象通常是货币市场上流通量比较大、风险较低的金融工具，如国库券、大额可转让定期存单等，交易品种包括1天、7天、14天、21天、1个月、2个月、3个月、4个月、6个月、9个月和1年期限的。由于回购交易期限较短，且具有完全担保品，因此回购协议利率通常低于同期限的同业拆借利率。

1991年，我国全国证券交易自动报价系统（STAQS）开始试办债券回购交易。1997年，银行间回购市场和交易所回购市场开始并行，主要交易对象是债券。从目前来看，交易所回购市场的主要参与者是非银行机构和公众投资者，而银行间回购市场的主要参与者为银行、券商、基金等机构投资者。

回购交易的种类包括质押式和买断式两种：质押式回购交易是指资金融入方（正回购方）在将债券出质给资金融出方（逆回购方）融入资金的同时，双方约定在将来某一日期由正回购方按约定回购利率计算的资金额向逆回购方返还资金，逆回购方向正回购方返还原出质债券的融资行为。买断式回购是指债券持有人（正回购方）将债券卖给债券购买方（逆回购方）的同时，交易双方约定在未来某一日期，正回购方再以约定价格从逆回购方买回相等数量同种债券的交易行为。

（二）资本市场

资本市场是指期限在1年以上的长期金融工具的发行和交易市场，其功能在于筹集中长期投资性资金和提供资产组合、投机和套利的平台。资本市场的参与者主要包括证券经纪商、投资银行、商业银行、证券投资基金、保险公司、养老基金、企业、政府机构等机构参与者以及个人投资者。个人投资者可以直接投资于资本市场或通过证券投资基金间接参与。最常见的资本市场工具是股票和债券，因而形成了最基本的两个子市场：股票市场和债券市场。

1.股票市场

股票市场是以股票作为交易对象的资本市场，主要包括发行市场和交易市场。

股票发行市场是指股份公司直接或者通过金融中介机构向投资者出售新发

行的股票所形成的市场。新发行的股票包括初次发行的股票和再发行的股票。初次发行的股票是股份公司第一次向投资者出售的原始股，再发行的股票则是在原始股的基础上新增发的份额。企业通过发行股票筹集的资本是自有资本，具有长期性、稳定性和非偿还性的特点，是企业长期投资性资金的最主要的来源之一。

股票交易市场是投资者之间买卖已经发行的股票的场所。这一市场不仅为股票创造了流动性，即能够使股票迅速脱手换取现值，而且有利于优化控制权的配置，从而保证权益合同的有效性。股票交易可以通过交易所进行，也可以在证券经纪商的柜台上完成，但是交易所交易是股票交易市场的主要形态。股票交易所又称证券交易所，是指为证券集中交易提供固定场所和有关设施，并制定各项交易规则，实施交易管理，提供清算服务的正式组织。

我国股票市场的发展始于1990年11月上海证券交易所和1991年4月深圳证券交易所的成立。经过30多年的发展，目前我国已经建立起涵盖主板、中小板、创业板、新三板等的多层次的股票市场。

2.债券市场

债券市场是以中长期债券作为交易对象的资本市场。与股票市场一样，债券市场也包括发行市场和交易市场。在债券市场上，发行债券的主要是政府、企业和金融机构。政府发行债券旨在平衡财政预算以及为公共设施或基础设施建设筹集资金。企业和金融机构发行债券的目的则是多渠道筹集资金、调整负债形式以及优化资本结构。债券交易市场和股票交易市场类似，投资者可以转让债券，进行变现。债券既可以通过交易所交易，也可以进行场外交易。但与股票市场不同，场外交易是债券交易市场的主要形态。

自1981年财政部正式发行国债以来，经历了40多年的发展，我国债券市场已经取得了长足的发展。在我国中长期债券市场上交易的债券主要包括：中长期政府债券（主要包括国债、地方政府债券和中央银行票据），政府支持机构债券（主要包括铁道债券和中央汇金债券），中长期金融债券（主要包括政策性金融债券、商业银行债券和非银行金融债券），中长期企业信用债券（主要包括企业债券、非金融企业债务融资工具、公司债券、可转换公司债券和中小企业私募债券），中长期资产支持证券（主要包括信贷资产支持证券和企业资产支持证券），熊猫债券等。

**【专栏35】　中国债券市场的发展趋势：从分立到融合**

交易所债券市场是我国最早进行债券交易的场所，也曾是最初各金融机构唯一的债券交易场所。由于银行资金大量违规流入股市，导致股票市场产生严重的泡沫，1997年中国人民银行下发通知，要求商业银行全部退出交易所市场，同时成立了全国银行间债券市场。从此，我国债券市场便一分为二。

目前，我国交易所债券市场包括上海证券交易所和深圳证券交易所，市场参与者既有机构，也有个人，属于批发和零售混合型的市场。银行间债券市场参与者限定为机构，属于场外债券批发市场。另外，场外债券零售交易主要通过商业银行国债柜台交易完成，中国工商银行、中国农业银行、中国银行、中国建设银行、招商银行等银行网点柜台以及电子银行系统都可供普通投资者参与。

与分立的债券市场相对应，不同债券市场的登记、托管和结算业务也由不同的机构来完成。上海证券交易所对应于中国证券登记结算公司上海分公司，深圳证券交易所对应于中国证券登记结算公司深圳分公司，银行间市场对应于中央结算公司。国债柜台交易则实行二级托管制度，一级托管在中央结算公司，二级托管在商业银行。另外，监管机构对于债券市场的监管也处于“品种分离，监管分工”模式。财政部负责管理国债的发行；发改委管理企业债的发行；中国证监会管理公司债的发行和交易；中国银行间市场交易商协会（NAFMII）管理短期融资券、中期票据等的发行；中国银监会（现为银保监会）管理商业银行的次级债、混合次级债的发行，以及保险公司可投资的债券类型。在市场分割的情况下，不同的监管主体和债券品种导致了各市场交易品种的差异。

交易所债券市场和银行间债券市场之间的分立，制约了债券市场的流动性和债券定价机制的形成，因此，从2002年开始，中国人民银行不断出台政策促进交易所债券市场和银行间债券市场的融合和统一。但是，银行间债券市场与交易所债券市场尚未完全实现互联互通，现券中仅有企业债可以在银行间和交易所之间实现转托管，从而进行跨市场交易，而公司债、中期票据、短期融资券等债券均无法实现两个市场间的互通。

▍资料来源　蔡国喜．我国债券市场统一方案构想［J］．证券市场导报，2004（5）：4-10.

## 二、根据交易标的物分类

根据不同的交易标的物，金融市场可以划分为证券市场、外汇市场、衍生金融工具市场和黄金市场。证券市场主要包括票据市场、股票市场和债券市场，由于前面已经详细分析，因此在此不再赘述。

### （一）外汇市场

外汇市场是指以外汇作为交易对象的网络和场所。所谓外汇是指外国货币或者以外国货币表示的用于国际结算的支付手段，主要包括国外现钞和以外币表示的支付凭证（主要是银行汇票、本票以及银行存款等）。

外汇市场的参与者主要包括：

（1）非银行客户，即因从事国际贸易、投资及其他国际经济活动而出售和购买外汇的非银行机构和个人。

（2）外汇银行，即由本国中央银行批准的、可以经营外国业务的商业银行和其他金融机构。

（3）外汇经纪商，即经过所在国中央银行核准参与外汇市场的交易中介机构。

（4）中央银行。

外汇市场包括外汇银行与非银行客户之间的外汇交易市场、银行间外汇交易市场以及银行和中央银行之间的外汇交易市场。外汇市场的交易主要通过现代化通信设备和计算机网络来完成，固定场所的外汇交易仅在欧洲大陆的法国巴黎、德国法兰克福以及比利时的布鲁塞尔等城市存在。

（二）衍生金融工具市场

衍生金融工具市场是指以衍生金融工具作为交易对象的场所和交易网络，主要包括交易所衍生金融工具市场和场外衍生金融工具市场。交易所市场中的交易品种主要有利率期货（期权）、货币期货（期权）、股票指数期货（期权）及股票期货（期权）等，以标准化合约进行交易，除价格外，合约的品种、规格、质量、交货地点、结算方式等内容都有统一规定。场外市场中的交易品种主要包括远期和外汇互换、远期利率协议、利率（货币）互换及利率（货币）期权等非标准化合约，主要采取一对一的交易方式，其特点在于衍生产品可以根据不同的风险特征进行设计，灵活性较强，而且由于场外市场的参与者主要是机构投资者，因此场外市场更适合于规模大、产品结构较为复杂的产品。

2006年，中国金融期货交易所在上海成立，交易品种是沪深300股票指数期货和5年期国债期货，这标志着我国交易所衍生金融工具市场的建立。

（三）黄金市场

黄金市场是指专门集中进行黄金买卖的交易场所，交易的产品是黄金实物或各类黄金衍生品。黄金市场的主要参与者有国际金商、银行、对冲基金等金融机构，各个法人机构，私人投资者以及在黄金期货交易中有很大作用的经纪公司。黄金市场不仅是为投资者提供的重要的投融资工具，还具有套期保值功能，能有效规避价格风险。2002年我国成立上海黄金交易所，2014年上海黄金交易所启动“黄金国际板”，我国黄金市场进一步对外开放。

## 三、根据市场参与主体所承担的具体职能分类

根据市场参与主体所承担的具体职能，金融市场可以分为一级市场和二级市场。

### （一）一级市场

一级市场又称初级市场或发行市场，是指资金需求者将金融资产首次出售给公众时所形成的交易市场。金融资产的发行主要有两种方式：

（1）公募发行，即发行人向不特定的对象公开发售金融资产的方式。其中，不特定的对象是指所有合法的社会投资者。

（2）私募发行，即发行人向特定对象以非公开的方式发售金融资产的方式。其中，特定的对象由各国证券法的相关规定确定。

### （二）二级市场

二级市场又称次级市场或流通市场，是指已发行的金融资产在不同投资者之间买卖转让的交易市场。二级市场通过有序交易使一级市场中发行的金融资产票据具有了流动性，从而更好地保障了金融资产价值和功能的实现。

## 四、根据交易场所的差别分类

根据交易场所的差别，金融市场可以分为场内市场和场外市场。

### （一）场内市场

场内市场又称交易所市场，是指由交易所组织的集中交易市场，一般有固定的交易场所和交易活动时间，交易对象包括多种金融工具。交易所为所有的市场参与者集中了买入和卖出的信息，在其中的某个报价上，交易者可以决定买入或卖出，或者给出另一报价。信息传播的媒介由交易所决定，可以是声音、手势或电子信息。当两个参与者达成一致时，会通过市场传达出该笔交易的成交价。目前，我国的场内市场主要包括上海证券交易所、深圳证券交易所、郑州商品交易所、大连商品交易所、上海期货交易所和中国金融期货交易所。

### （二）场外市场

场外市场又称柜台交易市场，是指除了交易所市场以外的所有有形或无形的交易场所。在传统的场外市场，投资者、交易商和经纪商一般通过电话、电传相互议价并达成交易。随着电子平台的出现，这种传统的直接双边交易逐步被多交易商与客户或者单交易商与客户的多边电子交易所替代，传统的电话询价交易模式被撮合配对、确定报价和询价等多种电子化交易模式所取代，从而极大地促进了场外市场的发展。目前，我国的场外市场主要包括新三板市场、各地的股权交易所和产权交易市场，以及证券公司的柜台交易市场。

## 第四节　衍生金融工具的类别和内容

尽管传统的信用工具作为资金融通的载体，极大地促进了商品经济和金融体系的发展，但是与之相关的风险也越来越高。为了向市场提供避险工具，实现资产保值，在基础金融工具和基础变量之上派生出了金融衍生工具。

金融衍生工具又称衍生金融工具、金融衍生品，是指价值依赖于基础金融产品价格变动的派生金融工具，如远期、期货、期权、互换等。一般来说，衍生金融工具有四个特点：

第一，跨期性。衍生金融工具是交易双方通过对利率、汇率、股价等因素变动趋势的预测，约定在未来某一时间根据一定条件进行交易或选择是否交易的合约。因此，衍生金融工具的交易是建立在对未来预期的基础上，将影响投资者在未来一段时间内或未来某时点上的现金流，同时，预期的准确与否直接决定了投资者的盈亏。

第二，杠杆性。衍生金融工具交易不需要全额支付合约价值的资金，只需要支付一定比例的保证金就可进行全额交易，使投资者能够实现以小博大的杠杆效应。

第三，联动性。衍生金融工具的价值与基础金融产品价格的变动具有极为紧密的联系，这一联动关系既可以是简单的线性关系，也可以表达为非线性关系或者分段函数。

第四，高风险性。由于衍生金融工具具有杠杆放大效应，因此其具有比基础金融产品更高的风险性。

衍生金融工具的种类繁多。按照不同的标准，可以作不同的划分。

### 一、根据交易方式分类

根据交易方式，衍生金融工具可以划分为金融远期合约、金融期货合约、金融期权、金融互换和结构化金融衍生品。

#### （一）金融远期合约

金融远期合约是指交易双方约定在未来某一特定时间，按照约定价格买卖一定数量某种基础金融工具的合约。金融远期合约是非标准化金融合约，根据交易双方各自的需求，协商确定交割的金融资产、交割的日期、交割的价格和数量等条款。金融远期合约没有固定、集中的交易场所，主要在场外市场进行交易。一般来说，金融远期合约主要包括远期汇率协议（外汇合约）、远期利率协议、远期股票合约和远期债券合约。

1.远期外汇合约

远期外汇合约（forward exchange contracts）是指交易双方约定在未来某一时间按约定的远期汇率买卖一定数量的某种外汇的合约。订立远期外汇合约的目的是规避汇率风险，或者投机套利。远期外汇合约包括有本金交割的远期外汇合约和无本金交割的远期外汇合约。有本金交割的远期外汇合约是指交易双方约定在未来某一特定时点，以约定汇率交割本金的交易。无本金交割的远期外汇合约是指交易双方约定在未来某一特定时点，按照所约定的远期汇率和到期日即期汇率的差额进行结算的交易，该交易不必进行本金交割。

2.远期利率协议

远期利率协议（forward rate agreements）是指交易双方约定从未来某一商定日期开始在某一特定时期内按协议利率借贷一笔数额确定、以具体货币表示的名义本金的协议。到期时，交易双方不必支付本金，只是根据协议利率和参考利率之间的差额和名义本金额，计算出交易一方向另一方支付的结算金。其中，承诺支付协议利率的为买方，收到该协议利率的为卖方。协议利率为双方在合同中同意的固定利率，参考利率为合同结算日的实际市场利率。在远期利率协议下，如果参考利率大于协议利率，则由卖方向买方支付结算金。如果参考利率小于协议利率，则由买方向卖方支付结算金。因此，订立远期利率协议的目的主要在于规避利率波动的风险。

3.远期股票合约

远期股票合约是指交易双方约定在未来某一特定日期，按照特定价格交付一定数量单只股票或一揽子股票的合约。远期股票合约在世界上出现的时间不长，总交易规模也不大。

4.远期债券合约

远期债券合约是指交易双方约定在未来某一特定日期，按照约定的价格和数量，买卖标的债券的远期合约。

**【专栏36】　金融远期合约在我国的发展**

目前，我国的金融远期合约交易主要有三种：银行间债券市场的债券远期交易、人民币远期利率协议交易和银行间远期外汇交易。

我国的银行间债券市场的债券远期交易始于2005年6月。交易者可通过专线交易系统进行电子交易，也可以通过电话、传真等方式自行询价，确定交易。债券远期交易数额最小为债券面额10万元，交易单位为债券面额1万元。债券远期交易共有8个期限品种，期限最短为2天，最长为365天，其中7天品种最为活跃。交易成员可在规定区间内自由选择交易期限，不得展期。

我国的人民币远期利率协议业务始于2007年11月开始实施的《远期利率协议业务管理规定》。目前人民币远期利率协议的参考利率均为上海银行间同业拆借利率（Shibor），主要品种包括1个月对4个月、3个月对6个月和9个月对12个月等。

我国于2005年正式推出银行间远期外汇交易，成为我国银行间外汇市场交易的第一个外汇衍生品，为银行规避汇率风险提供了渠道。进行远期外汇交易的双方通过中国外汇交易中心询价交易系统进行交易，交易的外币币种、金额、期限、汇率、交割安排等由交易双方协商议定。远期外汇市场的参与主体须为中国外汇交易中心的会员，金融机构参与银行间远期外汇交易，须获得中国银行保险监督管理委员会颁发的金融衍生产品交易业务资格；其他非银行金融机构会员须获得其监管部门的批准；非金融企业会员须经国家外汇管理局批准。

▍资料来源　上海证券交易所|投资者教育. 金融衍生产品基础知识［EB/OL］.［2018-05-03］. http：//edu.sse.com.cn/2015/capitalmarket/basicinfo/video/video/c/4093089.shtml.

（二）金融期货合约

金融期货合约（future contracts）是指交易双方在有组织的交易所内以公开竞价形式达成的，在未来某一特定时间交付标准数量的特定金融资产的合约。金融期货合约是由期货交易所制定的标准化合约，对合约到期日及其买卖资产的种类、数量、质量都作出了统一规定。金融期货合约主要包括货币期货、利率期货和股价指数期货。近年来，房地产价格指数期货、通货膨胀指数期货等新型的期货品种也相继在不少交易所推出。

1.货币期货

货币期货又称外汇期货，是以外国货币（外汇）为标的物的期货合约，主要用于规避外汇风险，是金融期货中最早产生的品种。外汇期货交易一般在期货交易所进行，合约到期后主要采用实物交割的方式完成交易，投资者只需通过银行转账就可完成交割手续。

2.利率期货

利率期货是指以债券类证券为标的物的期货合约，它可以回避银行利率波动所引起的证券价格变动的风险。

按照合约标的物的期限，利率期货可分为短期利率期货和长期利率期货两大类。

短期利率期货是指期货合约标的物的期限在1年以内的各种利率期货，即以货币市场的各类债务凭证为标的物的利率期货均属短期利率期货，包括各种期限的商业票据期货、国库券期货及欧洲美元定期存款期货等。

长期利率期货则是指期货合约标的物的期限在1年以上的各种利率期货，即以资本市场的各类债务凭证为标的物的利率期货均属长期利率期货，包括各种期限的中长期国库券期货和市政公债指数期货等。

相对于商品期货和其他金融期货，利率期货的特点主要表现为：第一，利率期货的标的物不是利率，而是和利率密切相关的债权债务工具。例如，10年期国债利率期货合约的标的物不是10年期利率，而是10年期国债。第二，利率期货价格与实际利率呈反向变动。利率越高、利率期货的价格越低；利率越低、利率期货的价格越高。第三，利率期货的交割方法比较特殊。利率期货主要采取现金交割方式，有时也采用现券交割。通常情况下，短期利率期货主要采取现金交割方式，中长期利率期货（主要是国债期货）则主要采用现券交割的方式。

3.股价指数期货

股价指数期货是指以股价指数为标的物的期货合约。同其他期货合约不同，股价指数期货的标的物是指数中所有的成分股票，难以进行实物交割，因此交易时只能把股价指数的点数换算成货币单位进行结算。

**【专栏37】　　金融期货在我国的发展现状**

2006年，中国金融期货交易所在上海成立，拉开了我国发展金融期货的序幕。2007年4月，《期货交易管理条例》实施，成为我国期货市场法治进程中的重要里程碑。2010年4月，中金所第一个产品——沪深300股指期货诞生，经过4年的发展，2014年在全球股指期货中的成交排名居第五位。2013年7月，中国证监会批准中金所开展国债期货交易，中金所于2013年9月正式推出5年期国债期货合约，交易标的为100万元人民币面额、票面利率为3%的5年期名义标准国债。2015年，中金所先后推出10年期国债期货、上证50指数期货和中证500指数期货。10年期国债期货的交易标的为100万元人民币面额、票面利率为3%的10年期名义标准国债。2018年8月，2年期国债期货合约获准在中金所挂牌交易。

综上所述，目前中金所已有3个权益类产品和3个利率类产品，表明我国金融期货市场功能作用日益显现，成功嵌入资本市场。

（根据《中国金融期货发展简明大事记》等相关资料整理）

（三）金融期权

金融期权合约（option contracts）是指合约买方向卖方支付一定费用（称为“期权费”或“期权价格”），在约定日期内（或约定日期）享有按事先确定的价格买卖一定数量某种金融资产的权利的合约。

按照交易标的物的不同，金融期权合约主要包括利率期权、货币期权、股票指数期权、股票期权以及金融期货期权。利率期权的标的物通常是政府债券、欧洲美元债券、大额可转让存单等基础金融工具。货币期权的标的物主要是国际硬通货，如美元、欧元、英镑、瑞士法郎等。股票指数期权的标的物是股票指数。股票期权的标的物是单只股票和股票组合。金融期货期权的标的物则是金融期货合约。

按照选择权的性质，金融期权可以划分为看涨期权和看跌期权。看涨期权又称认购权，是指期权的买方具有在约定时间内（或合约到期日）按照约定的价格买入一定数量的基础金融工具的权利。看跌期权又称认沽权，是指期权的买方具有在约定时间内按约定价格卖出一定数量金融工具的权利。

按照合约履约时间的不同，金融期权可以分为欧式期权、美式期权和修正的期权。欧式期权只能在期权到期日执行。美式期权则可以在期权到期日或者到期日前的任何一个交易日执行。修正的期权又称百慕大期权或大西洋期权，是指可以在期权到期日前的一系列规定日期执行。

目前，我国金融期权交易处于初级发展阶段。例如，2015年2月上交所挂牌上证50ETF期权合约，2019年12月深交所上市嘉实沪深300ETF期权合约品种，2019年12月23日中国金融期货交易所宣布开展沪深300股指期权交易。

（四）金融互换

金融互换（swap）是指两个或两个以上的当事人按共同商定的条件，在约定的时间内定期交换一系列现金流的金融交易。从本质上看，金融互换是比较优势理论在金融领域的运用。从理论上讲，只要双方对对方的资产或负债都有需求，并且双方在两种资产或负债上存在比较优势，就可以进行互换交易。从交易结构上看，金融互换交易是一系列远期交易的组合。根据互换对象不同，金融互换主要可以分为货币互换、利率互换、股权互换、信用违约互换。

1.货币互换

货币互换是指将一种货币的本金和固定利息与另一货币的等价本金和固定利息进行交换。

货币互换的作用主要体现在：

第一，套利。通过货币互换得到直接投资不能得到的所需级别、收益率的资产，或是得到比直接融资的成本较低的资金。

第二，对货币暴露保值。随着经济日益全球化，许多经济活动开始向全世界扩展。公司的资产和负债开始以多种货币计价，货币互换可用来使与这些货币相关的汇率风险最小化，对现存资产或负债的汇率风险保值，锁定收益或成本。

第三，资产、负债管理。通过对资产和负债的币种进行搭配，实现管理资产负债的目的。

第四，规避外币管制。现有许多国家实行外汇管制，使从这些国家汇回或向这些国家公司内部贷款的成本很高，甚至无法实现，而通过货币互换就可以解决此类问题。

2. 利率互换

利率互换是指双方同意在未来的一定期限内根据同种货币的同样的名义本金交换现金流，其中一方的现金流根据浮动利率计算，而另一方的现金流根据固定利率计算。

利率互换的作用主要体现在：

第一，降低融资成本。出于各种原因，对于同种货币，不同的投资者在不同的金融市场的资信等级不同，因此融资的利率也不同，存在着相对的比较优势。利率互换可以利用这种相对比较优势进行互换套利以降低融资成本。

第二，资产负债管理。利率互换可将固定利率债权（债务）换成浮动利率债权（债务）。

第三，对利率风险保值。对于一种货币来说，无论是固定利率持有者还是浮动利率持有者，都面临着利率变化的影响。对于固定利率的债务人来说，如果利率的走势下降，其债务负担就相对较高；对于浮动利率的债务人来说，如果利率的走势上升，则债务成本会增加。

3. 股权互换

股权互换是指将某一股票指数所实现的资本利得及红利和某一债券的固定利率或浮动利率进行交换的交易。通过使用股权互换，指数化投资组合的管理者可以把债券投资转换成某一股票指数的投资，这样不仅避免了组成指数的全部或者部分构造指数化投资的麻烦，还便于组合的管理者投资于外国的股票指数。

4. 信用违约互换

信用违约互换指交易双方达成的，约定在未来一定期限内，信用保护买方按照约定的标准和方式向信用保护卖方支付信用保护费用，由信用保护卖方就约定的一个或多个参考实体向信用保护买方提供信用风险保护的金融合约。它属于合约类信用风险缓释工具。

信用违约互换的作用主要体现在：

第一，风险管理。信用违约互换的出现使得商业银行能够主动管理信用风险，将信用风险与市场风险进行了分离并可以交易，实现了信用风险交易的市场化，对冲了信用风险，增强了流动性。市场上其他多种类型的机构参与，将信用风险分散并转移，减少了违约带来的损失，降低了市场整体的系统性风险。

第二，投资功能。随着信用违约互换的发展，它已成为一些金融机构投机和套利的工具。参考资产的信用评级的变动，会引起信用违约互换合约价格的变化。利用这种变化，投资者可以获得巨额收益。

**【专栏38】　我国金融互换的发展**

中国第一份货币互换协议于2001年6月与泰国央行签署，之后便陷入沉寂。直到2005年人民币浮动汇率制度改革，才重新启用货币互换协议，旨在抵御以美元计价所可能引发的汇率波动风险。2008年之后，以人民币为标的货币的货币互换得到了快速发展，截止到2018年3月我国已经与世界上36个国家和地区签署了货币互换协议，累计货币互换规模达到3.3万亿元人民币。

2006年2月，我国推出了人民币利率互换交易，主要参与者包括：

（1）具有做市商和结算代理业务资格的金融机构。

（2）出于自身需求进行利率互换交易的其他金融机构。

（3）与具有做市商或结算代理业务资格的金融机构进行以套期保值为目的的利率互换交易的非金融机构。

目前，人民币利率互换交易的交易品种主要包括7天回购（7d repo）利率、隔夜Shibor（o/n Shibor）、3个月Shibor（3m Shibor）、1年定存（1y deposit rate）利率和1年贷款（1y lending rate）利率。近年来，随着人民币国际化进程的加快，人民币利率互换交易迎来快速发展的契机，2021年全年利率互换名义本金总额达到19.56万亿元。

2016年9月，中国银行间市场交易商协会公开发布《银行间市场信用风险缓释工具试点业务规则》及配套业务指引文件，推出了信用违约互换产品（CDS）和信用联结票据（CLN）。加上之前就已经存在的信用风险缓释合约（CRMA）和信用风险缓释凭证（CRMW），初步形成了我国信用风险衍生工具市场。根据中国银行间市场交易商协会公布的2021年《信用风险缓释工具市场研究报告》，CRM市场的规模和参与者类型与数量都有显著的增长和持续的丰富。从规模上看，凭证类产品（CRMW和CLN）存续165笔，名义本金总计370.86亿元；合约类产品（CRMA和CDS）存续35笔，名义本金总计51.57亿元。从参与者的数量来看，CRM市场参与者合计124家，包括CRM核心交易商64家、一般交易商60家。商业银行和信用增进机构为CRM主要净卖方，其中城商行、股份制银行创设积极；资产产品管理人为主要净买方，公募基金、私募资管投资活跃，保险资管首次亮相。

（根据相关资料整理）

（五）结构化金融衍生品

结构化金融衍生品是指利用金融产品的结构化特性，通过其与金融衍生品的结合或者与基础金融工具的结合所开发设计出来的金融衍生品。结构化金融衍生品最早产生于欧洲，是近年来金融市场上发展最为迅速的一类产品。同其他金融衍生品相比，结构化金融衍生品的特性更加复杂。

结构化金融衍生品的突出优势在于：

（1）通过投资结构化产品可以介入不同市场的标的证券，可以连接到股票篮子、指数、基金等。

（2）投资期限及条款设计上更为灵活，更能满足多层次、多样性的市场需求。

同时，结构化金融衍生品也比一般金融衍生品更易面临风险，这些风险主要包括：

（1）流动性风险。一般结构化产品都具有一定的封闭期，而且结构化产品属于场外交易的契约产品，不具备可以流通的二级市场，从而不可避免地面临流动性风险。

（2）汇兑风险。如果投资者最初是以其他外币兑换成产品设计的币种，那么，就必须留意外币的利息及本金偿还时转换回初始外币可能会产生的低于原有投资本金的风险。

（3）利率风险。一方面，结构化产品标的为利率指标，当市场利率不符合预期时，商品市价将下跌；另一方面，结构化产品自身含有的固定收益部分也会受到市场利率的影响。

（4）提前解约风险。如果结构化产品客户中途解约，必须对原先建立衍生性商品及固定收益商品的部分做平仓交易，因产品价值将受市场因素及交易价差的影响，不再适用于原产品收益，可能会使提前解约的参考价低于原先的投资本金，从而造成损失。

（5）信用风险。投资者须审慎评估证券公司的信用状况，投资本金及商品条件的约定都要考虑证券公司信用。

目前我国结构化金融衍生品主要包括由商业银行开发的各类结构化理财产

品，以及在交易所市场上可上市交易的各类结构化票据等。

**二、根据交易场所分类**

根据不同的交易场所，衍生金融工具可以划分为场内交易的衍生工具和场外交易的衍生工具。

（一）场内交易的衍生工具

场内交易的衍生工具是指在有组织的交易所上市交易的衍生产品，如在股票交易所交易的股票期权、在期货交易所和专门的期权交易所交易的各类期货合约和期权合约等。

（二）场外交易的衍生工具

场外交易的衍生工具是指不通过集中的交易所，而是通过各种通信方式进行分散的、一对一交易的衍生产品，如金融机构之间、金融机构与大规模交易者之间进行的各类互换交易和信用衍生品交易。

除了交易场所不同以外，场内交易的衍生工具与场外交易的衍生工具的主要区别在于：

（1）交易对手不同。场内交易的衍生工具买卖双方的交易对手都是结算机构，而场外交易的衍生工具的交易对手是买卖双方。

（2）交易规则不同。场内交易的衍生工具的交易规则由交易所统一制定，而场外交易的衍生工具的交易规则由交易双方协商确定。

（3）定价方式不同。场内交易的衍生工具的价格在交易所内通过公开竞价产生，而场外交易的衍生工具的价格由交易双方协商确定。

（4）合同文件。场内交易的衍生工具的交易合约由交易所制定统一格式，而场外交易的衍生工具的交易合约由买卖双方自行制定。

**三、根据产品形态分类**

根据产品形态，衍生金融工具可以划分为独立衍生金融工具和嵌入式衍生金融工具。

（一）独立衍生金融工具

独立衍生金融工具是指本身即为独立存在的金融合约，其价值随特定利率、汇率、金融产品价格、商品价格、价格指数、费率指数、信用等级、信用指数或其他类似变量的变动而变动，如期权合约、期货合约或者互换交易合约等。

（二）嵌入式衍生金融工具

嵌入式衍生金融工具是指嵌入到非衍生合同（简称“主合同”）中的衍生金融工具，该衍生金融工具使主合同的部分或全部现金流量按照特定利率、金融工具价格、汇率、价格或利率指数、信用等级或信用指数等的变动而发生调整，如可转换公司债券中包含的赎回条款、返售条款、转股条款、重设条款等。

## 本章小结

金融体系是由金融机构、金融市场和金融工具以复杂的方式相互作用、共同构成的有机整体。金融体系的基本功能包括资金配置、风险分担、提供支付清算便利、信息收集和处理。金融体系的构成要素主要包括金融中介机构、金融市场和金融工具。

金融中介机构是金融体系赖以正常运行的组织条件。根据金融中介机构的性质和主要业务类别，可以分为存款型金融机构、契约型金融机构、投资型金融机构、政策性金融机构和其他金融机构。

金融市场的运行极为复杂，需要通过不同角度分类抽象出其特征。根据交易的金融工具的期限，金融市场可以分为货币市场和资本市场。货币市场是指以期限为1年或者1年以内的短期金融工具为媒介，进行短期资金融通和借贷的市场。资本市场是指期限为1年以上的长期金融工具的发行和交易市场。根据不同的交易标的物，金融市场可以划分为证券市场、外汇市场、衍生金融工具市场和黄金市场。

衍生金融工具又称金融衍生工具或金融衍生品，是指其价值依赖于基础金融产品价格变动的派生金融工具。衍生金融工具具有跨期性、杠杆性、联动性、高风险性等特点。根据交易方式，衍生金融工具可以划分为金融远期合约、金融期货合约、金融期权、金融互换和结构化金融衍生品；根据不同的交易场所，可以划分为场内交易的衍生工具和场外交易的衍生工具；根据产品形态，可以划分为独立衍生金融工具和嵌入式衍生金融工具。

## 复习思考

**一、名词**

（1）金融中介机构（2）金融工具（3）金融创新（4）契约型金融机构（5）政策性金融机构（6）货币市场（7）二级市场（8）金融互换（9）衍生金融工具

**二、简答**

（1）金融体系的一般结构是怎样的？

（2）简述金融中介机构的分类。

（3）简述货币市场的构成。

（4）什么是独立衍生金融工具？什么是嵌入式衍生金融工具？

**三、论述**

（1）论述金融体系的基本功能。

（2）论述货币市场和资本市场的组成。

# 第十二章

# 货币需求和货币供给

货币在一国经济活动中扮演着十分重要的角色，不仅仅是因为金融体系的运行离不开货币，更为重要的是货币现象对一国几乎全部的宏观经济变量产生着普遍的短期影响，而这种影响主要是通过货币供求变动实现的。

本章将学习货币需求和货币供给的含义、相关理论、影响因素以及对一国宏观经济的影响。

## 第一节　货币需求

### 一、货币需求和货币需求函数的含义

#### （一）货币需求的含义

在经济学中，需求是一种能力与愿望的统一体，即一种有支付能力的愿望。这意味着需求必须包含两种基本要素，缺一不可：第一，人们希望得到或者拥有；第二，人们有能力得到或者拥有。基于这一定义，货币需求则必须既包含得到或持有货币的愿望，又包含得到或持有货币的能力。由于货币可以作为交易和支付的手段，因此可以作为财富被储藏，从而产生被得到或被持有的愿望。但是，囿于一定条件，人们对货币的需求并不是无限的，货币需求是可以被度量的。因此，货币需求是个人、家庭或者企业意愿持有的货币余额水平，包括现金、货币存款以及各种替代品。

在一国经济体系中，货币需求可以划分为两个层次的需求——微观货币需求

和宏观货币需求。微观货币需求是指个人、家庭和企业在一定时期内的货币需求，宏观货币需求则是对全部微观货币需求的加总。

（二）货币需求函数的含义

货币需求函数是指将决定和影响货币需求的各种因素作为自变量，将货币需求本身作为因变量，建立起来的数量变化关系。建立货币需求函数意在能够更为准确地分析影响货币需求的变量对货币需求的影响，从而更为准确地测定货币需求量，为更好地制定货币政策、更为准确地控制货币供给量提供基础。

## 二、货币需求理论

一般来说，最为传统的货币需求理论主要包括古典学派的货币需求理论、凯恩斯学派的货币需求理论和弗里德曼的现代货币数量论。

（一）古典学派的货币需求理论

严格说来，古典学派的货币需求理论并没有明确地研究货币需求，而是研究了货币数量和价格水平以及产出的关系，因此也被称为货币数量论。但是，货币数量论研究了货币在经济中的作用，对于理解货币需求的决定具有一定的意义，因此被视为早期的货币需求理论。货币数量论有很多种形式，最具代表性的是现金交易说和现金余额说。

1.现金交易说

现金交易说又称现金交易方程式，是美国经济学家欧文·费雪在其1911年出版的《货币的购买力》一书中提出来的。一直以来，古典学派经济学家们始终认为，“货币在价值上等于其交易的商品”，用公式可以表示为：

$$MV=PT$$

式中：M表示一定时期流通中的货币供给量；

V表示货币流通速度；

P表示一般物价水平；

T表示经济中的商品和劳务的交易量。

费雪认为，T是充分就业水平下的总产出，“其多少取决于自然资源和技术条件，而不取决于货币数量”，因此，货币供给量的变动不会影响这一产出水平。而货币流通速度（包括通货和存款）则取决于“个人习惯、平均周转率、人口密度、商业惯例、交通便利以及其他技术条件，但与货币的数量无关，也与价格水平无关”。基于上述分析可以得出结论，货币供给量的变动将导致一般物价水平的同比例变动。如果将上述公式的两边都除以V，可得：

$$M=\frac{PT}{V}$$

由于这一公式可以被看作既定数量总收入条件下所持有的货币数量，因此实际上表达了货币需求的思想，即货币需求取决于名义收入（PT）。

2.现金余额说

现金余额说是由英国剑桥学派的经济学家马歇尔以及他的门生庇古等人创立的，从货币供求的角度阐述了货币数量和一般物价水平之间的关系。该理论认为，货币数量论是一种货币需求函数，但是人们关注的并不是货币需求本身，而是货币需求与财富或名义总收入的比重，而这一比重取决于除了货币以外的各种资产的收益率，用公式可以表示为：

$$\frac{M_d}{Y}=k（r）$$

式中：$M_d$表示货币需求量；

Y表示财富或名义总收入；

k表示一个函数；

r表示实际投资收益率。

将上述公式两边都乘以Y，则可以得出：

$$M_d=k（r）Y=k（r）PT$$

由于k等于货币流通速度的倒数，而货币流通速度独立于货币供给，k也同样独立于货币供给，因此，货币需求取决于名义总收入。

（二）凯恩斯学派的货币需求理论

1.凯恩斯的货币需求理论

凯恩斯的货币需求理论又被称为流动性偏好理论，是凯恩斯在其1936年出版的著作——《就业、利息和货币通论》一书中提出来的。这一理论的研究起点是对货币需求动机的分析。根据凯恩斯的观点，微观经济主体对货币的需求是出于三种动机：交易动机、预防动机和投机动机。

（1）交易动机的货币需求

交易动机的货币需求是指个人、家庭和企业为了应付日常的交易需要而愿意持有一定数量货币的需求。这是因为个人、家庭和企业都希望能够在收入实现当期之外的其他时间里也能进行支付，也是货币作为交易媒介而诱发的一种货币需求。同时，凯恩斯假定，交易动机货币需求主要是由收入水平决定的。

（2）预防动机的货币需求

预防动机的货币需求是指个人、家庭和企业为了应付突然发生的意外支出或未预期到的交易而保留一定数量货币的需求。也就是说，预防动机的货币需求主要源于未来收入以及消费需要和购买的不确定性，此时货币是作为具有特定价值的支付手段。实际上，在不确定条件下，微观经济主体对未来支付的数量和时间以及未来的收入形成预期，并根据预期决定持有的货币余额。但是，凯恩斯并没有对预防动机进行进一步的研究，而是将预防动机的货币需求和交易动机的货币需求合二为一，不加区分。

（3）投机动机的货币需求

投机动机的货币需求是指人们为了在未来的某一适当时机进行投机活动而保持一定数量货币的需求。凯恩斯假定只有两种资产——货币和债券，同时假定货币不生息，即净收益为零，因此风险也为零。债券能够生息，但债券价格变动会产生资本溢价或资本损失。人们出于投机动机，在持有不生息的货币和收益不确定的债券之间进行选择，以使自己的收益最大化。如果预期债券价格与累积利息之和大于当前价格，则持有债券具有净收益，人们可能纷纷选择持有债券。如果预期债券价格远低于当前价格，且预期的资本损失大于利息收入，持有债券将面临净损失，那么人们就可能会选择持有货币。凯恩斯进一步指出，预期债券价格的变动主要受利率的影响，因此投机动机的货币需求也是由利率决定的。

将上述三种动机的货币需求加总在一起，就构成了货币总需求。凯恩斯进一步指出，人们要持有的货币余额是实际货币余额，而非名义货币余额。所谓实际货币余额是与名义货币余额相对应的一个变量，是指名义货币数量在扣除了物价变动因素之后的货币余额，它等于名义货币需求除以一般物价水平，即$\frac{M_d}{P}$。至此，凯恩斯的货币需求函数用公式可以表示为：

$$\frac{M_d}{P} = M_1 + M_2 = L_1(Y) + L_2(i)$$

$$\frac{dL_1}{Y} > 0; \frac{dL_2}{I} < 0$$

式中：$M_d$表示名义货币总需求；

$M_1$表示交易动机和预防动机产生的货币需求；

$M_2$表示投机动机的货币需求；

$L_1$和$L_2$是与$M_1$和$M_2$相对应的流动性偏好函数；

Y表示收入水平；

i表示利率。

从公式可以看出，交易动机货币需求和预防动机货币需求之和与收入水平成正比，而投机动机的货币需求和利率成反比。凯恩斯进一步指出，一旦利率降低至某一水平，使各个微观经济主体形成一种广泛一致的预期，即利率不会进一步下降只会上升，债券价格只能下降，就会出现流动性陷阱。在这种情况下，债券持有人的资本损失使得他们更愿意持有货币而不是债券，在现行债券价格下愿意抛售而不是购入债券，此时投机动机的货币需求弹性就会变得无限大，无论增加多少货币供给，都会被各个微观经济主体以货币的形式储藏起来。

2.凯恩斯货币需求理论的拓展

20世纪50年代以后，一些经济学家针对凯恩斯所提出的三种动机的货币需求进行了更为深入的研究，进而补充、修正和发展了凯恩斯的货币需求理论。其中，最具代表性的是鲍莫尔的平方根公式和托宾的资产选择理论。

（1）平方根公式

美国经济学家鲍莫尔认为，凯恩斯所提出的交易动机的货币需求只是收入水平的函数这一假定并不成立，利率对于交易动机货币需求也会产生重要的影响。

鲍莫尔分析了两种资产的选择——货币和短期债券。假定货币是不生息的，短期债券的收益率是确定的。微观经济主体持有货币是为了满足其自身购买商品和服务的需要，但是他们希望能够在成本最小化的条件下满足其交易需求。按照鲍莫尔的分析，这种成本主要包括交易成本和机会成本。交易成本主要是出售短期债券获得货币所支付的手续费，机会成本则是持有货币所放弃的利息收益。假定：C代表成本总额，Y代表交易支出总额，k代表每次变现获得的货币量，b代表每次变现的手续费，r代表市场利率，则总成本用公式可以表示为：

$$C=b\frac{Y}{k}+r\frac{k}{2}$$

为了使C值最小，对上式求k的一阶导数，并令其为零，可以解出k值为：

$$k=\sqrt{\frac{2bY}{r}}$$

假定支出是连续且均匀的，即每次出售债券变现获得货币以后，都是以固定的比率和平均的速度支出，则微观经济主体平均持有的货币余额为$\frac{k}{2}$，如果用$M^d$表示交易动机的货币需求，则有下式成立：

$$M^d=\frac{k}{2}=\frac{1}{2}\sqrt{\frac{2bY}{r}}=\sqrt{\frac{bY}{2r}}$$

这个公式就是著名的“平方根公式”。从该公式可以看出，当交易支出总量和手续费增加时，交易动机的货币需求会增加，而当利率上升时，交易动机的货币需求会下降。当手续费为零时，则没有货币需求，这就进一步证明了货币作为交易媒介的职能。

（2）资产选择理论

托宾的资产选择理论对资产选择的原理和投资者的行为准则做了巧妙的表

述，并将资产选择理论和货币需求理论相融合，使资产选择理论真正成为货币需求理论的重要组成部分，同时该理论也被认为是对凯恩斯货币需求理论的重大发展。

根据凯恩斯的货币需求理论，人们对于利率变动的预期总是确定的，每一个微观经济主体均认为未来利率额的高低将如其所预期的那样。因此，各个主体将根据预期利率的上升抑或下降来决定是持有货币还是持有债券，而且各个主体只会在货币与债券这两种资产之间任选其一，而不能兼而有之。

托宾认为，持有债券虽然能够获得利息收益，但同时也存在着债券价格下跌带来资本损失的风险；而持有货币虽然不会生息，但也没有承担风险之忧。因此，微观经济主体在选择资产投资时往往同时考虑收益和风险两个因素，对各种资产的收益和风险进行比较与衡量，确定最优的资产组合，而非只侧重预期收益的最大化。这就解释了为什么微观经济主体既持有货币又持有债券。而根据经济学原理，对资产的收益和风险进行比较的依据是效用最大化原则。简单地说，效用最大化原则是指下列两种情况：第一，在风险一定的条件下预期收益的最大化；第二，在预期收益一定的条件下风险的最小化。因此，当某种资产的收益率变化时，微观经济主体将调整其资产组合以实现效用的最大化，在调整的过程中，投机动机的货币需求将发生改变。托宾进一步指出，投机动机的货币需求与利率是反方向变动关系。

（三）弗里德曼的现代货币数量论

美国经济学家米尔顿·弗里德曼1956年在其发表的论文《货币数量论——一种重新表述》中，对货币需求提出了一种新的解释，后来被称为现代货币数量论。弗里德曼并没有像凯恩斯那样将货币需求分成不同动机的货币需求，而是将货币作为一种资产，从资产需求决定因素的视角分析货币需求。因此，弗里德曼考察了一种更为广泛的货币指标——$M_2$。这一指标不仅仅包括现钞和活期支票存款，还包括了定期存款和储蓄存款。

根据资产需求的决定因素，弗里德曼指出微观经济主体持有的实际货币余额取决于两个因素，一是永久性收入$Y^*$，二是持有货币的机会成本。名义上永久性收入是指一个人一生的预期平均收入，它具有稳定性。持有货币的机会成本主要包括两个指标——金融资产的预期收益$i$与货币的收益$i_M$之间的差额，以及由预期通货膨胀率$\pi^e$度量的耐用品预期收益与货币收益$i_M$之间的差额。同时，弗里德曼假定永久性收入与财富是成比例的，永久性收入越多，则财富越多。综上所述，弗里德曼的实际货币余额需求用公式可以表示为：

$$\frac{M_d}{P} = L(Y^*, i - i_M, \pi^e - i_M)$$

在弗里德曼的理论中，实际货币余额需求随着永久性收入的增加而增加，二者是正相关关系；实际货币需求余额随着持有货币的机会成本增加而下降，与这两个因素都是负相关关系。

**三、货币需求的决定因素**

综上所述，这些货币需求理论中所使用的货币需求主要有两种形式——名义货币需求和实际货币需求。名义货币需求是指各个微观经济主体或者整个社会在一定时点实际持有的货币余额。由于该变量的数值会随着价格水平的变动而变动，同时出于简化的目的，我们将采用实际货币需求的概念，即使用实际货币余额来表达货币需求。因此，这里所提及的货币需求决定因素是指实际货币需求的决定因素。将上述理论综合在一起，我们可以看出，实际货币需求的决定因素主要有五个：实际收入水平、支付方式、非货币资产的利率、货币的收益水平和预期通货膨胀率。

（一）实际收入水平

实际收入水平是交易动机货币需求和预防动机货币需求的决定因素。在其他条件不变的情况下，个人、家庭和企业实际收入水平的提高，会使他（它）们进行更多的实际交易，从而增加货币需求。

（二）支付方式

根据古典学派的理论，个体的交易方式是影响货币流通速度的主要因素之一。交易中货币替代物的可得性在很大程度上会改变货币需求。随着金融服务需求的变化、金融服务成本的变化以及金融监管的变化，金融创新突飞猛进，货币替代物不断出现，支付方式也随之改变。商品和服务交易中大量使用货币替代物进行支付，会改变交易动机的货币需求。在其他条件不变的情况下，货币替代物的可得性越高，交易中使用的货币替代物越多，会使个人、家庭和企业越减少货币持有，对货币的需求越少。

（三）非货币资产的利率

货币的交易动机和投机动机都取决于非货币资产的利率水平。在其他条件不变的情况下，非货币资产的利率提高，会增加持有货币的机会成本，个人、家庭和企业因此减少货币持有量，转而购买其他非货币资产，从而使货币需求减少。

（四）货币的收益水平

货币的收益水平是投机动机货币需求的决定因素之一。在其他条件不变的情况下，货币收益水平的提高会导致个人、家庭和企业更愿意持有货币，从而使货币需求增加。

（五）预期通货膨胀率

如果预期通货膨胀率上升，市场利率会上升，持有货币的机会成本将增加，人们将减少持有的货币余额，货币需求将减少。

## 第二节　货币供给

### 一、货币的度量和货币的层次

（一）货币的度量

一般而言，一国货币度量的依据是货币的定义。由于货币是通过其职能进行定义的，但由于理论上对于货币不同职能之间的关系的认识尚未达成一致，导致货币的定义不同，因此识别货币的基本职能就成为货币度量的关键。

根据传统的货币理论，货币的基本职能是交易媒介，其支付手段和价值储藏职能只是交易媒介职能的衍生品或者结果。因此，基于这一观点，货币主要包括通货和银行体系中的活期存款。随着经济金融的发展，货币的近似替代物不断出现，使得货币作为价值储藏的功能被凸显出来，从而导致了现代金融理论对货币价值储藏职能的强调。于是，货币被重新定义为“购买力的暂栖所”，基于这一定义，储蓄存款和定期存款也应属于货币。

由此可见，由于对货币基本职能的识别是不断发展变化的，导致了货币定义的演变，即从窄口径的货币定义逐渐转向宽口径的货币定义。货币度量体现了这种变化，从而形成了货币层次的划分。

（二）货币的层次

如前所述，货币层次划分的理论是基于不同的货币基本职能，而在实际经济活动中，这种不同可以通过流动性的差异表现出来，因此，货币的流动性成为世界各国划分货币层次的具体标准。具体而言，资产的流动性越高，货币性越强；资产的流动性越低，则货币性也就越低。但是，由于各国金融机构和金融发展水平的差异，货币划分的具体层次和各个层次所涵盖的内容也极不相同，并且随着经济和金融的发展，各国货币层次的内容和划分标准也在不断地修订和完善。国际货币基金组织曾经在1997年的《货币与金融统计手册》中指出，各国中央银行在编制货币供给量统计时，必须考虑本国经济和金融的特点，以满足政策制定和经济分析的需要，并给出了指导性的货币统计口径。

$M_0$：流通中的现金

$M_1$：$M_0$+可转让本币存款和在国内可直接支付的外币存款

$M_2$：$M_1$+单位定期存款和储蓄存款+外汇存款+CD

$M_3$：$M_2$+外汇定期存款+商业票据+共同基金存款+旅行支票

但是，在2000年，国际货币基金组织修订了《货币与金融统计手册》，取消了对货币定义和货币层次的划分，转而从金融资产、资产持有部门和货币发行部门三个方面描述了广义货币，并建议各国中央银行在编制广义货币的同时编制广义流动性总量。

1994年第三季度，中国人民银行按照货币层次正式开始公布货币供应量指标。目前，我国的货币供给量统计口径主要划分为三个层次：

$M_0$：流通中的现金

$M_1$：$M_0$+企业单位活期存款+农村存款+机关团体部队存款+个人持有的信用卡类存款

$M_2$：$M_1$+企业单位定期存款+城乡居民储蓄存款+自筹基本建设存款+证券准备金存款+其他存款

**【专栏39】　　社会融资规模**

传统的金融与经济关系，一般是指银行体系与实体经济的关系。较长时期以来，我国宏观调控重点监测和分析的指标是$M_2$和新增人民币贷款。在某些年份，新增人民币贷款甚至比$M_2$受到更多关注。近年来，随着我国金融市场的快速发展，金融与经济关系发生了较大变化，金融市场和产品不断创新，金融结构呈现多元发展，证券、保险类机构对实体经济的资金支持加大。对实体经济运行产生重大影响的金融变量不仅包括传统意义上的货币与信贷，也包括信托、债券、股票等其他金融资产。只有将除贷款外的其他融资，即金融机构表外融资业务，如银行承兑汇票、委托贷款、信托贷款等，以及直接融资都纳入统计范畴，才能完整、全面地监测和分析整体社会融资状况。

2010年12月的中央经济工作会议和2011年政府工作报告都提出“保持合理的社会融资规模”，社会融资规模成为宏观监测的重要指标之一。社会融资规模是指一定时期内（每月、每季或每年）实体经济（即企业和个人）从金融体系获得的全部资金总额。这里的金融体系是整体金融的概念。从机构看，包括银行、证券、保险等金融机构；从市场看，包括信贷市场、债券市场、股票市场、保险市场以及中间业务市场等。它主要由三个部分构成：一是金融机构通过资金运用对实体经济提供的全部资金支持，主要包括人民币各项贷款、外币各项贷款、信托贷款、委托贷款、金融机构持有的企业债券及非金融企业股票、保险公司的赔偿和投资性房地产等。二是实体经济利用规范的金融工具，在正规的金融市场，通过金融机构信用或服务所获得的直接融资，主要包括银行承兑汇票、非金融企业境内股票筹资及企业债的净发行等。三是其他融资，主要包括小额贷款公司贷款、贷款公司贷款、产业基金投资等。

具体到统计指标上，目前社会融资规模包括人民币贷款、外币贷款、委托贷款、信托贷款、银行承兑汇票、企业债券、非金融企业境内股票融资和其他金融工具融资八项指标。随着我国金融市场的发展和金融创新的深化，实体经济还会增加新的融资渠道，如私募股权基金、对冲基金等。若未来条件成熟，可将其计入社会融资规模。

▍资料来源　中国人民银行货币政策分析小组. 2011年第一季度中国货币政策执行报告[M]. 北京：中国金融出版社，2011.

（三）货币供给的定义

货币供给的定义可以从动态和静态两个角度来考察。从静态角度来看，货币供给是一个存量的概念，即货币供给量，通常是指某一时点上一国经济中的货币存量总额，由货币性资产构成。从动态角度看，货币供给是指货币供给主体向社会公众提供货币的经济行为。

## 二、货币供给量的决定因素

在现代经济社会中，货币供给过程中的参与者包括中央银行、商业银行和公众。图12-1显示了货币供给的过程以及决定经济体中的货币供给的各个因素。从图中可以清楚地看出，货币供给量是由基础货币和货币乘数决定的，中央银行决定了基础货币的变化，货币乘数的变动则要受到中央银行、商业银行和非银行公众的共同影响。

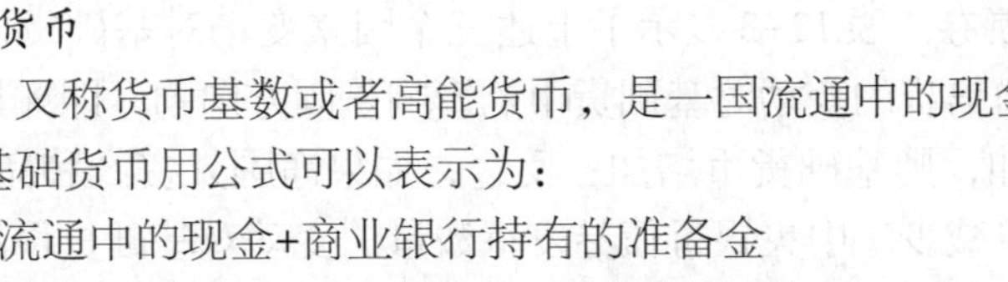


**图12-1　货币供给过程**

下面我们将对基础货币和货币乘数等因素进行逐一分析：

（一）基础货币

基础货币，又称货币基数或者高能货币，是一国流通中的现金和商业银行准备金的总和。基础货币用公式可以表示为：

基础货币=流通中的现金+商业银行持有的准备金

基础货币是货币供给量中最基本的部分，其数量的多少主要由一国中央银行决定，即中央银行通过增加其资产和负债水平来影响基础货币的变动。因此，通过分析中央银行的资产负债情况，可以确定基础货币变动的影响因素。表12–1是一张简化的中央银行资产负债表。

表12–1　**简化的中央银行资产负债表**

| 资产 | 负债 |
|---|---|
| 国外资产 | 流通中的现金 |
| 对政府债权 | 商业银行存款 |
| 对商业银行债权 | 发行债券 |
| 对其他非银行金融机构债权 | 政府存款 |
| 其他资产 | 国外负债 |
| | 资本及其他负债 |

根据资产等于负债的原则，下列等式成立：

基础货币=流通中的现金+商业银行存款

=国外资产+对政府债权+对商业银行债权+对其他非银行金融机构债权+其他资产−发行债券−政府存款−国外负债−资本及其他负债

=（国外资产−国外负债）+（对政府债权+对商业银行债权+对其他非银行金融机构债权+其他资产−政府存款−资本及其他负债）−发行债券

=净国外资产+净国内信贷–发行债券

根据上面的等式，将中央银行资产负债表进行合并，得到进一步简化的资产负债表，如表12–2所示。

表12–2　**合并后的中央银行资产负债表**

| 资产 | 负债 |
|---|---|
| 净国外资产 | 基础货币 |
| 净国内信贷 | 发行债券 |

由表可以看出，基础货币的基本决定因素主要包括三个：净国外资产、净国内信贷和发行债券。表12–3显示了上述三个因素变动对基础货币的影响。净国外资产和净国内信贷的变动对基础货币的影响是同方向的，即如果净国外资产和净国内信贷增加，则基础货币增加；反之，如果净国外资产和净国内信贷减少，则基础货币也将减少。中央银行债券发行数量的变动对基础货币的影响是反方向的，即如果中央银行增加债券发行，则基础货币量将下降；反之，如果中央银行减少债券发行，则基础货币量将增加。

表12-3　**基础货币决定的基本因素**

| 变量 | 参与主体 | 变量的变动 | 基础货币的变动 |
| --- | --- | --- | --- |
| 净国外资产 | — | 增加 | 增加 |
| 净国内信贷 | 中央银行 | 增加 | 增加 |
| 发行债券 | 中央银行 | 增加 | 减少 |

注：净国外资产的变动主要受经常项目差额、金融与资本项目差额以及国际资本流动等因素的影响，中央银行对其影响较小。

但是，基础货币的变动，并不等于货币供给量的全部变动，货币供给量的变动还受到货币乘数的影响。只有在货币乘数一定的条件下，基础货币的规模才决定货币供给量的规模。具体而言，如果基础货币增加，货币供给量将成倍扩张；如果基础货币减少，则货币供给量会成比例缩减。由于基础货币能够被中央银行直接控制，因此，在货币乘数不变的条件下，中央银行可以通过控制基础货币来控制货币供给总量。

（二）货币乘数

货币乘数是指每一单位基础货币变动能够引起的货币供给量变动的倍数。在基础货币一定的条件下，货币乘数越大，货币供给量越多；反之则相反。因此，货币乘数也是影响货币供给量的重要因素。由于货币供给过程的参与者中央银行、商业银行和公众的行为都会对货币乘数产生影响，因此货币乘数的决定因素较为复杂。

如果只考虑中央银行的影响，可以将货币乘数（m）表示为法定存款准备金率（$r_d$）的倒数，用公式可以表示为：

$$m=\frac{1}{r_d}$$

这只是一个简化了的模型，因为在实际生活中，商业银行吸收的存款并不仅有活期存款，还有定期存款；商业银行的存款准备金不仅有法定存款准备金，还有超额准备金。同时，商业银行行为和公众行为也会对货币乘数产生影响。为了将上述各种因素的影响引入货币乘数模型，经济学家们对简单的乘数模型进行了一系列的修正、补充和发展，其中美国经济学家乔顿的理论被大多数经济学家所接受。该理论将准备金率分为活期存款的法定准备金率（$r_d$）、定期存款的法定准备金率（$r_t$）和超额准备金率（e）三个因素，同时引入现金比率（k）和定期存款比率（t）。于是该货币乘数则可以用公式表示为：

$$m=\frac{1+k}{r_d+r_t t+e+k}$$

式中：超额准备金率（e）表示超额准备金（E）与活期存款（D）之比，即 $e=\frac{E}{D}$；

现金比率（k）表示流通中现金（C）与活期存款（D）之比，即 $k=\frac{C}{D}$；

定期存款比率（t）表示定期存款（T）与活期存款（D）之比，即 $t=\frac{T}{D}$。

根据上面的公式我们可以看出，货币乘数的基本决定因素主要有四个：法定存款准备金率、现金比率、超额准备金率和定期存款比率。

表12-4显示了上述四个因素的变动对货币乘数的影响：

表12-4　**货币乘数决定的基本因素**

| 变量 | 参与主体 | 变量的变动 | 货币乘数的变动 |
|---|---|---|---|
| 法定存款准备金率 | 中央银行 | 提高 | 下降 |
| 现金比率 | 公众 | 提高 | 下降 |
| 超额准备金率 | 商业银行 | 提高 | 下降 |
| 定期存款比率 | 公众 | 提高 | 下降 |

第一，法定存款准备金率的变化会引起货币乘数的反方向变动，即当中央银行提高法定存款准备金率时，货币乘数下降；反之，当中央银行降低法定存款准备金率时，货币乘数会上升。

第二，现金比率对货币乘数的影响也是反方向的。现金比率的大小取决于社会公众的资产偏好，社会公众持有现金意味着存款创造过程中的漏损，因此，如果现金比率提高，则表明漏损增加，货币乘数将下降。反之，如果现金比率降低，则货币乘数上升。

第三，超额准备金率的变化同样会引起货币乘数的反方向变动。商业银行持有超额准备金的一个重要原因是可以缓冲规模较大的存款流出造成的影响，超额准备金率提高，则货币乘数会下降。

第四，同现金比率一样，定期存款比率的变动也是社会公众资产组合配置的结果，其对货币乘数的影响也是反方向的。

### 三、存款货币的创造过程

在现代信用制度下，流通中的货币包括现金和存款。现金是由中央银行创造的，存款则是由商业银行创造的。商业银行存款的来源主要包括两个部分——原始存款和派生存款。原始存款是指非银行社会公众（包括个人、家庭和企业）以现金的形式存入银行的直接存款。派生存款是指商业银行通过贷款、贴现、投资等业务创造的存款。派生存款产生的过程，就是商业银行不断吸收存款、发放贷款、形成新的存款，最终导致银行体系存款总量增加的过程。因此，了解存款货币的创造过程对于理解货币供给的形成和控制过程尤为重要。

为了说明商业银行创造存款货币的过程，首先建立3个假设条件：

（1）商业银行除了上缴中央银行的法定存款准备金以外，剩余全部资金都用于发放贷款，即没有超额准备金。

（2）商业银行客户的货币收入全部存入商业银行，没有提现行为。

（3）法定存款准备金率为10%。

现假定A客户将1 000元现金作为活期存款存入甲银行，甲银行在向中央银行缴纳100元的法定存款准备金后，将剩余的900元全部贷给B客户。B客户收到这笔贷款后，将这笔贷款同样以活期存款的形式直接存入乙银行，乙银行按照规定提取了90元上缴中央银行作为法定存款准备金之后，将剩余的810元全部贷给C客户……依此类推，如表12-5所示。

表12-5　**存款创造过程**

| 商业银行 | 存款增加额 | 法定存款准备金增加额 | 贷款增加额 | 派生存款增加额 |
|---|---|---|---|---|
| 甲银行 | 1 000 | 100 | 900 | 0 |
| 乙银行 | 900 | 90 | 810 | 900 |
| 丙银行 | 810 | 81 | 729 | 810 |
| ⋮ | ⋮ | ⋮ | ⋮ | ⋮ |

根据这一过程可以看出，在三个假设条件成立的条件下，存款货币的创造过程将一直持续下去。但是，在现实经济生活中，维持上述假设条件都成立是不现实的。因此，这三个假设条件实际上代表对一国商业银行存款货币创造过程的制约因素，即法定存款准备金、超额准备金和存款提现比率。另外，商业银行存款创造过程在相反方向也存在，即如果客户从商业银行提取现金，原始存款减少，可以引起银行体系存款总额的收缩。

## 第三节　货币供求的均衡

### 一、货币供求均衡的含义

货币供求均衡是指一国在一定时期内，在货币流通的过程中，货币供给与货币需求基本相适应的货币流通状态。用公式可以表示为：

$M_d=M_S$

式中：$M_d$表示货币需求；

$M_s$表示货币供给。

从上式可以看出，如果货币供给和货币需求不相等，则表示货币供求处于失衡状态。具体而言，如果货币供给持续大于货币需求，则意味着出现了通货膨胀；相反，如果货币供给持续小于货币需求，则意味着出现了通货紧缩。从理论上说，货币供求均衡是一种暂时性的状态，而一国的宏观经济在大多数情况下都是处于货币失衡和持续的动态调整之中。

## 二、货币供求均衡的实现对宏观经济的影响

现代市场经济是高度货币化的经济，货币供求均衡实现与否直接影响到经济体中的各个部门和市场，进而影响社会经济总供求均衡的实现。下面我们借助IS-LM模型对这一问题进行分析。

假定经济体中只存在两个子市场——商品和服务市场以及货币市场，同时只使用产出和利率两个变量来描述上述两个市场的均衡。

### （一）商品和服务市场的均衡：IS曲线

根据经济理论，商品和服务市场实现均衡的条件是商品和服务的需求量等于商品和服务的供给量。在一个封闭经济体中，一定时期商品和服务的总需求等于消费（C）、投资（I）和政府支出（G）之和。假定当期产出（Y）表示商品和服务的供给，则当期产出和总需求相等时，商品和服务市场处于均衡状态，用公式可以表示为：

$$Y = C + I + G$$

对上式进行变形，可得：

$$I=Y-C-G$$

由于Y-C-G表示居民和政府在当期未消费的产出，即储蓄，因此有下式成立：

$$I=S$$

从式中可以看出，当商品和服务市场实现均衡时，储蓄和投资必然相等，而根据经济学理论，储蓄主要是由收入、利率等因素决定的，而影响投资的主要因素是利率。因此，可以得出商品和服务市场实现均衡时收入和利率的组合。

图12-2（A）表示储蓄和投资。$E_0$表示储蓄和投资的均衡点。如果实际产出水平增加，储蓄也随之增加，储蓄曲线向右移动，从$S_0$移动到$S_1$，储蓄大于投资，利率从$r_0$降低至$r_1$，均衡点从$E_0$移动至$E_1$，储蓄和投资再次实现均衡。

图12-2（B）则显示了储蓄和投资均衡时收入和利率的组合。这一系列点构成的曲线被称为IS曲线。为了实现商品和服务市场的均衡，较高的产出水平必然导致利率下降，因此，IS曲线向右下方倾斜。

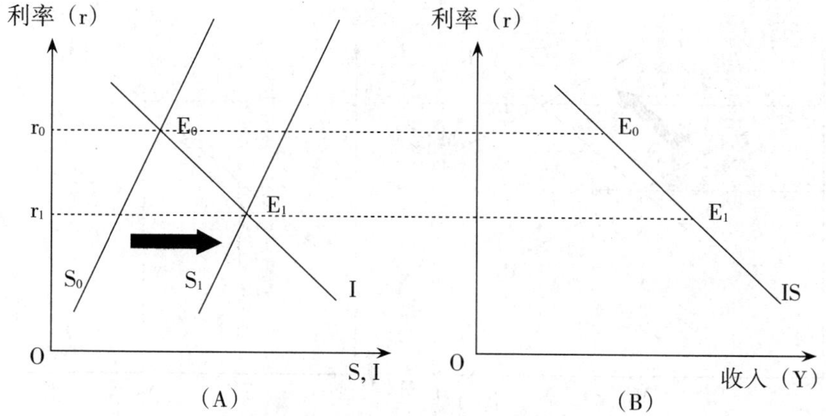


图12-2　商品和服务市场的均衡：IS曲线

（二）货币市场的均衡：LM曲线

根据货币供求均衡的定义，货币需求与货币供给相等时，意味着货币供求实现了均衡。由前面的货币需求分析可知，实际货币需求取决于实际收入（Y）、非货币资产的收益率（i）、货币的收益率（$i_M$）、预期通货膨胀率（$\pi^e$）等因素，因此，货币供求均衡用公式可以表示为：

$$\frac{M_S}{P}=\frac{M_d}{p}=L(Y,i,i_M,\pi^e,\cdots)$$

式中：$M_S$表示名义货币供给量；

$M_d$表示名义货币需求量；

P表示一般物价水平；

L代表流动性偏好函数。

出于简化分析的需要，假定上式中除了实际收入和非货币资产的收益率以外的其他因素都保持不变，则可以得出货币市场实现均衡时收入和利率的组合。

图12-3（A）表示了货币的供给和需求。$E_0$点表示货币市场上供求实现了均衡。如果实际产出增加，则货币需求增加，货币需求曲线从$M_{d0}$移动到$M_{d1}$，货币需求大于货币供给，利率必须从$r_0$提高至$r_1$，使货币供给和需求实现再次均衡。

图12-3（B）显示了货币市场均衡时收入和利率的组合。这一系列点构成的曲线被称为LM曲线。为了实现货币市场均衡，较高的收入水平必然要求较高的利率水平，从而使得LM曲线向上倾斜。

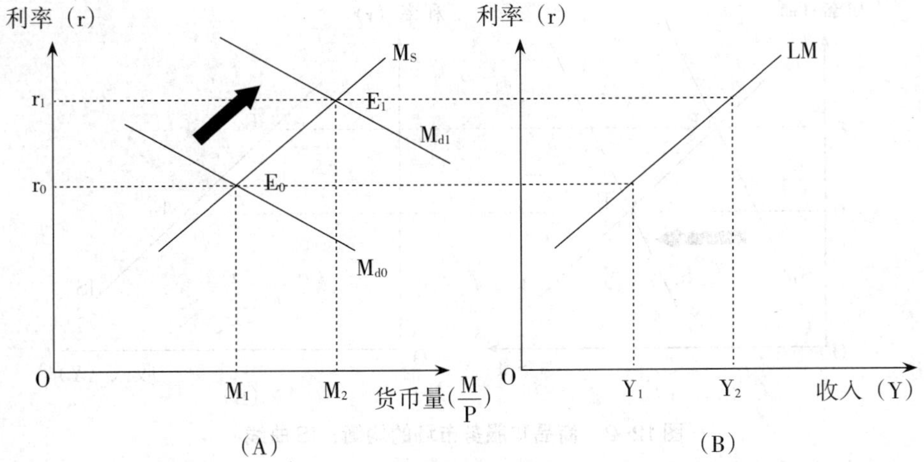


**图12-3 货币市场均衡：LM曲线**

（三）LM曲线的变动对宏观经济的影响

如前所述，在LM曲线的推导过程中，我们假定货币需求函数中的某些变量是固定不变的。但实际上，这些变量并不是固定不变的，而且这些变量变动时，会引起LM曲线的移动。例如，在一般物价水平不变的情况下，如果名义货币供给量增加，则LM曲线会向右下方移动；反之，如果名义货币供给量减少，则LM曲线向左上方移动。而在名义货币供给量不变的情况下，如果一般物价水平上升，则LM曲线向左上方移动；相反，如果一般物价水平下降，则LM曲线向右下方移动。货币收益率的变动同样会引起LM曲线的移动。在其他条件不变的条件下，货币收益率的提高会导致LM曲线向左上方移动；反之，货币收益率的下降则导致LM曲线向右下方移动。另外，如果预期通货膨胀率上升，则LM曲线向右下方移动；反之，如果预期通货膨胀率下降，则LM曲线向左上方移动。

在理论上，通常使用IS-LM模型来解释货币均衡的变动对宏观经济的影响，即当IS曲线和LM曲线相交于同一点时，则意味着货币市场以及商品和服务市场同时实现均衡，这个均衡点确定了利率和产出水平，如图12-4所示。但是，如果LM曲线发生移动，则会改变货币市场和宏观经济的均衡。

假定中央银行增加了名义货币供应量，则LM曲线向右下方移动，从$LM_0$移动到$LM_1$，这时在$E_0$点流通中的货币供给大于货币需求，微观经济主体对商品和服务的需求增加，从而形成利率下降和产出上升的压力。但是，如果商品和服务的总产出在短期内是固定的，那么微观经济主体支出增加并不会增加产出，只会提高价格。随着价格水平上升，实际货币余额将下降，LM曲线向左上方移动，从$LM_1$重新回到$LM_0$，货币市场以及商品和服务市场在$E_0$点处重新恢复均衡。

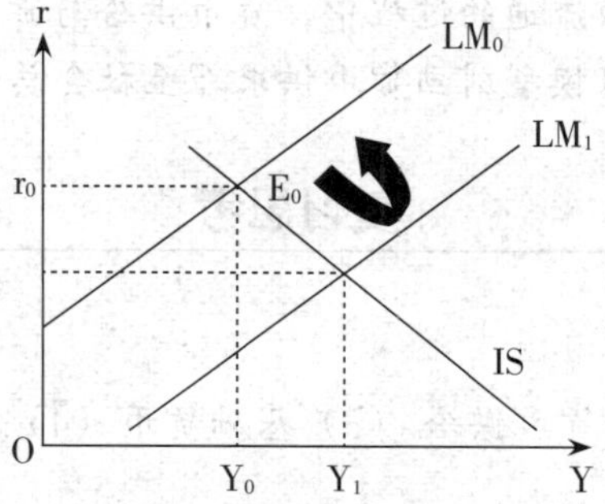


图12-4 IS-LM曲线

综上所述，货币供给量的变动会对货币市场均衡产生显著的影响。具体而言，名义货币供给量的增长会使得价格水平同比例提高，而实际货币余额保持不变。因此，这种名义货币供给量的变动只对经济体中的名义变量产生影响，被称为货币中性。由于上述分析是建立在价格可变的假设基础之上的，而在短期内价格可变的假设是不符合实际的，因此，很多经济学家认为，货币供给量的变动在短期内肯定会对经济体中的实际变量产生影响，这就是所谓的货币非中性。

## 本章小结

货币通过其供求的变动对宏观经济产生显著影响。货币需求是指个人、家庭或者企业意愿持有的货币余额水平，包括现金、货币存款以及各种替代品。实际货币需求由实际收入水平、支付方式、非货币资产的利率、货币的收益情况和预期通货膨胀率等因素决定。

古典学派的货币需求理论从货币数量与产出关系入手。费雪的现金交易说和剑桥学派的现金余额说均认为货币需求取决于名义总收入。凯恩斯则将微观主体对货币的需求细化为交易动机、预防动机和投机动机，认为货币需求不仅与收入有关，也与利率有关。弗里德曼从资产需求决定视角分析货币需求，认为实际货币需求随着永久性收入的增加而增加，随着持有货币的机会成本增加而下降。

从静态角度来看，货币供给是一个存量的概念，即货币供给量，通常是指某一个时点上一国经济中的货币存量总额。货币供给量通过货币创造产生。在部分准备金和部分现金提取的条件下，可以产生货币创造。货币创造取决于基础货币数量和货币乘数。基础货币是一国流通中的现金和商业银行准备金的总和。货币乘数是指每一单位基础货币变动能够引起的货币供给量变动的倍数。

社会经济总供求均衡通常需要货币供求均衡作为条件。货币供求均衡是指一国在一定时期内，在货币流通的过程中，货币供给与货币需求基本相适应的货币流通状态。可使用IS-LM模型刻画货币供求乃至社会总供求均衡的机制。

## 复习思考

**一、名词**

（1）货币需求 （2）货币供给 （3）基础货币 （4）货币供求均衡

**二、简答**

（1）简述货币需求的决定因素。

（2）简述货币供给的决定因素。

（3）简述我国货币供应量的层次。

（4）什么是货币乘数?

**三、论述**

（1）试论货币需求理论。

（2）试论货币供求均衡的实现对宏观经济的影响。

第十三章

# 中央银行与货币政策

中央银行是现代金融体系的核心，在现代经济和金融活动中发挥着极为重要的作用。货币政策通常是由一国中央银行制定和实施的。

本章将学习中央银行的定义和职能、货币政策的目标体系、货币政策传导机制以及货币政策的操作策略与效应。

## 第一节 中央银行的定义和职能

中央银行是在现代银行业出现之后逐渐产生的，其建立是商品经济和货币信用制度发展的客观需要，是谋求解决不同阶段所凸显的各种问题的必然结果。

### 一、中央银行的定义

中央银行是一个国家的最高金融管理机构，负责制定和实施货币政策，进行金融监管等职能，在一国金融体系中处于核心地位。

中国人民银行是我国的中央银行，成立于1948年12月。自成立之初，就同时承担着政策性业务和商业性业务。1984年1月1日，中国人民银行将商业性业务划归给新成立的中国工商银行，开始专门行使中央银行职能。1995年3月18日，全国人民代表大会通过《中华人民共和国中国人民银行法》，以国家立法形式确定了中国人民银行作为中央银行的地位。

### 二、中央银行的职能

中央银行具有三大基本职能：发行的银行、银行的银行和政府的银行。

（一）发行的银行

发行的银行是指国家赋予中央银行垄断货币发行的权力，使中央银行成为全国唯一的货币发行机构。

目前，几乎世界上所有国家的本位币（即现钞）都是由中央银行发行的，辅币（即硬币）的发行则存在差异，有的国家是由中央银行铸造发行，有的国家则是由财政部铸造发行。

根据《中华人民共和国中国人民银行法》，我国的货币发行机构只有中国人民银行。

（二）银行的银行

银行的银行是指中央银行集中银行存款准备金，向银行提供贷款和清算服务。这一职能主要体现在三个方面：

（1）集中存款准备金，即商业银行和相关金融机构，按照规定的比率将所吸收存款的一部分缴存给中央银行作为准备金。

（2）充当最后贷款人，即中央银行向发生资金困难且无法从其他银行或金融市场筹措到资金的商业银行提供资金支持。

（3）组织全国清算，即商业银行通过在中央银行开立的存款准备金账户进行票据交换和资金清算。

（三）政府的银行

政府的银行是指中央银行代表该国中央政府贯彻执行货币金融政策，代为管理国家财政金库，为国家提供各种金融服务和代表国家参加国际金融组织及国际金融活动等。这一职能主要体现在七个方面：

（1）代理国家财政收支，即政府的财政收入和支出均通过财政部门在中央银行内开立的各种账户进行。

（2）代理发行政府债券，即中央银行代理政府债券的发行及债券到期还本付息等事项。

（3）向政府提供信贷支持，即在法律许可的情况下，中央银行通过短期信贷或购买政府债券等方式，解决政府临时性的资金需求。

（4）经营管理国际储备，即中央银行被授权管理储备资产（主要是外汇、黄金等），实现其保值、增值及国际收支平衡等目标。

（5）制定和实施货币政策，即中央银行通过制定和实施货币政策，调控宏观经济运行。

（6）实施金融监管，即中央银行通过制定有关金融法规，监督有关金融机构，维护金融稳定。

（7）代表政府参加国际金融组织和国际金融活动。

【专栏40】　建设现代中央银行制度

党的二十大报告提出"建设现代中央银行制度"，为做好中央银行工作指明了方向。我们要全面贯彻习近平新时代中国特色社会主义思想，以加强党中央集中统一领导为引领，坚持金融工作的政治性、人民性和专业性，夯实现代中央银行制度，走中国特色金融发展之路，服务和保障社会主义现代化强国建设。

建设现代中央银行制度，是全面建设社会主义现代化国家的必然要求：一是走中国特色金融发展之路的必然要求。中国特色金融发展之路的内涵是，坚持党中央对金融工作的集中统一领导，坚持以人民为中心的金融价值取向，坚持金融服务实体经济的根本要求，坚持把防控风险作为金融工作的永恒主题，坚持市场化法治化的改革方向。中央银行自身的现代化建设，既是中国特色金融发展之路的重要组成部分，也是推动整个金融系统走好中国特色金融发展之路的重要条件。二是服务经济高质量发展的必然要求。我国经济迈向高质量发展阶段，面临需求收缩、供给冲击、预期转弱等短期压力，以及人口老龄化、区域经济分化、潜在增长率下降等中长期挑战。中央银行要支持经济发展方式转变和经济结构优化，稳妥应对经济发展中的各种挑战，这也对中央银行自身的制度建设提出了更高要求。三是统筹金融发展和安全的必然要求。在百年变局和世纪疫情交织叠加的历史阶段，我国经济金融运行面临更加复杂严峻的环境，外部冲击风险明显增多，国内经济金融的一些风险隐患可能"水落石出"。中央银行要在政治上、业务上、作风上、廉政上达到更高标准、落实更严要求，有效应对各种风险和挑战。四是推进国家治理体系和治理能力现代化的必然要求。金融制度是经济社会发展中重要的基础性制度，而中央银行发行的货币又是金融的根基和血脉，因此现代中央银行制度是现代化国家治理体系的重要组成部分，要按照推进国家治理体系和治理能力现代化的要求，进一步推进现代中央银行制度建设。

▎资料来源　易纲. 建设现代中央银行制度（认真学习宣传贯彻党的二十大精神）[N]. 人民日报，2022-12-13（13）.

## 第二节　货币政策目标、工具和策略

货币政策，是指中央银行为实现一定的经济目标，调节货币供给量和利率，进而影响宏观经济的方针和措施的总和。它包括货币政策目标、货币政策工具、货币政策操作策略，以及货币政策传递机制等基本内容。

## 一、货币政策目标

货币政策目标是一个目标体系，包括三个层次：最终目标、中介目标和操作目标。这三者之间的关系如图13-1所示。

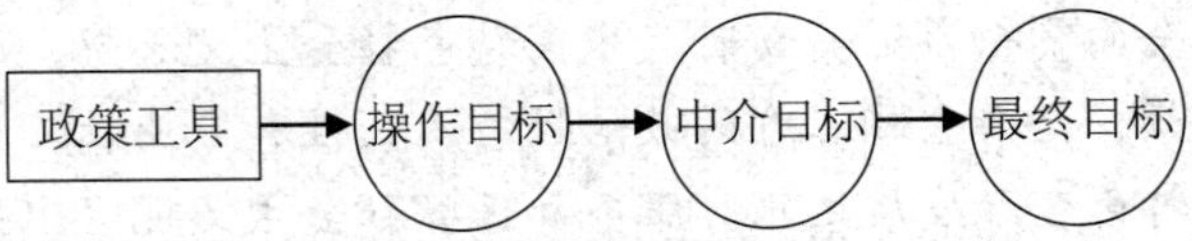


图13-1　货币政策目标体系

### （一）货币政策的最终目标

货币政策的最终目标是指中央银行制定和实施货币政策最终所要实现的目标，通常包括物价稳定（或币值稳定）、经济增长、充分就业、国际收支平衡和金融稳定。

1. 物价稳定

物价稳定是指一国一般物价水平在短期内不发生显著或急剧的波动。无论是一般物价水平持续上升的通货膨胀还是物价水平持续下跌的通货紧缩，都会给一国经济带来许多问题，不仅会加剧经济的不确定性，还会严重破坏经济体的生产能力，甚至造成经济动荡。因此，物价稳定是各国货币政策追求的首要目标。

2. 经济增长

各国货币政策还追求稳定的经济增长，即一定时期内一国商品和服务产出的稳定增加，这不仅可以提高居民生活水平，而且可以提高政府的财政收入。因此，实现稳定的经济增长对于一个国家而言尤为重要，是中央银行追求的最终目标之一。

3. 充分就业

充分就业是指所有想要工作的劳动力都找到了工作。在充分就业的情况下，企业可能会购买新的设备，建立新的工厂，进而提高企业利润、生产率以及工人的收入。因此，充分就业成为货币政策的另一个最终目标。但是，经济体中总会有一部分愿意工作并且有工作能力的人因为各种各样的原因没有工作，因此，中央银行的充分就业目标并不是实现零失业率，而是劳动力市场上的需求和供给大致相等。

4. 国际收支平衡

国际收支平衡是与国际收支失衡相对的一个概念，即国际收支没有盈余，也没有赤字。由于国际收支的失衡会对一国经济产生严重的影响，如资本外流、本币贬值、通货膨胀等，因此，国际收支平衡也是货币政策的重要目标。

5. 金融稳定

金融稳定是指金融体系的稳定，包括金融工具收益率的稳定、金融机构的稳定以及金融市场的稳定。在现代金融经济中，金融是整个经济体系的核心，金融稳定有助于其有效地发挥功能，进而对实体经济产生重大的有利影响。尤其是“大稳定”时期货币政策框架的成功，使得经济学家们越来越支持金融稳定应该被引入货币政策目标体系中。尽管2007年爆发的全球金融危机动摇了上述框架，导致了持续的争论，但认为中央银行会采取积极的政策在经济下行期间稳定金融体系这一观点得到较为普遍的认同。

货币政策最终目标之间既有统一性，又有矛盾性。例如，充分就业和经济增长之间的关系是一致的，但是在短期内，物价稳定的目标常常同经济增长和充分就业的目标相冲突。由于货币政策最终目标之间的矛盾性，中央银行在某一特定时期实施货币政策时不可能同时实现其全部最终目标。最终目标之间的此消彼长的关系，迫使中央银行的政策制定者们选择不同的目标组合，并努力实现所选择目标组合的社会成本最小化。

**【专栏41】 我国货币政策的多目标制**

我国经济转型时期，社会经济结构处于调整状态，金融市场也在继续发展过程中，货币政策制定者面临的约束条件极为复杂，除了币值稳定并以此促进经济增长的法定目标外，还肩负着充分就业、国际收支平衡的年度目标和推动金融业改革发展的动态目标。当然，货币政策各个目标的重要性并不相同，在不同时期也会有所侧重。作为一个大国，我国的国际收支外部目标显然应当服从内部目标（经济增长和物价稳定）；充分就业目标与经济增长目标有很大的重叠，促进金融市场发展也是为了更好地发挥金融服务实体经济的功能。同时，在我国经济转型过程中，顺利实现就业、国际收支平衡和金融市场稳定等政策目标也是物价稳定的重要前提，而物价稳定也就意味着产出缺口为零的经济均衡，这也是实现其他政策目标的自然结果。因此，物价稳定始终是我国最主要的货币政策目标之一。

▍资料来源 陆振华. 周小川IMF演讲全文：把握好多目标货币政策［EB/OL］.［2016-06-24］. http：//m.21jingji.com/article/20160624/herald/1da2bf8ec2f4cbb59f98c57267445b61.html.

（二）货币政策的中介目标和操作目标

由于中央银行使用货币政策工具无法直接实现货币政策的最终目标，因此会确定一些可以被货币政策工具直接影响，并且有助于实现货币政策最终目标的金融变量作为中间目标。在对可以作为中间目标的金融变量进行选择时，中央银行要求所选变量必须具有可测性、可控性和相关性。所谓可测性是指变量必须在短期内可以精确地度量，进而使中央银行能够迅速判断出该中间目标是否有可能实现。所谓可控性是指中央银行运用的货币政策工具可以有效控制金融变量，使其能够按照中央银行的政策意图作出响应。所谓相关性是指作为中间目标的金融变量与最终目标之间具有密切联系，其变动可以对最终目标产生可以预测的影响。通常，中央银行会依赖两类中间目标——中介目标和操作目标。

1.中介目标

一般情况下，中央银行常常选择货币供给量和利率作为货币政策的中介目标。在某些条件下，贷款总量和汇率也可以作为中介目标。

（1）货币供给量

以货币供给量作为中介目标，就是通过货币政策工具调节和监控货币供给量的增长水平，从而使货币供给增长与经济增长的要求相适应。但是，货币供给量作为合宜的货币政策中介目标的前提条件有两个：第一，货币供给量的变动能够直接影响经济活动；第二，中央银行能够有效地控制货币供给量的变动。由于金融创新工具的不断涌现，中央银行对货币供给量的控制逐渐被削弱，因此，自20世纪末期开始，许多国家已经放弃了将货币供给量作为货币政策的中介目标，而改以利率作为中介目标。

（2）利率

以利率作为中介目标，就是通过货币政策工具调节和监控市场利率水平，使利率水平处于适宜的目标区间。由于作为货币政策中介目标的利率是市场利率，其作为合宜的货币政策中介目标的条件是中央银行的货币政策工具对作为中介目标的市场利率的影响是可以预测的。因此，如果一国没有完备的利率体系和发达有效的金融市场，将会影响利率作为货币政策中介目标的有效性。

（3）其他目标

在金融市场发育程度较低的国家中，由于银行信贷在社会融资方式中占有绝对的地位，对宏观经济运行影响较大，因此中央银行通常会以贷款总量作为中介目标，从而控制货币供给量。例如，我国在计划经济时期一直实行贷款规模控制，1998年才将贷款规模直接控制改为指导性目标。另外，由于汇率变动可以在一定程度上预测未来的实际产出和通货膨胀，因此在一些实行钉住汇率制度的发展中国家，中央银行也会选择汇率作为中介目标。

需要指出的是，货币供给量和利率不能同时作为货币政策的中介目标，因此一国中央银行通常根据一定时期的经济状况和操作的方便性，要么选择货币供给量作为中介目标，要么选择利率作为中介目标。

我国从1995年开始以货币供给量作为货币政策的中介目标，而目前仍然以$M_2$的增长率作为控制目标。

2.操作目标

由于货币供给量和利率不仅会受到中央银行的影响，还会受到个人、企业和商业银行的影响，因此，中央银行对中介目标的影响是有限的。为了提高货币政策的有效性，中央银行开始选择将货币政策工具、中介目标和最终目标更好地联结起来的目标，即所谓的操作目标。

货币政策的操作目标，是指中央银行通过货币政策工具直接控制且与中介目标密切相关的金融变量。一般来说，货币政策的操作目标主要包括准备金和基础货币。

（1）准备金

以准备金作为操作目标，就是通过货币政策工具调节和监控银行准备金的水平，影响商业银行的存款创造能力，进而对货币供给量产生直接的影响。作为货币政策操作目标的准备金包括法定准备金和超额准备金。由于法定存款准备金变动对货币供给量的影响较大，因此超额准备金是一个更为合宜的货币政策操作目标。

（2）基础货币

以基础货币作为操作目标，就是通过货币政策工具调节和监控基础货币的增长水平，从而影响货币供给量。在金融市场发育程度较低、现金流通比例较高的情况下，控制基础货币比控制准备金更为重要。

需要指出的是，如果一国中央银行选择货币供给量作为中介目标，那么以超额准备金和基础货币作为操作目标就是合宜的，我国目前的状况就是如此。如果一国中央银行选择利率作为中介目标，由于超额准备金和基础货币对市场利率的影响是间接的，将其作为操作目标在一定程度上将影响货币政策的有效性。因此，中央银行会选择某种官定利率或货币市场利率作为操作目标。目前，各国中央银行最常见的做法是选择银行间同业拆借市场利率作为操作目标。

## 二、货币政策工具

货币政策工具是指由中央银行掌握和具体实施的，为实现货币政策目标而采用的政策手段，主要包括一般性货币政策工具、选择性货币政策工具和其他货币政策工具。

### （一）一般性货币政策工具

一般性货币政策工具是对货币供给量和信用总量进行调节和控制的政策工具，主要包括法定存款准备金政策、再贴现政策和公开市场政策。

1.法定存款准备金政策

法定存款准备金政策是指中央银行根据商业银行等存款性金融机构的存款规模，规定法定存款准备金率，强制性地要求其按照规定的比例计提并上交存款准备金的政策行为。如果中央银行提高法定存款准备金率，货币乘数会下降，存款货币创造能力降低，货币供给量减少；如果中央银行降低法定存款准备金率，货币乘数将上升，存款货币创造能力也随之提高，货币供给量增加。

法定存款准备金政策的优点在于作用力度大、见效快。也正因为如此，它并不适合作为日常的货币政策操作工具。

**【专栏42】　　我国存款准备金制度的演进**

我国的存款准备金制度实行于1984年，中国人民银行根据存款类型规定了一个不同的、强制性的最低结算准备金率。商业银行处理银行间资金清算、现金投放与回笼等业务，通过其在中国人民银行开设的“一般存款”账户进行，称为“备付金账户”。根据需要，法定存款准备金账户和备付金账户可以相互划转。1985年，针对当时存款准备金率偏高的情况，为促进国有商业银行自求资金平衡，中国人民银行改变了按存款种类核定存款准备金率的做法，一律调整为10%。之后，为了进一步完善存款准备金制度，1998年3月，中国人民银行对存款准备金制度进行了重大改革，主要内容包括：

（1）调整金融机构一般存款范围，将金融机构代理中国人民银行财政性存款中的机关团体存款等划为金融机构的一般存款，金融机构按照规定比例缴纳存款准备金。

（2）将金融机构在中国人民银行的“一般存款账户”和“备付金存款账户”合并，成为准备金存款账户。

2004年4月25日，中国人民银行开始实行差别存款准备金制度，主要内容是根据存款性金融机构资本充足率、金融机构不良贷款比率、金融机构内控机制状况、发生重大违规及风险情况、金融机构支付能力明显恶化及发生可能危害支付系统安全的风险情况等确定差别存款准备金率。中国人民银行定期根据当时银监会统计的金融机构法人资本充足率和不良贷款比率等指标，对金融机构存款准备金率进行调整。2011年，中国人民银行宣布引入差别准备金动态调整机制，其核心内容是金融机构适当的信贷增速取决于经济增长的合理需要及其自身的资本水平。2016年，中国人民银行将差别准备金动态调整机制“升级”为宏观审慎评估体系，在保持对宏观审慎资本充足率的核心关注的基础上，将单一指标拓展为7个方面的10多项指标，兼顾量和价、间接融资和直接融资，由事前引导转为事中监测和事后评估，建立了更为全面、更有弹性的宏观审慎政策框架，从而引导金融机构加强自我约束和自律管理。

▍资料来源　根据国际清算银行网站（https：//www.bis.org）相关资料整理.

2.再贴现政策

再贴现政策是指中央银行通过变动再贴现率、再贴现票据的标准、再贴现数量等，影响商业银行从中央银行获得再贴现贷款意愿和数量的政策行为。如果中央银行提高再贴现率，商业银行向中央银行再贴现借款的成本上升，导致其减少再贴现数量，进而超额准备金减少。如果中央银行降低再贴现率，商业银行向中央银行再贴现借款的成本下降，促使其增加再贴现数量，进而超额准备金增加。如果中央银行提高再贴现票据的标准，则会使适于再贴现的票据范围缩小，从而减少再贴现的数量。

再贴现政策的优点是中央银行可以利用它来履行最后贷款人的职能，解决商业银行准备金和流动性不足的问题，同时具有“告示效应”，作为一种信号表明中央银行未来的货币政策意图。再贴现政策的缺点则在于中央银行处于被动地位，导致其发挥的作用是有限的。

3.公开市场政策

公开市场政策是指中央银行在金融市场上公开买卖有价证券，以此影响银行体系的准备金规模，进而影响货币供给量和市场利率的政策行为。如果中央银行在金融市场上买入证券，银行体系的超额准备金和基础货币增加，则货币供给量增加，市场利率下降。如果中央银行在金融市场上卖出证券，银行体系的超额准备金和基础货币减少，则货币供给量减少，市场利率提高。

公开市场政策的优点在于中央银行处于主动位置，可以根据金融市场的变化进行灵活操作。其缺点是公开市场操作需要有发达完善的金融市场作为前提，如果金融市场发育程度不够或可用来操作的合宜工具（主要是短期国债）较少，都会影响公开市场操作的效果。

中国人民银行于1998年5月恢复了公开市场操作，目前该工具已经成为我国货币政策日常操作最重要的工具，主要操作工具包括中央银行票据和中长期国债。

（二）选择性货币政策工具

选择性货币政策工具包括消费信用控制、证券市场信用控制和不动产信用控制等，旨在对某些特殊的经济领域或特殊用途的信用活动进行调节。

1.消费信用控制

消费信用控制是指中央银行对消费者使用分期付款或贷款购买不动产以外的耐用消费品的管理措施。这一工具旨在影响消费者对耐用消费品的支付能力，从而抑制消费需求和控制物价上涨。

2.证券市场信用控制

证券市场信用控制是指中央银行对与有价证券交易相关的信用活动进行管理的措施，主要是规定市场参与者应支付的保证金比率。这一工具旨在限制用借款购买有价证券的比例，从而控制有价证券的交易总量，抑制过度投机、稳定金融市场。

3.不动产信用控制

不动产信用控制是指中央银行对商业银行等金融机构向客户提供不动产抵押贷款进行管理的措施，主要规定贷款的最高限额、贷款的最长期限及首付款的数额等。这一工具旨在控制房地产投机，抑制房地产泡沫的形成。

（三）其他货币政策工具

其他货币政策工具包括直接信用控制和间接信用控制。直接信用控制主要包括利率最高限额、信用配额、流行性比率管理和直接干预等。间接信用控制则包括窗口指导和道义劝告。

从目前来看，大多数国家的中央银行已经放弃了直接信用控制，因此，这里我们只介绍间接信用控制。

1.窗口指导

窗口指导是指中央银行根据产业行情、物价趋势和金融市场动向，对商业银行的贷款增加额进行指导，使其不超过中央银行认为合宜的目标区间。窗口指导作为一种间接信用控制形式，更多地在中央银行实行紧缩性货币政策时使用。

2.道义劝告

道义劝告是指中央银行利用其行政和法律地位，通过劝告的方式影响商业银行或其他金融机构的行为，这种劝告常常通过约谈或公开声明表现出来。

**【专栏43】 非传统货币政策工具**

对于非传统货币政策，目前并无统一的定义。一般而言，非传统货币政策是指旨在矫正货币政策传递机制中的障碍，或者政策利率达到零利率下限时，对经济提供进一步刺激而采取的政策干预措施。基于这一概念，次贷危机之后各国在现有货币政策框架下采取的一些创新型货币政策工具都可以被列入非传统货币政策工具。

从各国应对次贷危机的实践中可以看出，非传统货币政策工具主要包括三类：预期指引政策、量化宽松政策和扭转操作。

预期指引政策是一项创新的信息沟通工具，是指对政策利率未来可能的走势与公众进行沟通，进而管理市场对未来政策的预期。从应对次贷危机的实践看，预期指引政策主要包括三项措施：

（1）定性地描述政策利率未来可能选取的路径。例如，中央银行表示政策利率会“维持一段时间”或者“更长一段时间”。

（2）日期指引。例如，中央银行表示在未来某一时间点之前会维持政策利率不变。

(3) 以经济状况为参照的预期指引。例如，中央银行承诺在经济状况达到某个水平之前维持政策利率不变。

量化宽松政策是指中央银行通过改变中央银行资产负债表的规模或构成，增加基础货币供给，对整个金融市场提供流动性支持，进而促进实体经济的复苏。量化宽松政策主要包括两项措施：

(1) 在中央银行资产负债表规模不变的情况下，改变中央银行资产负债表的构成。例如，短期招标工具（TAF）、一级交易商信贷工具（PDCF）、定期证券借贷工具（TSLF）、特别流动性计划（SLS）、资产支持商业票据货币市场共同基金流动性工具（AMLF）、定期资产支持证券信贷工具（TALF）、资产购买便利（APF）、资产购买计划（APP）等。

(2) 在中央银行资产负债表结构不变的情况下，通过买入政府债券的方式，扩张中央银行资产负债表的规模。例如，中长期证券购买计划、债券市场项目（SMP）、直接货币交易（OMT）等。

扭转操作是指在不扩大中央银行资产负债表规模的条件下，通过出售较短期国债，买入较长期国债，延长所持国债资产的整体期限，从而压低长期国债的收益率。

近年来，我国创新型货币政策工具也层出不穷，陆续推出了短期流动性调节工具（SLO）、常备借贷便利（SLF）、抵押补充贷款（PSL）、中期借贷便利（MLF）和临时流动性便利（TLF）。同传统的货币政策工具相比，这些创新型货币政策工具能够更为灵活地满足银行体系和货币市场的流动性需求，实现更为精准的金融调控。

（根据相关资料整理）

## 三、货币政策操作策略

传统上，货币政策操作主要包括两种策略——相机抉择策略和规则策略。

### （一）相机抉择策略

相机抉择策略是指中央银行在不同时期，应根据不同的经济形势，灵活机动地选择不同的货币政策，以达到当时最为理想的政策目标。如果一国出现通货膨胀，那么中央银行应该采取紧缩性货币政策，即减少货币供给或提高利率，降低需求和投资，从而控制通货膨胀。如果一国出现了经济衰退，那么中央银行应该采取扩张性货币政策，即增加货币供给或降低利率，刺激需求和投资，从而促进经济复苏。

相机抉择策略的优点在于增强了中央银行制定和执行货币政策的主动性和灵

活性，有利于“微调”的实现。

（二）规则策略

规则策略是指中央银行遵循具体并且公开宣布的政策准则。当中央银行选定某种规则时，该策略要求无论经济状况如何，中央银行都要遵守这一规则。规则策略的主要目的在于，为货币政策操作提供一种清晰透明的指引。规则策略种类很多，应用得最为广泛的是常数增长规则和泰勒规则。常数增长规则是以货币供给量的增长率为名义锚，而泰勒规则是以实际利率为名义锚。

## 第三节 货币政策传递机制

货币政策传递机制是指中央银行确定货币政策目标之后，从选用一定的政策工具进行货币政策操作开始，到实现预期目标所经过的操作目标、中介目标到最终目标的逐次传递过程。传统上，货币政策传递机制通常包括五种：利率渠道、资产价格渠道、信贷渠道、资产负债表渠道和汇率渠道。

### 一、利率渠道

利率渠道是一种最为传统、作用最为显著的货币政策传递机制，主要是指货币政策通过货币供给量的变动引起利率的变动，影响资本成本和投资水平，进而改变一国产出水平。利率渠道的具体内容是：货币供给量（M）增加，导致短期实际利率（i）下降，进而降低资本成本，使投资上升（I），最终总产出增加（Y）。这一变化过程如下：

$M\uparrow \rightarrow i\downarrow \rightarrow I\uparrow \rightarrow Y\uparrow$

需要说明的是，货币供给量增加会直接影响长期名义利率，但并不能直接影响短期实际利率，而短期实际利率是投资增加的主要因素，因此，利率传递机制的顺利实现取决于长期名义利率和短期实际利率的关系。通常而言，长期名义利率与短期名义利率是正相关关系，而短期名义利率与短期实际利率也是正相关关系，因此，如果货币供给量增加导致长期名义利率下降，那么一段时间后短期实际利率也会随之下降。

综上所述，货币政策利率传递渠道的一个重要特征是强调名义利率而不是实际利率对个人、家庭和企业消费投资抉择的影响。因此，为了使经济体走出衰退期，即使名义利率降到了零利率水平，货币政策仍然可以在一定程度上刺激支出。

### 二、资产价格渠道

资产价格渠道是指货币政策通过货币供给量的变动引起国内资产价格的变

动，影响个人、家庭和企业的投资支出和消费支出，进而改变一国的产出水平。最为常见的资产渠道有两种——托宾的Q理论和财富效应。

（一）托宾的Q理论

托宾的Q理论是指货币政策通过货币供给量的变动引起股票价格的变动，影响企业的投资支出，进而使总产出发生变动。托宾的q值是指企业的市值和企业资本的重置成本之比。托宾的Q理论的主要内容是：货币供给量（M）增加，股票价格（$P_S$）上升，托宾的q值增加，投资（I）增加，进而总产出（Y）增加。这一变化过程可以表示为：

$M\uparrow \rightarrow P_S\uparrow \rightarrow q\uparrow \rightarrow I\uparrow \rightarrow Y\uparrow$

在托宾的Q理论中，关键点有两个：

第一，托宾的q值和投资支出之间的关系。托宾q值的大小，决定了企业的投资愿望。如果$q>1$，企业市值高于其资本的重置成本，意味着企业在新厂房和设备上的投资支出可以从公司股票发行中得到回收，并且还有盈余，因此企业会增加投资支出；如果$q<1$，企业市值低于其资本的重置成本，企业不会购买新的投资品，投资支出就会降低。

第二，货币供给量与股票价格的关系。如果货币供给量增加，人们会发现持有的货币量大于需求，因而调整自己的资产组合结构，其中的一部分货币必然流向股票市场，造成对股票需求的增加，进而推高股票价格。

（二）财富效应

财富效应是指货币政策通过货币供给量的变动影响股票价格，使公众持有的以股票市值计算的个人财富发生变动，影响其消费支出，进而影响总产出。财富效应的具体内容是：货币供给量（M）增加，股票价格（$P_S$）上升，股票持有者的财富价值（W）增加，进而增加消费（C），刺激总产出（Y）增加。这一过程可以表示如下：

$M\uparrow \rightarrow P_S\uparrow \rightarrow W\uparrow \rightarrow C\uparrow \rightarrow Y\uparrow$

**三、信贷渠道**

信贷渠道是指货币政策通过改变货币供给量影响银行贷款，使投资支出发生改变，进而影响总产出。信贷渠道的主要内容是：货币供给量（M）增加，商业银行的准备金（BR）增加，商业银行的可贷资金数量（L）随之增加，从而导致投资支出（I）和产出（Y）的增加。这一过程可以表示如下：

$M\uparrow \rightarrow BR\uparrow \rightarrow L\uparrow \rightarrow I\uparrow \rightarrow Y\uparrow$

需要指出的是，由于金融创新的发展和金融监管的放松，信贷渠道的重要性大大降低。只有在私人借贷市场不发达或政府监管较为严格的发展中国家，货币政策才可能更多地通过改变信用数量或信用可得性影响总需求，信贷渠道仍然发挥着重要作用。

**四、资产负债表渠道**

资产负债表渠道是指货币政策通过影响企业的资产负债表进而影响企业获得外部融资的能力，从而影响投资和产出。货币政策对于企业资产负债表的影响主要体现在两个方面：

第一，如果借款人具有一定规模未到期的短期或者浮动利率的债务，货币供给量（M）增加会直接降低利率（i），利息支出将减少，净现金流增加，使得企业资产负债状况得以改善，银行进而认为企业具有更强的还贷能力，从而使逆向选择和道德风险降低，投资支出（I）增加，总产出（Y）也随之上升。这一过程可表示如下：

M↑→i↓→现金流↑→逆向选择和道德风险↓→贷款↑→I↑→Y↑

第二，货币政策通过影响企业股票价格（$P_s$），引起企业资产净值的变化，进而影响银行贷款过程中的逆向选择和道德风险的发生，从而改变投资（I）水平和总产出（Y）水平。这一过程可以表示如下：

M↑→$P_s$↑→企业资产净值↑→逆向选择和道德风险↓→贷款↑→I↑→Y↑

另外，扩张性货币政策还可能间接地影响企业的净现金流和信用条件。如果扩张性货币政策使企业的客户增加支出，企业的收入就会上升，由于在短期内各种固定成本或准固定成本不会调整，企业充裕的资金会促使资本净值的提高和信用条件的改善。

**五、汇率渠道**

汇率渠道是指货币政策通过影响货币供给量进而影响国内利率，利率的变动引起汇率的改变，进而引起净出口和总产出发生变动。汇率渠道的主要内容是：货币供给量（M）增加，实际利率（i）降低，汇率（E）贬值，净出口（NX）增加，总产出（Y）增加。这一过程可以表示如下：

M↑→i↓→E↓→NX↑→Y↑

## 第四节 货币政策效应

货币政策效应是指中央银行制定和实施货币政策影响产出、一般物价水平和就业等宏观经济变量，从而实现其政策目标。但是，货币政策从制定、实施到产生效果的过程受到许多因素的影响，最常见的因素主要有三个：

（1）货币政策时滞。

（2）货币供给的内生性和外生性。

（3）预期。

## 一、货币政策时滞

货币政策时滞是指货币政策的制定及产生效果的滞后性，具体就是从需要制定政策，到相关政策的执行，再到这些政策最终发生作用，其中每一个环节都需要一定的时间。由于货币政策时滞较长且变化多端，因此会对货币政策效应产生极大的影响。通常，以中央银行采取货币政策措施为界，货币政策时滞可以被分为内部时滞和外部时滞。

### （一）内部时滞

货币政策的内部时滞是在中央银行采取货币政策措施之前发生的，即从中央银行充分认识宏观经济的发展趋势，确认需要采取货币政策，到制定政策并付诸实践这一过程所花费的时间。理论上，这一过程被划分为两个阶段——认识时滞和决策时滞。

1.认识时滞

认识时滞是指从客观上需要中央银行采取行动到中央银行认识到这种必要性所花费的时间。在实践中，中央银行是根据对一系列经济变量的相关数据进行综合分析来确认是否需要采取货币政策的，而收集这些数据需要时间，分析其变动趋势也需要花费大量的时间。只有中央银行获取准确的资料，获得明确的认识，才能开始研究对策。这就是认识时滞产生的主要原因。

2.决策时滞

决策时滞是指从中央银行认识到采取行动的必要性到实际采取行动所花费的时间。中央银行根据宏观经济形势研究对策、拟订切实可行的方案，并对所提方案进行可行性论证，最后审定批准，都需要花费一定的时间。

### （二）外部时滞

货币政策的外部时滞是指在中央银行采取货币政策措施之后发生的，即从中央银行运用货币政策工具影响货币政策操作目标，到经济体中不同微观主体对其作出响应，进而影响货币政策中介目标和最终目标这一过程所花费的时间。由于这一系列作用是在中央银行之外发生的，受到金融部门、企业部门等微观经济主体对中央银行货币政策的态度、响应能力以及经济结构等诸多因素的影响，因此中央银行无法对其进行控制，从而在一定程度上影响了预期货币政策目标的实现。

## 二、货币供给的内生性和外生性

从19世纪中期银行学派与通货学派的论战开始，有关货币供给内外生性的争论持续了150多年。争论的要点是银行系统的货币创造与经济系统的货币需求之间的关系，即对于货币来说，究竟是其创造带来了需求（货币供给外生说）还是其需求导致了创造（货币供给内生说）。

货币外生理论的一个基本观点是，货币供给是外生的，即货币供给是中央银行决定的一个政策变量，货币的变动导致了宏观经济的变动。该理论强调中央银行在货币政策传导机制中的重要作用，认为中央银行通过存款准备金率以及利率的调整，影响商业银行的借贷行为，进而能够完全控制货币的供给。在货币供给外生的理论框架下，中央银行可以选择货币供给量作为货币政策的中介目标，进而影响整个宏观经济的变动。货币内生理论则认为货币创造是由货币体系内生决定的，是由中央银行、商业银行和公众共同决定的。由于中央银行不能有效控制货币供给的变动，所以对货币政策效应，尤其是以货币供给变动为操作目标的政策效应会产生极大的影响。

**三、预期**

一般来说，微观经济主体的预期主要有三种形式：外推性预期、适应性预期、理性预期。

（一）外推性预期

一般来说，外推性预期主要包括两种形式：简单的外推性预期和较为复杂的外推性预期。简单的外推性预期是微观经济主体对未来一期政策变量$m_t^e$的预期等于前一期该变量的实际值，用公式可以表示为：

$$m_t^e = m_{t-1}$$

较为复杂的外推性预期是微观经济主体对未来一期政策变量$m_t^e$的预期等于之前n期的该变量实际值的加权平均数，用公式可以表示为：

$$m_t^e = a_1 m_{t-1} + a_2 m_{t-2} + \cdots + a_n m_{t-n}$$

式中：

$0 < a_i < 1$，且$\sum_1^\infty a_i = 1$

（二）适应性预期

在适应性预期的条件下，微观经济主体对未来一期的政策变量的预期取决于其对之前一期政策变量的预期以及预期的误差，用公式可以表示为：

$$m_t^e = m_{t-1}^e + \beta(m_{t-1} - m_{t-1}^e)$$

式中的系数β表示调整的速度，$0 < \beta < 1$。如果将过去n期的预期都考虑进来，用公式表示就是：

$$m_t^e = \beta m_{t-1} + \beta(1-\beta)m_{t-2} + \beta(1-\beta)^2 m_{t-3} + \cdots + \beta(1-\beta)^{n-1} m_{t-n}$$

（三）理性预期

在理性预期条件下，微观经济主体预期的形成是基于预测期内所能够获得的全部信息$I_{t-1}$，用公式可以表示为：

$$m_t^e = E(m_t|I_{t-1})$$

随着中央银行货币政策的实施，不同的微观经济主体会根据所获得的信息不同作出不同的预期，从而产生各自不同的响应。如果微观主体的响应在很大程度上是一致的，并抵消了中央银行的政策作用，那么货币政策将归于无效。只有微观主体无法预期到中央银行的政策意图时，货币政策才是有效的。但是，实际的情况是，微观主体的预期并不总是完全一致，同时也不能完全地、及时地预期到中央银行的政策意图，因此，中央银行货币政策仍然有效，但是预期对其可以产生重要的影响。

除了上述因素，货币流通速度、经济条件的变化等因素也会影响货币政策效应。中央银行通常使用$M_1$或$M_2$、价格水平、实际收入等变量来估计货币需求函数，但是金融创新的发展提高了货币的流通速度，可能改变了货币需求函数，并在一定程度上限制了货币政策操作的有效性。另外，由于货币政策具有时滞性，如果在这段时间内宏观经济状况发生某种始料不及的变化，而货币政策又难以作出相应调整，就可能出现货币政策效果不理想甚至失效的情况。

## 本章小结

中央银行是一个国家最高的金融管理机构，拥有负责制定和实施货币政策、进行金融监管等职能，在一国金融体系中处于核心地位。

中央银行具有三大基本职能：发行的银行、银行的银行和政府的银行。发行的银行是指国家赋予中央银行垄断货币发行的权力，使中央银行成为全国唯一的货币发行机构；银行的银行是指中央银行集中银行存款准备金，向银行提供贷款和清算服务；政府的银行是指中央银行代表该国中央政府贯彻执行货币金融政策，代为管理国家财政金库，为国家提供各种金融服务和代表国家参加国际金融组织及国际金融活动等。

货币政策是指中央银行为实现一定的经济目标，调节货币供给量和利率，进而影响宏观经济的方针和措施的总和。它包括货币政策目标、货币政策工具、货币政策操作策略、货币政策传递机制等基本内容。

货币政策目标是一个目标体系，包括三个层次：最终目标、中介目标和操作目标。最终目标通常包括物价稳定（或币值稳定）、经济增长、充分就业、国际收支平衡和金融稳定。

货币政策工具是指由中央银行掌握和具体实施的，为实现货币政策目标而采用的政策手段，主要包括一般性货币政策工具、选择性货币政策工具和其他货币政策工具。

货币政策操作主要包括相机抉择策略和规则策略。货币政策传递机制是指中央银行确定货币政策目标之后，从选用一定的政策工具进行货币政策操作开始，到实现其预期目标，所经过的操作目标、中介目标到最终目标的逐次传递过程。

货币政策传递机制包括利率渠道、资产价格渠道、信贷渠道、资产负债表渠道和汇率渠道。

货币政策效应是指中央银行制定和实施货币政策影响产出、一般物价水平和就业等宏观经济变量，从而实现其政策目标。但是，货币政策效应会受到货币政策时滞性、货币供给的内生性和外生性以及预期等因素的影响。

## 复习思考

一、名词

(1) 中央银行 (2) 货币政策 (3) 货币政策最终目标 (4) 货币政策中介目标 (5) 货币政策工具 (6) 公开市场操作 (7) 货币政策时滞 (8) 理性预期

二、简答

(1) 中央银行有哪些职能?

(2) 简述货币政策操作策略的主要内容。

(3) 货币政策效应受哪些主要因素的影响?

(4) 货币政策传递机制有哪些?

三、论述

(1) 阐述货币政策目标体系的主要内容。

(2) 试述一般性货币政策工具的主要内容及各自的优缺点。

# 第十四章

# 通货膨胀与通货紧缩

任何一个经济体出现通货膨胀现象和通货紧缩现象，都会受到各个经济主体的广泛关注。因为通货膨胀和通货紧缩不仅会影响不同微观经济主体的决策，还会对一国宏观经济造成严重的危害。

本章将分别学习通货膨胀和通货紧缩的定义、度量、成因、经济影响以及治理措施。

## 第一节　通货膨胀和通货紧缩的定义及度量

### 一、通货膨胀和通货紧缩的定义

通货膨胀的定义有很多，归纳起来主要包括四类：第一，通货膨胀是一种“太多货币追逐太少的商品”的普遍超额需求状况；第二，通货膨胀是总的货币供应量或人均货币存量的增加；第三，通货膨胀是带有附加特征或条件的物价水平的上涨，主要是由“货币方面的原因”引起的；第四，通货膨胀是由按官方汇率计算的外汇超额需求或黄金超额需求表示的货币对外价值的下降。纵观各种定义，其差异形成主要在于对通货膨胀的成因和度量的界定不同。

从目前来看，一种被普遍接受的观点是，通货膨胀是指在一定时期内，一般物价水平持续上涨的现象。这一定义主要包含三个要点：

第一，通货膨胀是指物价总水平的上涨，而不是个别商品或服务价格的上涨。

第二，一般物价水平的上涨必须持续一段时间，而不是季节性、偶然性或暂时性的上涨。

第三，一般物价水平上涨必须超过一定幅度，但是对于幅度的大小，目前并不存在达成共识的明确界定。

通货紧缩则是与通货膨胀相对立的一个概念。尽管对于通货紧缩的界定也存在分歧，但是主流观点认为，通货紧缩是指一般物价水平持续下降的过程。与通货膨胀相同，这一定义也包含三层含义：

第一，通货紧缩是物价总水平的下降，而不是个别商品和服务价格的下降。

第二，一般物价水平的下降必须持续一段时间，季节性和暂时性下降不属于通货紧缩。

第三，一般物价水平下降必须超过一定幅度。

## 二、通货膨胀和通货紧缩的衡量指标

如前所述，通货膨胀和通货紧缩的实质都是一般物价水平的变动，而在实际分析中，一般物价水平的变动是通过物价指数来衡量的。因此，人们将物价指数上涨的变动率看作通货膨胀率，而将物价指数下降的变动率看作通货紧缩率。最为常见的衡量通货膨胀和通货紧缩的物价指数有三种：消费者价格指数、生产者价格指数和GDP平减指数。

### （一）消费者价格指数

消费者价格指数（CPI）也称居民消费价格指数，是度量消费商品和服务项目价格水平随时间变动的相对数，反映居民购买商品及服务项目价格水平的变动趋势和变动程度。从定义可以看出，消费者价格指数具有三个特点：

（1）不包含投资品和隐性消费，因此只反映消费品的价格变化。

（2）反映的是当前物价水平相对于过去某一个时期上涨或者下降的幅度，而不是绝对的价格高低。

（3）该指数是一个平均数，其变动并不意味着所有商品和服务项目价格的变动。

### （二）生产者价格指数

生产者价格指数（PPI）是度量制成品和原材料批发价格的变动随着时间变动的相对数，反映原材料、中间产品及最终产品在内的各种商品的批发价格的变动程度和变动趋势。从定义可以看出，生产者价格指数具有两个特点：

（1）不包含各种劳务，不能准确反映物价总水平的变动。

（2）反映的是生产者生产成本的变动状况。

（三）GDP平减指数

GDP平减指数是指按照现行价格计算的国内生产总值与按照不变价格计算的国内生产总值的比率。该指数的特点是：

（1）以构成国内生产总值的所有最终产品和劳务为对象，比较全面地反映了一国总体物价水平的变动状况。

（2）需要大量的基础数据，不能及时更新和公布，不能及时反映价格变动趋势。

从目前来看，各国中央银行广泛使用CPI指数作为度量通货膨胀率的指标。但是外部宏观经济冲击的存在，使得现实经济中某些物品的价格波动频繁，并带动整体价格指数发生变化，不同程度地干扰了政府和社会公众对于通货膨胀实际趋势的判断，不仅影响了微观经济主体预期的形成，还可能使中央银行制定和执行不合时宜甚至错误的经济政策。因此，对于通货膨胀和通货紧缩度量指标的修订一直没有停止过。例如，1975年美国经济学家罗伯特·戈登提出了“核心通货膨胀率”的概念，即在实际通胀率中扣除食品和能源价格波动后的通胀率，以衡量通货膨胀中由总供给与总需求决定的趋势性因素，避免央行货币政策的制定与实施受到个别商品价格暂时性上涨的影响。

**【专栏 44】　我国通货膨胀的衡量指标**

我国主要使用消费者价格指数即CPI衡量通货膨胀。我国的CPI编制工作始于1984年，采用了固定篮子指数。2016年，国家统计局对CPI进行了调整，包括约700种商品和服务项目，按照概率抽样原则选择近12万户城乡居民家庭的消费支出数据，并结合其他资料确定。每5年进行一次篮子和基期调整，同时每年进行适当微调。价格方面，采用定人、定时、定点的直接调查方式，由近4 000名专职物价调查员到不同类型、不同规模的农贸市场和商店现场采集价格资料。

CPI指数的计算分两步进行：第一步，计算月度基本分类价格指数，按照简单几何平均法即Jevons指数公式计算；第二步，高层汇总采用链式拉氏公式计算各中类、8个大类指数和CPI总指数，并编制了月环比、月同比以及定基价格指数等。各类价格指数权重对于CPI的计算有着重要意义，但可能出于一些客观因素，目前我国还没有向社会公布CPI编制中权重的具体设定和调整方法。

从总体看，目前我国CPI指数中食品占比相对较大，反映了我国作为一个发展中国家，食品价格对低收入阶层具有重大影响的事实。居住、教育、医疗等在CPI中已经有所体现，且这三类服务均具有一定的公共产品特性，价格本身无法实现资源的最优配置。至于房地产等资产价格，并不需要纳入CPI，而可以作为金融安全和经济稳定的指标获得应有的关注。

（根据相关资料整理）

# 第二节 通货膨胀的成因和治理

## 一、通货膨胀的成因

对于通货膨胀的成因，各国经济学家从不同角度进行了分析，形成了不同的理论。一般而言，最常见的主要包括需求拉上论、成本推动论、供求混合推进论和结构型通货膨胀论。

### （一）需求拉上论

需求拉上论是从需求的角度分析通货膨胀的成因，是一种较早的分析通货膨胀成因的方法。根据这种理论，通货膨胀的成因是总体经济中的总需求大于总供给，即一般物价水平是由过多的总需求“拉上”来的。具体而言，通货膨胀就是“太多的货币追逐太少的商品”，从而使对商品和服务的需求超出了在现行价格条件下可得到的供给，导致了一般物价水平持续的上升。图14-1显示了这一过程。

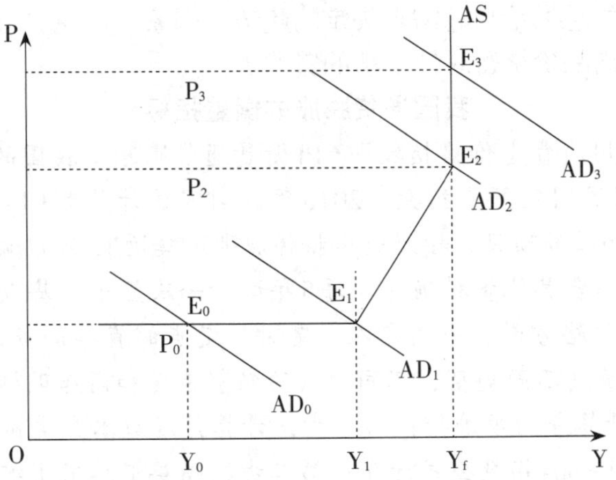


图14-1 需求拉上型通货膨胀

图中，横轴表示产出（Y），纵轴表示物价水平（P），AS表示总供给曲线，$AD_i(i=0,1,2,3)$表示不同水平的总需求曲线，$Y_f$为充分就业时的产出。假定$AD_0$为初始总需求曲线，与AS曲线相交于$E_0$点，此时的均衡价格水平为$P_0$。随着总需求的增加，总需求曲线向右逐渐移动至$AD_1$、$AD_2$和$AD_3$，物价水平也随之从$P_0$提高至$P_2$和$P_3$。在总体经济尚未达到充分就业产出水平（$Y_f$）之前，总需求的增加既能导致产出增加，也能导致物价水平的提高；而当总体经济达到充分就业产出之后，总需求的增加只能使物价水平上涨，而无法使产出增加，从而使总供给曲线变为垂直的线（如$E_2E_3$所示）。需要指出的是，在$E_0E_1$部分，总需求的增加仅仅导致了产出水平的增加，而物价水平没有改变，这是因为该部分表示经济体处于衰退阶段，由于存在大量的失业和资源闲置，总需求增加只提高了产出水平。

但是，不同学派的经济学家们对于总需求增加的原因并未形成一致的观点。例如，凯恩斯学派认为，总需求是由消费支出、投资支出和政府支出构成的，这些构成总需求的因素发生变动是总需求变动的原因。同时，他们还指出，充分就业并不是一种经常状态，非充分就业才是常态。当经济处于非充分就业状态下，总需求的增加会导致产出水平和物价水平同时提高；只有当经济处于充分就业状态下，总需求增加才不会使产出增加，而全部通过物价水平的上涨反映出来。

与此不同，传统的货币数量论认为，货币供给量的变动将导致一般物价水平的同比例变动。当经济处于充分就业的状态下，货币数量的增加必然引起物价水平同比例的上升，从而形成需求拉上型的通货膨胀。以弗里德曼为代表的现代货币数量论对传统的理论进行了修正，他认为“通货膨胀主要是一种货币现象，是由于货币量比产量增加得快造成的，货币量的作用为主，产量的作用为辅。许多现象可以使通货膨胀发生暂时性的波动，但只有当它们影响到货币增长率时，才产生持久的影响”。因此，对于弗里德曼来说，只有货币数量增长率超过产量的增长率时，才会引起通货膨胀。特别是当经济达到充分就业时，由于产量不能进一步增长，因此任何数量的货币增长都会引起一般物价水平的上升。一旦人们对这种价格上升产生预期，则整个经济就会陷入工资-物价螺旋式上升过程，从而使通货膨胀愈演愈烈。

### （二）成本推动论

20世纪70年代，经济停滞和通货膨胀相互交织并发成为西方所有发达经济体普遍存在的一种现象，被称为滞胀。滞胀的主要表现是：一方面，经济增长呈现低迷缓慢的趋势，有的国家甚至有时出现负增长，并由此引起大量失业；另一方面，由于货币发行量超过商品流通的实际需要量而引起货币贬值和物价上涨。滞胀现象带来了第二次世界大战后世界经济发展的一个低谷，但是从总需求的角度却无法加以解释，并且无人提出治愈的良方。于是，经济学家们开始对引起通货膨胀的供给方面的因素进行研究，从而提出了通货膨胀的成本推动论。

成本推动论者认为，通货膨胀的根源是产品成本的上升，而不是总需求的过度增加。具体而言，在总需求不变的情况下，由于生产要素价格的上涨，推高了生产成本，进而引起物价水平持续上涨而形成通货膨胀。成本推动型通货膨胀的形成可以用图14-2来表示。

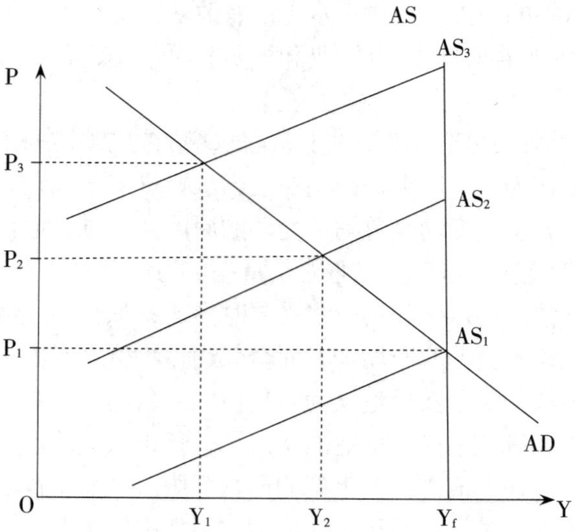


**图14-2　成本推动型通货膨胀**

图中，横轴表示产出，纵轴表示物价水平，$Y_f$表示充分就业水平下的产出。AD表示总需求曲线，$AS_i$（i=1，2，3）表示不同水平的总供给曲线。假定在总需求不变、充分就业的条件下，总供给曲线为AS，随着生产要素等生产成本的增加，AS曲线将从$AS_1$向左移动到$AS_2$，再移动到$AS_3$，由于总需求曲线不变，相应的价格水平也从$P_1$提高到$P_2$，再提高到$P_3$，产出则从$Y_f$降低至$Y_2$，再降低至$Y_1$。

在成本推动型通货膨胀中，产品成本的提高主要来源于以下两个生产要素：

第一，工资。在现代经济中，有组织的工会可以迫使厂商增加工资。如果工资的增长快于劳动生产率的增长，生产成本就会提高，导致价格上涨；价格上涨促使工会进一步要求提高工资，形成对价格继续向上的压力，从而使通货膨胀不断恶化。

第二，利润。垄断企业为了攫取高额垄断利润，人为提高生产要素价格，带动相关产品的价格上涨，进而推动了一般物价水平的提高。

（三）供求混合推进论

供求混合推进论是综合供求两个方面的因素考察通货膨胀的成因，认为通货膨胀是由需求拉上和成本推动共同作用的结果。具体而言，供求混合推进论者认为，在现实经济中，通货膨胀的原因究竟是需求拉上还是成本推动是很难分清楚的。例如，通货膨胀最初可能是由过度需求引起的，在物价上涨之后，工会要求厂商提高工资，通货膨胀随之恶化。另外，如果通货膨胀最初是由生产要素价格提高或人为提价造成的，如果不存在总需求和货币收入的增加，通货膨胀的过程将不能持续下去，因为工资增加和物价水平上涨会使失业水平增加，总供给减少，从而使成本推动型通货膨胀的过程终止。图14-3显示了供求混合推进型通货膨胀的成因。

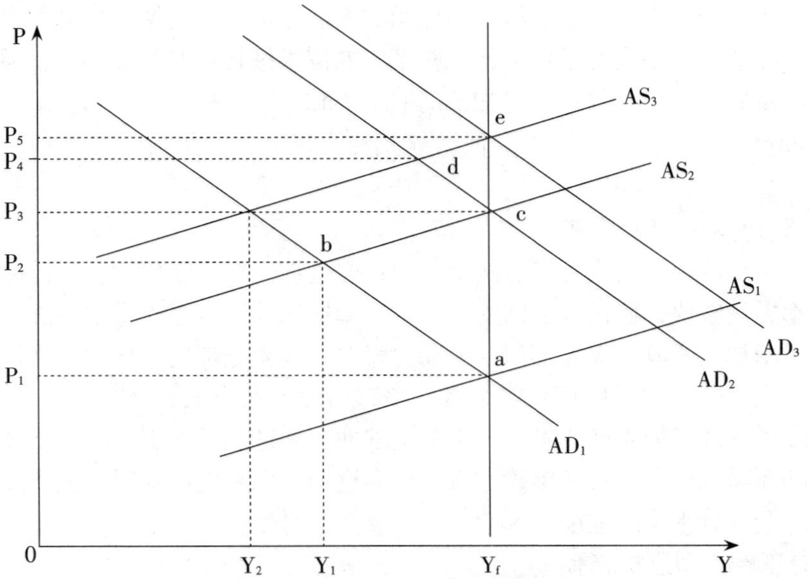


**图14-3　供求混合推进型通货膨胀的成因**

图中，横轴表示产出，纵轴表示物价水平，$Y_f$表示充分就业水平下的产出，$AD_i$（i=1，2，3）表示不同水平的总需求曲线，$AS_i$（i=1，2，3）表示不同水平的总供给曲线。假定初始均衡点为a，如果总需求增加，则总需求曲线从$AD_1$向右移动至$AD_2$，物价水平上涨，工资等生产要素价格上涨，总供给曲线由$AS_1$向左移动至$AS_2$，产出水平由$Y_f$降低至$Y_1$，均衡点从a移动至b。为了维持生产和就业水平，政府会增加支出，则总需求再次增加，总需求曲线移动至$AD_3$，物价水平进一步上涨，总供给曲线随之移动至$AS_2$。随着总需求曲线和总供给曲线交替移动，经济均衡点从a点逐渐移动至e点，物价水平由$P_1$逐步上升至$P_5$。这就是需求冲击开始的供求混合型通货膨胀。同样，该图形也可以解释供给冲击开始的通货膨胀。

**（四）结构型通货膨胀论**

需求拉上论和成本推动论并不能充分说明发展中国家的长期通货膨胀问题。为了寻求更令人信服的解释，20世纪60年代，一些经济学家开始从一个国家的经济结构及其变化发展方面寻求通货膨胀的成因。他们的研究结论是，即使整个经济中的总需求和总供给处于均衡状态，部门经济的结构变化也会导致一般物价水平的持续上涨，这就是结构型通货膨胀。根据他们的研究，结构型通货膨胀主要分为三种类型：

1.需求转移型通货膨胀

在一个经济体中，各个经济部门之间的发展可能是不均衡的。随着产业结构的变化，在总需求不变的条件下，一些部门的需求被转移至其他部门，但生产要素却不能及时转移，导致需求增加部门的工资和产品价格上涨，而需求减少部门的工资和产品价格由于“刚性”而未能相应下降，从而形成了一般物价水平的上涨。

2.部门差异型通货膨胀

在一国经济中，假设存在着两个部门：先进部门和保守部门。先进部门的劳动生产率提高较快，而保守部门的劳动生产率提高较慢。当先进部门因劳动生产率提高而增加工资时，保守部门的劳动力就会转向先进部门，导致该部门劳动力减少，产出下降。为了维持正常经营，该部门通过提高工资等办法吸引劳动力，从而提高了该部门的生产成本。由于工资刚性，先进部门的工资不仅不会因为劳动力流动而降低，反而可能继续上涨，从而进一步推高先进部门的生产成本，最终导致一般物价水平的上涨。

3.外部输入型通货膨胀

20世纪70年代以来，随着经济全球化进程的不断深入，国家间的经济交往日益频繁，因此，一个国家的通货膨胀很容易传染给其他国家。由于小国在国际市场上是价格的接受者，不能确定和影响价格，因此当国际市场上的价格上涨时，小国的开放经济部门受到影响，产品价格随之上涨，该国的非开放经济部门随后也会被波及，产品价格上涨，进而导致全面的通货膨胀。

## 二、通货膨胀的经济影响

通货膨胀对一国经济的影响主要体现在三个方面：对产出的影响，对失业的影响，对收入和社会财富再分配的影响。

### （一）通货膨胀对产出的影响

通货膨胀对产出的影响，主要有促进论、促退论和中性论三种观点。

1.促进论

促进论的支持者认为，通货膨胀可以通过三条路径促进经济增长。

（1）通货膨胀有利于增加政府投资。由于通货膨胀的直接表现就是货币供给量过多，而政府是发行货币的主体，多发行的货币获得增发收入，可以用于直接增加投资，在其他条件不变的情况下，总投资增加，产出增加，就可促进经济增长。

（2）通货膨胀有利于增加企业投资。在通货膨胀条件下，商品价格的提高一般快于工资的提高，结果就导致实际工资降低，企业利润增加，从而刺激企业扩大投资，同样促进了经济增长。

（3）通货膨胀有利于推动储蓄向投资转化。由于高收入阶层的边际储蓄倾向较高，通货膨胀将导致高收入阶层的收入比低收入阶层的收入增加得更多。因此，通货膨胀促进了社会储蓄率的提高，进而可以转化为更多的投资，促进经济实现增长。

2. 促退论

促退论的支持者认为，从长期来看，通货膨胀会导致经济低效率，进而损害经济增长。这一过程主要通过三条路径得以实现：

（1）通货膨胀使社会储蓄率下降。通货膨胀意味着货币购买力下降，持有货币的机会成本增加。因此，企业和家庭常常将增持实物资产或增加消费，导致社会储蓄率下降，投资资金减少，不利于经济的增长。

（2）通货膨胀影响资源配置。在持续的通货膨胀过程中，市场价格机制将遭到严重的破坏，企业和家庭面对不断变化的价格，无法作出正确的决策，导致资源的不合理配置或错误配置，进而影响经济增长。

（3）通货膨胀影响企业和个人的实际税收收入。许多国家实行累进税制，在发生通货膨胀时，企业和个人将因名义收入提高而缴纳更多的税，从而影响生产的积极性，不利于经济增长。

3. 中性论

中性论的支持者认为，通货膨胀对经济增长的影响是中性的，既不会促进经济增长，也不会损害经济增长。他们认为，由于预期的存在，在一段时期内，公众面对价格上涨会作出合理的行为调整，从而使通货膨胀的各种影响相互抵消，因此，从长期看，通货膨胀对产出和经济增长没有影响。

### （二）通货膨胀对失业的影响

传统的观点认为，通货膨胀与失业之间存在一种此消彼长的替代关系。具体而言，低失业水平意味着较高的劳动力需求，在其他条件不变的情况下，工人的工资将被推高，造成生产成本的上升，从而推动整体物价水平上升。相反，高失业水平则意味着较少的劳动力需求，在其他条件不变的情况下，工人的工资会降低，造成生产成本下降，从而使整体物价水平下降。

### （三）通货膨胀对收入和财富再分配的影响

通货膨胀对收入和财富再分配的影响主要是指通货膨胀发生时，不同人群的实际收入和实际占有财富的价值会发生不同程度的增加或减少，导致收入和财富的再分配。这一影响主要通过两个路径得以实现：

（1）通货膨胀对不同收入来源的阶层影响不同。通常，在不能充分预期通货膨胀水平的情况下，固定收入者的收入调整滞后于通货膨胀，从而使其实际收入减少。非固定收入者则因为能够及时调整收入而避免损失。

（2）通货膨胀通过信贷或金融资产渠道进行再分配。在通货膨胀时期，面值固定的债券价值因价格上升而下降，随着通货膨胀的加剧，一方面会降低债务人的实际利息负担，另一方面会减少债权人的实际收入。

**三、通货膨胀的治理措施**

最常见的通货膨胀的治理措施有紧缩性货币政策、紧缩性财政政策、收入和价格管制政策、收入指数化政策。

（一）紧缩性货币政策

紧缩性货币政策是指一国中央银行通过减少货币供给量或提高利率来稳定通货膨胀。具体来说，中央银行利用各种货币政策工具，减少货币供给量，在其他条件不变的情况下，导致利率上升，进而抑制总需求，从而推动物价水平下降。

（二）紧缩性财政政策

紧缩性财政政策是指一国政府通过削减政府支出或提高税率来稳定通货膨胀。具体来说，一国政府通过削减政府支出，直接减少总需求，从而减轻物价水平上升的压力。另外，在通货膨胀时期，一国政府还可以提高税率，如提高个人所得税税率，使居民可支配收入减少，从而减少总需求，稳定通货膨胀。

（三）收入和价格管制政策

收入政策是指通过降低工资、限制工资上涨幅度或冻结工资来影响总需求，进而稳定通货膨胀。

价格管制政策是指政府限制各种商品和服务价格上涨的幅度或冻结价格，稳定通货膨胀。

（四）收入指数化政策

收入指数化政策又称指数联动政策，是指对货币性合约订立价格指数条款，把工资、利息、各种证券的收益及其他收益部分地或全部与价格指数相联系，使经济参与者的各种收入随着价格指数的变动而变动，从而避免或减少通货膨胀带来的损失，并减轻由通货膨胀带来的收入和财富再分配的影响。收入指数化政策不能对通货膨胀产生直接的抑制，只能减轻通货膨胀的不利影响。

## 第三节　通货紧缩的成因和治理

### 一、通货紧缩的成因

对于通货紧缩的成因，研究中主要形成了三种不同的理论：纯货币的通货紧缩理论、通货紧缩的金融结构理论和非货币金融的通货紧缩理论。

#### （一）纯货币的通货紧缩理论

在20世纪以前的经济史中，货币数量论在解释价格水平的下降方面曾经一度占据支配地位。根据费雪方程式所得出的结论——“货币供给量的变动将导致一般物价水平的同比例变动”，可以推导出通货紧缩必然伴有货币存量的下降，而这一论断通过弗里德曼和施瓦茨在《美国货币史（1867—1960）》中提供的实证材料得以证明。根据他们的研究，在1867—1960的93年中，美国曾经发生过6次严重的经济紧缩，这些紧缩过程都伴随有货币存量的下降。产量的变动和公众持有的货币数量的变动会带来货币供给量的变动和价格的变动。因此，在19世纪末20世纪初各国通货紧缩的高发时期，货币数量论成为解释通货紧缩的重要理论基础。

但是，纯货币的通货紧缩理论只是在静态假设下的一个命题（如假设V和Y不变），尤其在当今高度发达的金融经济中，货币供给量本身受到多种因素的影响，其计量也缺乏可靠的指标，所以，纯货币的通货紧缩理论并不能全面解释世界范围内的通货紧缩现象。

#### （二）通货紧缩的金融结构理论

一些经济学家认为，经济中的通货紧缩与金融结构密切相关。费雪的债务-通货紧缩理论就是其中之一。1932年，美国经济学家欧文·费雪在其《繁荣与萧条》一书中，首次完整地提出了债务-通货紧缩理论，即使用私人部门的债务过度积累来说明通货紧缩的形成。

费雪认为，以货币计量的大量债务的存在，是加剧通货紧缩程度的一个重要因素。过度负债往往是一国经济由盛而衰的转折点。在繁荣时期，利润水平的上升诱使企业家通过债务融资进行更大规模的投资；银行体系也被企业家对未来的乐观预期所鼓舞，不断增加贷款的投放。这种情形必将持续到过度负债的状态（相对于国民收入而言，到期债务过多，以至于没有足够的流动性资产来清偿到期债务的状态）。此时，企业将抛售商品偿还债务，促使价格下跌。通过债务清算，企业债务的名义数额虽然有所减少，但由于通货紧缩，其实际反而上升，破产的可能性进而加大。企业被迫以更低廉的价格更大规模地低价抛售商品，整个债务-通货紧缩的恶性循环便由此展开。在通货紧缩的过程中，债务清算的速度永远赶不上债务实际价值增长的步伐。只有当过度负债被大规模的企业破产强制性消除以后，通货紧缩才能停止，新一轮繁荣与萧条的更替才会重新开始。

关于过度负债的原因，费雪认为是新发明、新产业的出现或者新资源的开发等所带来的对利润前景的看好，导致企业具有过度乐观的预期，进而产生过度投资。

（三）非货币金融的通货紧缩理论

非货币金融的通货紧缩理论主要是从实体经济的层面对通货紧缩进行解释，而不考虑货币金融因素的影响。例如，凯恩斯认为，当发生有效需求不足时，物价往往是下降的。企业家利润预期突然下降使得投资无利可图，投资规模开始下降，而乘数效应的存在放大了投资，减少了对有效需求和收入的影响，进而推动了通货紧缩的形成。米塞斯和哈耶克也认为通货紧缩并不是独立形成的，而是由促成经济萧条的生产结构失调引起的，但是对于生产结构失调的原因，他们将其归结为货币扩张造成的过度投资而不是投资不足。

**二、通货紧缩的经济影响**

通货紧缩对一国经济的影响主要体现在两个方面：通货紧缩对产出和失业的影响；通货紧缩对金融体系的影响。

（一）通货紧缩对产出和失业的影响

通货紧缩可以导致经济衰退，失业增加。具体的影响路径主要有两个：

（1）由于通货紧缩使货币购买力增加，人们预期商品价格会继续降低，从而推迟购买，结果导致个人消费减少，总需求也随之减少。

（2）价格的持续下降会导致实际利率上升，企业的资金成本提高，利润率下降，投资项目的吸引力逐渐减弱，投资支出减少。同时，通货紧缩导致整个社会的失业数量增加，进一步刺激消费需求的萎缩。上述变化最终都会导致产出减少，经济增长放缓，甚至造成经济衰退。

（二）通货紧缩对金融体系的影响

通货紧缩可能造成商业银行不良资产的增加，加大金融体系的系统性风险。具体的影响路径主要有两个：

（1）价格水平的持续下降导致企业的收入水平和利润水平大幅度下滑，甚至出现亏损，削弱了企业归还银行贷款的能力，企业对银行贷款拖欠的现象日益严重，银行不良资产不断增加。银行资产状况的恶化导致存款者为保护自己的资金安全而选择将资金从银行中提出，可能导致银行出现流动性困难，金融风险大大增加。

（2）通货紧缩会导致银行资产实际价值下降。随着净资产的不断减少，银行的财务状况恶化，从而产生金融风险。

**三、通货紧缩的治理措施**

最常见的治理通货紧缩的措施主要有扩张性货币政策和扩张性财政政策。

（一）扩张性货币政策

扩张性货币政策，是指一国中央银行通过增加货币供给或降低利率稳定通货紧缩的政策。具体来说，中央银行通过各种货币政策工具，增加货币供给量，在其他条件不变的情况下，导致利率降低，从而刺激总需求，推动一般物价水平逐渐上升。

（二）扩张性财政政策

扩张性财政政策，是指一国政府通过增加政府支出和降低税率稳定通货紧缩的政策。具体来说，一国政府增加支出可能会扩大财政赤字。财政赤字的扩大主要通过增加税收、向中央银行借款和发行政府债券实现。通常情况下，增加税收会遭到抵制，向中央银行借款也受到法律的限制，只有发行政府债券具有可操作性。同时，如前所述，通货紧缩导致投资支出减少，政府发行债券在收益性、流动性和安全性方面都具有一定的吸引力，获得的发行收入直接用于扩大支出，刺激了总需求，进而可能扩大产出和推动物价水平的上升。另外，在通货紧缩时期，一国政府可以通过降低税率，如降低个人所得税税率，提高居民的可支配收入，从而刺激总需求，推动物价水平上涨。

## 本章小结

通货膨胀和通货紧缩会影响微观主体的决策，对一国宏观经济形成显著影响。通货膨胀是指在一定时期内一般物价水平持续上涨的现象；通货紧缩则是指一般物价水平持续下降的过程。常见的衡量通货膨胀和通货紧缩的物价指数有三种：消费者价格指数、生产者价格指数和GDP平减指数。

研究通货膨胀成因可以更好地治理通货膨胀。经济学家对通货膨胀成因的解释通常包括需求拉上论、成本推动论、供求混合推进论和结构型通货膨胀论等。通货膨胀通常对产出、失业、收入和社会财富再分配产生影响，对宏观经济形成冲击。政府则通过紧缩性货币政策、紧缩性财政政策、收入和价格管制政策、收入指数化政策等治理通货膨胀。

对通货紧缩成因的解释主要有纯货币的通货紧缩理论、通货紧缩的金融结构理论和非货币金融的通货紧缩理论等。通货紧缩会对产出、失业及金融体系产生影响，进而对宏观经济产生冲击。政府则通过扩张性财政政策及扩张性货币政策治理通货紧缩。

## 复习思考

**一、名词**

（1）通货膨胀 （2）通货紧缩 （3）消费者价格指数 （4）GDP平减指数 （5）外部输入型通货膨胀 （6）债务-通货紧缩理论

**二、简答**

（1）通货膨胀的影响是什么？治理通货膨胀的措施有哪些？

（2）衡量通货膨胀有哪些指标？

（3）通货紧缩的经济影响是什么？其治理措施有哪些？

（4）通货紧缩的成因有哪些？

**三、论述**

试述通货膨胀的类型及各自成因。

# 第十五章

# 金融危机与金融安全网

金融危机是一个古老的、常见的经济现象。为了阻止金融危机的发生或者缓和金融危机对金融体系以及实体经济产生严重的负面影响，世界各国政府纷纷构建了本国的金融安全网。随着次贷危机的爆发，这一趋势得到了进一步的加强，并且推动了全球金融安全网的建立。

本章将学习金融危机的定义、类型和形成机理以及金融安全网的相关内容。

## 第一节 金融危机的定义和形成机理

### 一、金融危机的定义和类型

#### （一）金融危机的定义

金融危机，是指一国或者几个国家和地区全部或者部分金融指标急剧、短暂和超周期地恶化，这些指标主要包括短期利率、资产价格（证券、房地产和土地）、汇率和金融机构倒闭数量等。

#### （二）金融危机的类型

通常，金融危机分为四类：货币危机、银行业危机、外债危机和资产价格危机。

1.货币危机

货币危机是指人们丧失了对一国货币的信心，大量抛售该国货币，从而导致该国货币的汇率在短时间内急剧贬值的情形。根据这一定义，可以使用汇率这一变量标识货币危机。第二次世界大战以后，通常将汇率贬值的临界值设定为25%，即如果一国汇率贬值率达到25%或者以上，则可以视为爆发了货币危机。

2.银行业危机

银行业危机，是指由于某些原因，人们丧失了对银行的信心，从而大量挤提存款，银行体系的流动性严重不足，出现银行大量倒闭的现象。即便在没有出现银行挤提的情况下，如果一家重要的金融机构或者金融集团倒闭、合并、被接管或者向政府申请大规模的救助，并标志了其他金融机构一系列类似事件的开始，通常也被界定为银行危机。

3.外债危机

通常说的债务危机就是外债危机，是指一国政府在到期日（或者宽限期内）不能按照预先约定的承诺偿付其国外债务的本金和利息，从而导致对该国发放外债的金融机构遭受巨大损失。

4.资产价格危机

资产价格危机，主要是指投资者丧失了持有股票和房地产等资产的信心，争相抛售，导致股票、房地产等市场价格急剧下跌的现象。

根据历史经验，不同的危机往往聚集发生，即银行、汇率和资本市场等主要金融领域同时爆发危机，从而对实体经济产生较大的破坏性影响，这就是所谓的系统性金融危机。这主要是由于金融体系各要素之间存在着密切的相关性，从而导致了危机的传递。

## 二、金融危机的形成机理

由于金融危机的类型是多种多样的，不同类型的危机爆发的直接原因、所涉及部门和传递特征等都是各不相同的，因此，金融危机的形成机理的理论通常是按照不同类型的金融危机进行划分的。

### （一）货币危机理论

20世纪70年代中期以前，西方理论界对于货币危机的研究比较零散，并未形成系统的理论。随着布雷顿森林体系的崩溃，货币危机发生的频率逐渐增加，经济学家开始系统深入地进行研究，提出了三代货币危机理论。

1.第一代货币危机理论

1979年，美国经济学家克鲁格曼提出了第一个比较成熟的货币危机模型，因此被称为第一代货币危机理论。该理论的核心观点是，货币危机发生的根源是扩张性的宏观经济政策目标与维持固定汇率的目标之间存在着不一致。具体而言，政府预算存在着持续的财政赤字，为了弥补赤字，政府采取扩张性货币政策，试图将赤字货币化。国内货币供给量的持续增长逐渐形成本币贬值的压力。

如果市场预期本币贬值压力很大，且会持续一段时间，为了防止汇率贬值造成投资损失，市场上的投资者将会出售该国货币，买入外汇。这种持续交易就会形成对该国货币的投机性攻击。为了维持固定汇率制度，该国政府必须动用外汇储备对汇率进行干预，使该国的外汇储备减少。当该国外汇储备水平低于设定的下限时，政府会放弃固定汇率制度，汇率大幅度贬值后自由浮动。在这一过程中，如果市场上的投机者看到了套利的可能性，进而发动攻击，就会加速该国外汇储备的减少，使得货币危机提前爆发。

第一代货币危机理论阐述了财政赤字和货币危机之间的关系，很好地解释了20世纪80年代拉美国家货币危机爆发的原因。

2.第二代货币危机理论

第二代货币危机理论又称预期自致模型，其核心观点是，货币危机的发生不是由于经济基础的恶化，而是由于贬值预期的自我实现所导致的。具体而言，市场投机者的贬值预期，导致政府通过提高利率抵消市场贬值预期，并且获得外汇储备来维持固定汇率制度。但是，这一政策增加了维持固定汇率制度的成本，可能进一步强化市场的贬值预期。贬值预期的强化会促使政府进一步提高利率，形成贬值预期——名义利率的循环。在这一循环过程中，政府始终在维持固定汇率制度的成本和放弃固定汇率制度的成本之间进行权衡。政府维持固定汇率的成本可能包括：预算赤字增加、金融稳定性减弱以及经济紧缩产生的衰退和失业，而放弃固定汇率的成本可能包括汇率自由浮动对国际贸易与投资的不利影响、无法利用固定汇率的名义锚来遏制通货膨胀以及政策一致性的声誉的损失。当二者相等时，政府会放弃固定汇率制度，货币危机爆发。

第二代货币危机理论阐述了货币政策和货币危机之间的关系，很好地解释了1992—1993年的欧洲汇率体系危机。

3.第三代货币危机理论

自1997年7月开始，东南亚国家爆发了严重的金融危机。但是经济学家们指出，这次危机在传染的广度和深度、转移以及国际收支平衡等方面与以往的货币危机均有显著的区别，原有的理论很难对其作出明确清晰的解释。在这一背景下，第三代货币危机理论开始建立。总体来说，第三代货币危机理论是经济学家们针对东南亚货币危机形成机理的各种新解释的统称，如道德风险说、金融过度说等。

主张道德风险说的经济学家们认为，东南亚国家中普遍存在着政府对银行借款提供隐含担保的现象，导致了银行贷款政策的道德风险。不良贷款数量增加形成所谓的“隐形财政赤字”，而政府最终会将这些隐形财政赤字货币化，这会造成货币贬值的预期。这一理论充分解释了东南亚国家虽然没有出现严重的财政赤字，却出现货币危机这一事实。

金融过度说则将资产价格的波动和资产负债表的急剧恶化联系在一起，分析货币危机爆发的原因。金融过度是指一国过度的投资需求通过可以进出国际金融市场的金融中介机构的借贷行为而转化为证券金融资产和房地产的过度积累。金融过度的结果是推高了资产价格，在改善了自身的资产负债表状况的同时，也加剧了资产负债的错配程度，从而使金融体系的脆弱性增强。当外部冲击因素出现时，资产价格大幅度下跌，迫使持有巨额外币计价负债的金融中介进行资产清算，恐慌随之出现，如果持续下去，最终导致货币危机爆发。

（二）银行业危机理论

通常，关于银行业危机形成机理的理论研究主要是从两个层面展开的：第一，银行挤兑对银行的流动性头寸形成过度压力，最终导致银行危机爆发；第二，银行资产质量恶化，出现巨额损失，导致银行危机。

1.商业银行的脆弱性和银行挤兑

传统的商业银行作为信用中介，从储蓄端获取资金，再以贷款向借款端提供融资，从中赚取利差收入。这就是商业银行盈利模式的核心所在。但是，这种通过不同期限错配或成熟期转换来赚取利差收入的盈利模式存在着天然的脆弱性。当负债端的现金流出（短期负债来源）快于资产端的现金流入（长期资产运用）时，银行将面临资金短缺即所谓流动性风险，而这一流动性风险又会因一些因素被强化。

使流动性风险得以强化的因素大致有四个：

第一，商业银行业属于高杠杆行业，其资本/资产比率远远低于非金融行业。

第二，为了获取高收益率，商业银行倾向于持有期限长、流动性较差的资产，这使得银行在面临资金突然受到挤兑时十分敏感，特别是当银行的现金不能完全、及时地满足客户对资金的即时需求时，不得不通过出售表内生息资产来填补流动性需求。一旦这些资产折价出售遭受严重亏损但又不能及时被资本金吸收时，银行的清偿能力就将受到威胁。

第三，随着时间的推移，许多大银行越来越多地利用不稳定的批发性短期资金作为其负债的来源，致使流动性风险的市场不稳定性特征日益明显。

第四，利率市场化环境下的银行资产负债的存续期错配更使得银行的资本金极易暴露在大幅波动的市场利率风险之下，使银行受到流动性风险和利率风险的双重夹击。

在上述情况下，如果一家银行被认为出现问题时，由于担心存款蒙受损失，该行的客户不会鉴别这一信息的正确与否，而是会尽可能快地从银行提取出存款，从而导致挤兑的发生。由于越来越多的人提取存款，银行违约的可能性会越来越大，这样就会刺激更多的存款被提取，最终导致银行危机。

2.资产损失和银行危机

在上面的分析中，我们假定商业银行的资产质量是较高的，只是存款者的集体挤兑行为使商业银行不得不提前清偿其未到期资产，从而蒙受损失。在现实中，商业银行的资产也会出现问题，损害其盈利能力，导致金融机构清偿能力降低，进而造成其资产质量恶化，引发银行危机。

导致商业银行资产质量恶化的原因主要有两个：

第一，由于信息不完全，商业银行无法充分了解借款人的经营能力和所投资的项目，因此无法有效甄别出信用较好的借款人，一旦借款人出现违约，就会形成银行的不良债权，从而恶化银行的资产质量。

第二，商业银行资产负债结构的特征是导致其从事高风险贷款的重要原因。商业银行的自有资本只占其资金来源的很小部分，而且银行的净值越小，其所有者因错误决策而可能遭受的损失就越小，他们从事高风险贷款的可能性就越大。特别是，在经营已经处于困境的条件下，金融机构的管理者会进行某种极端的风险投资，期望陷于困境的金融机构起死回生，而结果往往是资产质量急剧恶化，甚至导致破产。

### （三）外债危机理论

外债危机理论与主权贷款理论密切相关。如果一国拒绝兑现其债务合约，贷款人就无法获取该国提供的抵押物，或者至少是具有主权的抵押物。在缺乏直接的法律机制强制还款的条件下，国外债权人为什么能够相信债务国无论如何都会偿还贷款？这个问题使得主权债务市场存在的原因成为外债危机理论研究的核心内容。

作为一种粗略的简化，现有理论都依赖于跨期制裁或者当期制裁。所谓跨期制裁，是指如果一国违约，那么就会构成无法获得未来贷款的威胁。如果在一段时期内或者永久无法获得贷款，那么，在该国因不同因素形成国际收支失衡的情况下，就无法通过国际金融市场进行调节了，因此，即使是没有直接的违约成本，跨期制裁的存在也会促使该国在目前连续偿还债务。所谓当期制裁，则是指贷款人要么对该国实施永久的或者一段时期的制裁，要么切断该国和国际金融市场的联系，导致该国无法获得外汇，从而迫使该国偿还债务。

从上述理论可以看出，无力偿付或者不愿意偿付外债（即违约）的因素可能多种多样，因此并不是该理论研究的重点，重要的是政府面临的偿付债务的激励机制。在跨期制裁模型中，假定贸易条件较好并且预期会持续下去，如果一国不能在未来获得贷款的机会成本很低，则违约可能发生。相反，在当期制裁模型中，如果贸易条件恶化，一国为了平滑消费而违约，此时的违约成本可能是最低的。

（四）资产价格危机理论

通常，资产价格的形成过程包括四个阶段：理性上升阶段、过度交易阶段、泡沫形成阶段以及泡沫破裂阶段。

1.理性上升阶段

一般而言，在金融危机发生之前，经济体中常常会出现所谓的“异常变化”，如出现能够影响经济体中至少某一重要行业或者部门的利润的机会，从而改变经济前景。在这种情况下，投资和生产都开始增加，金融交易也随之增加，导致金融资产价格开始上涨，于是使更多的企业和投资者进入交易市场，形成资产价格进一步上涨的预期，而信贷资金的不断扩张使得预期价格的上涨不断实现，从而不断推高资产价格。但是，在这一阶段中，资产价格的上涨并没有过度偏离其基本经济价值。

2.过度交易阶段

随着资产价格的持续上涨，人们乐观的预期被不断强化，投机交易开始出现。为了获取更高的利润，企业和投资者开始通过杠杆作用扩大交易。在信贷资金供给稳定扩张的条件下，更多的资金需求得以满足，进一步刺激了投资，风险因素被市场表面的繁荣所掩盖，导致人们低估投资风险或高估自己的能力，从而出现过度交易。

3.泡沫形成阶段

在这个阶段，市场行情异常上涨，部分风险厌恶的投资者和风险中性的投资者也开始进入交易市场，对利润的投机就从正常的理性行为逐渐转变为非理性行为，泡沫开始形成。

4.泡沫破裂阶段

在这一阶段，资产价格上涨的速度越来越快，企业和投资者对信贷需求的依赖也越来越高，利率开始提高，信贷资金的增长开始减慢。由于新增资金无法为资产价格进一步上涨提供支撑，资产价格上升势头减缓，企业和投资者纷纷抛售资产，资产价格迅速大幅度下滑。随着预期的改变，泡沫随时都会破裂，诱发金融危机。

【专栏45】 **金融危机的后果**

通常，金融危机的持续时间很长。严重的金融危机的影响主要有三个共同的特征：资产价格下跌、经济衰退和政府债务增长。

第一，资产价格出现深度的、持续时间很长的下跌。平均而言，实际房价下跌35%，持续时间会超过6年；股价指数下跌深度为56%以上，持续时间超过3.5年。

第二，银行危机的影响通常和产业、就业的大幅度下降联系在一起。失业率在银行危机周期的下行阶段平均上升7%，持续时间超过4年，尽管相对于失业率而言，产出下降的持续时间比较短，平均持续约2年，但是产出从峰顶到谷底平均回落9%。

第三，在第二次世界大战后的主要金融危机中，危机国的实际政府债务出现爆发性增长，相对于危机之前的平均增长幅度达到86%。导致政府债务激增的主要原因除了对银行系统注资和援助成本增加之外，更为重要的是政府税收在严重而漫长的产出下降后出现不可避免的锐减。

▎资料来源　莱茵哈特，罗格夫. 这次不一样：八百年金融危机史［M］. 北京：机械工业出版社，2012.

## 第二节　金融安全网和金融危机管理

为了降低爆发金融危机的风险，保持金融体系的稳定，构建合宜的金融安全网非常必要，其能够保证支付系统安全有效地运行，从而有效地防范和阻止金融危机的发生及扩散。

### 一、金融安全网的三大支柱及其职能分工

传统上，金融安全网仅指保护存款人存款安全的存款保险制度安排。后来，随着研究的不断深入，金融安全网的研究范围也在不断拓展，除存款保险制度以外，还包括监管当局的监管制度和中央银行的最后贷款人制度。由于这三种制度分别由不同的机构承担，只有它们共同分担、协同合作，才能有效防范和管理金融危机。

#### （一）金融安全网的三大支柱

金融监管、存款保险制度和最后贷款人制度是金融安全网中不可或缺的三个基本构成要素，因此，被称为金融安全网的“三大支柱”。

1. 金融监管

金融监管是金融安全网中最重要的一环。金融体系的正常运行需要规范、有序的金融交易行为，这不仅仅需要金融机构的自律，更加需要法律的约束和政府的管理。金融监管是指政府根据经济金融体系稳定、有效运行的客观需要以及经

济主体的共同利益要求，通过中央银行或金融监管当局，依据法律准则和法定程序，对金融体系中的金融机构和金融市场实行的稽核检查等一系列行为的总和。

2. 存款保险制度

存款保险制度是指一个国家或地区为了保护存款人的合法权益，维护金融稳定和安全，建立一个存款保险机构，规定各存款机构作为投保人按一定比例向其缴纳保险费，当存款机构出现支付危机或面临破产倒闭时，其直接向存款人进行部分或全额支付的制度。完善的存款保险制度是金融安全的重要组成部分，在对银行进行危机救助、防范危机扩散以及稳定金融体系等方面都发挥着重要作用。

**【专栏46】　　我国存款保险制度的主要内容**

2015年2月17日，我国《存款保险条例》公布，自2015年5月1日起施行。我国建立存款保险制度的目的，是依法保护存款人的合法权益，促进金融机构审慎稳健地经营，及时防范和化解金融风险，建立维护金融稳定的长效机制。根据该条例，我国存款保险制度的主要内容包括：

（1）确定存款保护范围。我国存款保险制度覆盖投保机构吸收的人民币和外币存款，包括个人储蓄存款和企业及其他单位存款的本金和利息，但金融机构同业存款、金融机构高级管理人员在本机构的存款，以及其他经存款保险基金管理机构规定不予承保的存款除外。

（2）确定存款保险的偿付限额。我国的最高偿付限额规定为50万元人民币，这一标准远高于国际水平，能够为我国99.63%以上的存款人（包括各类企业）提供100%的全额保护，可以充分保障存款人的利益和银行体系的稳定。

（3）实行存款保险的基准费率与风险差别费率相结合的制度。费率标准由存款保险基金管理机构根据经济金融的发展状况、存款结构情况以及存款保险基金的累积水平等因素制定和调整，报国务院批准后执行。各投保机构的适用费率，则由存款保险基金管理机构根据投保机构的经营管理状况和风险状况等确定。

2019年5月24日，中国人民银行成立存款保险基金管理有限责任公司，注册资本100亿元。自此，我国存款保险管理终于迎来了独立法人机构，向专业处置机构演进。

（根据《存款保险条例》等相关资料整理）

3. 最后贷款人制度

最后贷款人制度是指当金融机构由于暂时性的流动性不足而发生经营困难甚至危机时，中央银行作为最后贷款人，通过提供贷款向其提供流动性支持的制度。最后贷款人制度是金融安全网的重要组成部分，对于解决金融机构暂时性的流动性不足、有效防范金融危机的扩散、维护金融体系的稳定具有重要作用。

中央银行可以通过多种方式履行最后贷款人职能，其中主要方式有两种。

第一，直接援助，即中央银行通过公开市场操作直接向市场注入流动性，或者是通过再贷款、再贴现等方式对有系统性影响、财务状况基本健康、运营正常但暂时出现流动性困境的金融机构提供流动性援助。这是中央银行履行最后贷款人职能最为常用的方式。

第二，向市场发出准备支持的明确信号，恢复市场信心。最后贷款人制度在维持金融稳定方面具有重要作用。在正常时期，可以避免出现暂时性流动性困难的个别金融机构发生系统性风险；在危机时期，可以缓解市场流动性的紧缺，稳定市场信息，阻止金融恐慌的扩散。

（二）金融安全网三大支柱的职能分工

由于金融安全网的功能是由相互独立的三种制度共同作用实现的，相互之间的权责分配、信息共享以及协调机制等问题就会比较复杂。政府急需清晰而明确地解决这些问题。为了构建有效的金融安全网构成要素的协调机制，首先要明确三大支柱的职能分工。所谓职能分工是指金融安全网三大支柱在职能权限、作用方式、手段工具以及政策措施等方面的明确分工。

首先看监管部门。银行监管部门主要负责平时的日常监管，在危机爆发前进行风险防范。银行监管部门通过机构和业务准入的监管来减少银行从事高风险业务的倾向；同时，通过现场检查和非现场检查，评估银行的风险状况和潜在风险，强制风险过高的银行进行整改，力争将风险遏制在萌芽状态。值得注意的是，银行监管并不等于不让银行倒闭，适时适当的个别银行破产退出可以避免金融风险的过度积累，有助于警示其他商业银行，有助于防范规模更大的区域性风险和系统性风险。

其次看中央银行。中央银行主要负责市场波动时的流动性救援，属于事中应对。在某些银行已经陷入经营困境时，中央银行作为最后贷款人根据情况需要发挥有限作用。中央银行通过对问题银行的检查和评估，确认银行的救助申请属于合理范围时，便可以通过再贷款等措施及时化解该银行所面临的风险，恢复其正常运营。此外，中央银行的最后贷款人职能还需要确保整个金融体系的流动性，这在恐慌性事件发生时或者金融危机爆发时尤为重要。通常认为，中央银行履行最后贷款人职能救助银行时，该银行面对的应当是流动性不足而非偿付能力不足，并且中央银行的救助行动还应当遵循“建设性模糊”的原则，以降低其救助行动可能引发的道德风险。

最后来看存款保险机构。存款保险机构主要负责危机后问题银行的退出和对存款人的理赔工作，进行妥善的事后处置。对于中央银行行使了最后贷款人职能仍然无法成功救助的商业银行，或者已经资不抵债、中央银行不愿救助的商业银行，就需要存款保险机构发挥事后处置作用。一方面，依照存款保险合约规定的保险范围和赔付限额，对破产银行的存款人进行理赔；另一方面，对破产银行实行托管、清算，实现有序退出或兼并重组。

**二、金融危机管理的基本框架**

金融危机管理是指一国政府所采取的一系列旨在消除金融危机，避免对金融体系或实体经济产生潜在负面影响的政策的总称。由于金融危机的形式是多种多样的，并且每一次危机爆发的直接原因、所涉及的机构以及扩散的渠道都具有一定程度的独特性，因此，构建统一的金融危机管理框架是非常困难的。从已有的金融危机管理实践来看，通常的做法是根据金融危机发生的时间顺序，划分出不同的危机阶段，分别进行管理。通常，金融危机管理主要包括三个阶段：预警阶段、控制阶段和处置阶段。

（一）预警阶段

金融危机的预警阶段，是指金融危机发生之前或者金融危机的影响爆发之前的阶段，包括最早预示危机发生的信号以及在危机爆发之前采取所有的措施对潜在的金融危机的管理准备。在这一阶段，阻止金融危机的爆发是最重要的工作。从私人机构来看，阻止危机主要是通过维持充足的资本，保持流动性，构建有效的内控和风险管理体系。同时，建立有序的危机应急程序也是极为重要的。从公共部门来看，危机的阻止主要是通过实施审慎性监管实现的。另外，如果采取了一些预防措施，仍然无法阻止危机的爆发，就要进行危机的识别、信息交换以及责任的分配等。

（二）控制阶段

金融危机控制阶段，是指在金融危机爆发后立即采取措施对危机进行响应，从而缓解金融混乱，阻止或者减轻其产生的不利影响的阶段。金融危机发生后，无论是处于危机之中的微观经济部门抑或一国的宏观经济管理机构，都会采取政策措施控制危机。但是，所能运用的工具取决于所涉及的机构特征、制度因素以及危机发展的阶段。另外，这些政策措施的选择通常会涉及多个部门，如何进行彼此之间的协调是这一阶段管理成功与否的关键要素。

通常，金融危机的控制措施主要有两种：

第一，防止金融危机扩散的预设机制。德国流动性调剂银行有限公司就是这种预设机制的典型例子。流动性调剂银行有限公司是由德意志银行、德国银行协会所有成员银行共同出资组建的，其基本职能就是向遭遇突发流动性问题且仍具有基本偿付能力的银行提供流动性救助，以确保这些银行完成其支付交易。

第二，防止金融危机扩散的特设机制。例如，并购或者救援程序。

（三）处置阶段

金融危机处置阶段，是指采取措施恢复金融机构和金融市场的正常运作，减轻其长期影响，进而降低金融危机或者类似金融危机再次发生的可能性。在这一阶段，可以选择的政策主要包括重组或者关闭问题金融机构。如果重组问题金融机构，通常会先对其提供流动性援助，然后设立临时的桥梁机构进行过渡，最终确定承继机构。如果关闭问题金融机构，则应迅速实施有效的资产隔离程序。无论是重组还是关闭问题金融机构，都要确保在一种有序的方式下实施。

**【专栏47】　深入学习贯彻党的二十大精神，积极推动重大金融风险处置实践**

党的二十大报告指出，防范金融风险还需解决许多重大问题。要强化金融稳定保障体系，守住不发生系统性风险底线。这为新时代处置重大金融风险、维护人民财产安全提供了重要遵循和根本指南。必须按照党的二十大精神和党中央决策部署，积极探索和优化重大金融风险处置方案，实现金融业稳健运行与经济高质量发展相互促进、良性循环。具体而言，第一，坚持加强党的领导，统筹推进重大金融风险处置化解；第二，坚持人民至上，始终把牢风险处置的正确方向；第三，坚持系统观念，守住不发生系统性风险底线；第四，坚持守正创新，切实提高风险处置效能；第五，发扬斗争精神，不断巩固扩大风险处置成果。

▎资料来源　中国银保监会风险处置局（打非局）党支部. 深入学习贯彻党的二十大精神 积极推动重大金融风险处置实践［N/OL］.（2022-12-09）［2024-07-25］. http://www.cbimc.cn/content/2022-12/09/content_473453.html.

## 第三节　金融监管框架

### 一、金融监管的目标

金融监管的目标是指通过对金融机构和金融市场的监管所要达到的最终目的。从金融监管的定义可以看出，金融监管的目标是维持金融体系稳定、有效运行和保障经济主体的共同利益。具体而言，其主要包括三个层次：第一，确保整个金融体系的稳定；第二，保护金融消费者的合法权益；第三，提高金融体系的效率。

（一）确保整个金融体系的稳定

有效的金融监管可以减少道德风险和逆向选择，同时，通过限制金融机构从事高风险的业务活动，能够减少金融机构发生坏账的可能性，从而增强金融体系的稳定性。

(二) 保护金融消费者的合法权益

金融消费者是金融机构和金融市场的重要参与者，也是金融业持续稳定、有效发展的推动者。复杂的金融产品使金融消费者很难正确地识别出产品的风险收益特征，导致金融消费者和金融机构之间的信息不对称加剧。金融机构为了逐利而承担更高的风险，从而使金融消费者的利益受到损害。有效的金融监管可以保护金融消费者在金融交易中免受不公平、欺诈和违规行为的损害。

(三) 提高金融体系的效率

有效的金融监管可以规范金融机构和金融市场上的交易行为，构建良好的金融秩序，创造公平的竞争环境，从而有利于促进金融机构的安全、有效发展及市场竞争机制的良好运作，提高金融体系的效率。

**二、金融监管的内容**

金融监管主要包括三个部分的内容：市场准入监管、业务运作过程的监管和市场退出监管。

(一) 市场准入监管

市场准入监管是指金融监管部门对新设金融机构和新开展金融业务的审批，从而决定是否同意其进入市场。市场准入是所有国家金融监管的起点，通过市场准入的控制可以将那些危害到金融体系稳定和效率及损害金融消费者利益的金融机构和金融产品拒之门外。

我国金融业市场准入监管主要涉及银行业、保险业和证券基金业，具体的监管内容主要包括机构准入、业务准入和高级管理人员准入三个方面。对银行业机构准入和业务准入的监管由中国银行保险监督管理委员会按照《中华人民共和国商业银行法》以及之后补充的相关规定执行。根据《金融机构高级管理人员任职资格管理办法》，担任金融机构高级管理职务的人员，应接受和通过中国人民银行任职资格审核。我国保险公司以及省级分支机构的市场准入由中国银行保险监督管理委员会按照相关法规审批，核准后向申请人发出筹建通知，地方银行保险监督管理局主要负责开工验收工作，审核通过后，保险公司才能获得保险业务经营许可证。证券基金业的市场准入是由中国证券监督管理委员会（简称证监会）按照《中华人民共和国证券法》和《证券公司监督管理条例》所确定的准入标准及其他相关要求进行监管。

(二) 业务运作过程的监管

金融机构经审批开业之后，金融风险随之而来。为了防范风险，金融监管机构必然要实施对金融机构业务运作过程的监管。由于不同国家的金融体系差异很大，因此，各国金融监管机构对于金融机构业务运作过程的监管内容并不一致。

从我国的情况看，金融监管机构对金融机构业务运作过程监管的主要内容包括：

1.对商业银行业务运作过程的监管

对商业银行业务运作过程的监管主要包括资本充足性监管、流动性监管以及贷款集中度监管等。

（1）资本充足性监管

对于银行资本充足性的监管，巴塞尔银行监管委员会（简称“巴塞尔委员会”）于1988年7月制定了《关于统一国际银行资本衡量和资本标准的协议》，即《巴塞尔协议》，统一了国际银行业的资本充足性标准。随着国际金融形势的发展变化，不同金融风险逐渐暴露，巴塞尔委员会对银行资本协议进行了两次修改，2010年12月，正式发布《巴塞尔协议Ⅲ》。该协议确定3个最低资本充足率监管标准，普通股充足率为4.5%，一级资本充足率为6%，总资本充足率为8%。为了打破银行体系与实体经济之间的正反馈循环，缓解银行体系对实体经济周期波动的放大效应，在最低资本要求的基础上，巴塞尔委员会还建立了两个超额资本要求：第一，留存资本缓冲，用于吸收严重的经济和金融衰退给银行体系带来的损失。留存资本缓冲全部由普通股构成，最低要求为2.5%，正常条件下银行应达到该超额资本要求。第二，逆周期资本缓冲，用于经济下行时期吸收损失，保持信贷跨周期供给平稳，监管标准为0～2.5%。待新标准实施后，正常情况下，商业银行的普通股、一级资本和总资本充足率应分别达到7%、8.5%和10.5%。

为了配合《巴塞尔协议Ⅲ》所涉及的资本充足率监管标准在我国的落地，我国先后出台了一系列法规文件，主要包括：2011年的《中国银行业实施新监管标准的指导意见》和《商业银行贷款损失准备管理办法》，在资本监管、过渡期安排和贷款损失拨备方面提出了更为严格的标准；2012年6月，《商业银行资本管理办法（试行）》出台，要求商业银行在2018年年底前达到规定的资本充足率监管要求；2012年12月，发布《商业银行资本工具创新的指导意见》，要求从2013年1月1日起，商业银行发行的非普通股新型资本工具，应符合《商业银行资本管理办法（试行）》的相关规定，并通过合同约定的方式，满足本指导意见提出的认定标准；2015年2月，《商业银行杠杆率管理办法（修订）》出台，进一步完善了我国银行业杠杆率监管的政策框架。

（2）流动性监管

充足的流动性是商业银行稳健运行的重要指标。为了加强对银行流动性的管理，《巴塞尔协议Ⅲ》建立了两个流动性监管指标。第一，流动性覆盖比率，即银行持有优质流动性资产与未来30天的净现金流出之间的比率。该比率旨在增加银行短期流动性以应对流动性突然中断的情况，增强银行抵御短期流动性风险的能力，确保银行有充足的高质量流动性资产能够使其从短期流动性不足压力环境中得到恢复。第二，净稳定资金比率，即银行可得的稳定资金与银行开展业务所需要的稳定资金之间的比率。该比率旨在使银行运用更加稳定和持久的融资渠道，以提升其长期应对流动性风险的能力，防止银行过度依赖批发性融资。

我国于2014年3月份发布《商业银行流动性风险管理办法（试行）》，规定了流动性覆盖率、存贷比、流动性比率三项流动性风险监管指标，提出商业银行流动性覆盖率应当于2018年年底前达到100%；在过渡期内，应当于2014年年底、2015年年底、2016年年底及2017年年底前分别达到60%、70%、80%、90%。2017年年底，《商业银行流动性风险管理办法（修订征求意见稿）》出台，引入了净稳定资金比例、优质流动性资产充足率和流动性匹配率三个量化指标，对净稳定资金比例不设置过渡期，而优质流动性充足率和流动性匹配率的达标期限则设定为2018年年底和2019年年底。

（3）贷款集中度监管

贷款集中度是指对某一单一企业的贷款占该银行贷款的比重。巴塞尔委员会1991年发布了《衡量与控制大额授信敞口》的文件，规定银行资本10%的敞口即属于大额敞口，并要求银行对单一私人部门、非银行借款人以及对一个集团客户的授信敞口，不能超过银行资本的25%。

我国金融法律法规亦较早关注贷款集中度问题。在法律层面，1995年以及2003年修订后的《中华人民共和国商业银行法》均明确，“对同一借款人的贷款余额与商业银行资本余额的比例不得超过百分之十”。在法规层面，从2003年首次颁布到2010年，银行监管部门已连续两次修改《商业银行集团客户授信业务风险管理指引》，规定“一家商业银行对单一集团客户授信余额不得超过该商业银行资本净额的15%，否则将视为超过其风险承受能力”。

2.对资本市场业务运作的监管

对资本市场业务运作的监管包括发行审核、内幕交易和价格操纵以及信息披露等。

（1）发行审核

股票发行审核制度通常包括审批制、核准制和注册制三种。

审批制，是指一国在股票市场的发展初期，为了维护上市公司的稳定和平衡复杂的社会经济关系，采用行政计划的办法分配股票发行的指标和额度，由地方或行业主管部门根据指标推荐企业发行股票的一种发行制度。

核准制，是指在证券发行人申请发行证券时，不仅要符合各国的公司法和证券法规定的条件，公开披露所有与发行证券有关的信息，而且要求发行人将发行申请报送证券监管部门，由监管部门进行实质性审核，并有权根据国家政策否决不符合实质条件的证券发行申请。

注册制，是指证券发行申请人依法将与证券发行有关的一切信息和资料公开，制成法律文件送交证券主管机构审查，主管机构只负责审查发行申请人提供的信息和资料是否履行了信息披露义务的一种制度。

我国原来采取的是审批制，2000年改成了核准制。2015年12月27日，十二届全国人大常委会第十八次会议通过了关于授权国务院在实施股票发行注册制改革中调整适用《中华人民共和国证券法》有关规定的决定。该决定的实施期限为两年，自2016年3月1日起施行，至2018年2月28日结束。2018年2月23日，全国人大常委会会议再次决定将股票发行注册制改革授权延期两年，至2020年2月29日。

（2）内幕交易和价格操纵

所谓内幕交易，是指因地位或职务上的便利而能掌握内幕信息的人，直接或间接地利用该内幕信息进行证券买卖，获取不正当的经济利益；或泄露该内幕信息，使他人非法获利的行为。内幕信息是指尚未公开的可能对股票、债券、基金、期货等金融产品价格产生重大影响的信息。

所谓价格操纵，是指投资者利用自己的资金优势，大量买进或者卖出某种金融产品，使该金融产品的价格朝着有利于自己的方向变动。

2007年，中国证监会公布了《证券市场操纵行为认定指引（试行）》及《证券市场内幕交易行为认定指引（试行）》，对内幕信息、内幕交易以及操纵行为的认定等都制定了详细而严密的条文，从而为针对内幕交易的监管和执法提供了坚实的法律保障。

（3）信息披露

为了降低信息不对称引起的道德风险和逆向选择，监管机构通常会要求上市公司披露相应的必要信息。《中华人民共和国证券法》规定，中国证券监督管理委员会作为行政监管主体与作为自律监管主体的沪深两交易所共同对公司挂牌上市后的持续信息披露进行监管。除了按照《中华人民共和国证券法》的相关规定按时完整地发布公开信息之外，上市公司发生可能对其股票交易价格产生较大影响而投资者尚未得知的重要事件时，也应该立即向投资者公开披露信息，并不得有虚假记载、误导性陈述或重大遗漏。为了更好地呈现这一原则，沪深交易所在2011年先后开通了信息披露直通车，第一时间将上市公司的有关信息进行公开发布。

3. 对保险公司运作过程的监管

对保险公司运作过程的监管主要包括对保险条款和保险费率的监管、对保险资金运用的监管以及对保险保障基金的监管。

（1）对保险条款和保险费率的监管

保险条款规定了保险双方的权利和义务关系，是保险合约的重要组成部分，包括保险责任范围、保险期限、责任免除、赔偿处理、争议处理等。为了保护被保险人的合法权益，保证保险条款的公平性和公正性，中国银行保险监督管理委员会确定我国主要险种和保险条款，其他险种的保险条款则报银保监会备案。同时，《中华人民共和国保险法》规定，保险公司拟定的保险费率必须报保险监管机关备案，目的是限制保险公司利用其专业优势制定不合理的保险费，保护消费者的利益。

（2）对保险资金运用的监管

保险资金是指保险集团（控股）公司、保险公司以本外币计价的资本金、公积金、未分配利润、各项准备金及其他资金。根据2014年当时的中国保险监督管理委员会颁布的《保险资金运用管理暂行办法》，保险资金可以用于银行存款；买卖债券、股票、证券投资基金份额等有价证券；投资不动产以及国务院规定的其他资金运用形式。

（3）对保险保障基金的监管

保险公司是专门经营风险的企业，因此存在潜在的偿付危机。为了保障被保险人的利益，提高保险公司的清偿能力，保险公司按照保险法的要求，提取一定比例的保费形成保险保障基金。根据2008年制定的《保险保障基金管理办法》，中国保险监督管理委员会①对保险保障基金的监管包括：对保障基金公司的业务和保险保障基金的筹集、管理、运作进行监管；制定对保障基金公司的业务监管办法；制定对保险保障基金的筹集、管理、运作的监管办法等。

（三）市场退出监管

金融机构的市场退出方式有很多种，最常见的主要有三种：收购兼并、接管和破产清算。对金融机构市场退出方式和过程进行监管，不仅能防止金融机构使用不规范的退出方式，从而保证金融机构退出操作过程的合法性，而且有利于实现金融机构市场退出社会成本最小化。

① 当时保监会尚属独立的国务院直属事业单位，已于2018年4月与银监会合并。

【专栏48】　完善和加强现代金融监管

党的二十大报告提出，加强和完善现代金融监管，强化金融稳定保障体系，依法将各类金融活动全部纳入监管，守住不发生系统性风险底线。

站在新的历史起点，金融监管改革任务非常艰巨。必须以习近平新时代中国特色社会主义思想为指导，坚守以人民为中心根本立场，不断提升金融监管的能力和水平。第一，强化党对金融工作的集中统一领导。党的领导是做好金融工作的最大政治优势。走中国特色金融发展之路，要进一步强化党中央对金融工作的领导，建立健全金融稳定和发展统筹协调机制，中央各相关部门和省级党委政府都要自觉服从、主动作为。第二，深化金融供给侧结构性改革。全面强化金融服务实体经济能力，坚决遏制脱实向虚。管好货币总闸门，防止宏观杠杆率持续快速攀升。健全资本市场功能，提高直接融资比重。第三，健全“风险为本”的审慎监管框架。有效抑制金融机构盲目扩张，推动法人机构业务牌照分类分级管理。把防控金融风险放到更加重要的位置，优化监管技术、方法和流程，实现风险早识别、早预警、早发现、早处置。第四，加强金融机构公司治理和内部控制。紧抓公司治理“牛鼻子”，推动健全现代金融企业制度。第五，营造严厉打击金融犯罪的法治环境。遵循宪法宗旨和立法精神，更好发挥法治固根本、稳预期、利长远的作用。第六，切实维护好金融消费者的合法权益。探索建立央地和部门间协调机制，推动金融机构将消费者保护纳入公司治理、企业文化和经营战略中统筹谋划。第七，完善金融安全网和风险处置长效机制。加快出台金融稳定法，明确金融风险处置的触发标准、程序机制、资金来源和法律责任。第八，加快金融监管数字化智能化转型。积极推进监管大数据平台建设，开发智能化风险分析工具，完善风险早期预警模块，增强风险监测前瞻性、穿透性、全面性。

金融管理工作具有很强的政治性、人民性，我们要深刻领悟“两个确立”的决定性意义，自觉践行“两个维护”，以对历史和人民负责的态度，埋头苦干，守正创新，坚定不移地推进金融治理体系和治理能力现代化。

▍资料来源　郭树清. 加强和完善现代金融监管［J］. 中国金融家，2022（12）：20-23.

### 三、金融监管的方法

目前，金融监管的方法主要有三种：

第一，制定金融法律法规。制定并公布相关金融法律法规，作为金融机构和金融市场运行的规范性依据，奠定了金融监管有效的制度基础，使金融监管有法可依，依法而行。

第二，稽核检查。金融稽核，也称内部稽核，通常是指金融机构的内部机构和人员，以独立超然的立场，对机构内财务、业务、内部管理等方面进行审查和评估。金融检查则是指金融监管机构通过现场检查和报表检查等方式，对金融机构的业务活动状况、财务状况及经营管理状况进行审查和评估。

第三，执法处罚。根据金融检查的结果，如果发现金融机构存在违法违规等问题，监管机构必须依法处罚。

**四、金融监管体系**

金融监管体系是指由一系列监管法律法规和监管机构组成的体系。金融监管体系主要包括金融监管机构、金融监管对象、金融监管模式等内容。

（一）金融监管机构

金融监管机构是指依法对金融机构和金融市场实施监管的政府机构，是金融监管的主体。世界上大多数国家的金融监管机构都包括财政部、中央银行及其他独立于财政部和中央银行的政府部门。

党的十八大以来，以习近平同志为核心的党中央坚定不移推动金融改革，优化金融监管体系。目前，我国已经形成了“金融委”统筹抓总，“一行”、“两会”和“一地方”的双层金融监管架构。具体而言，“金融委”是指国务院金融稳定发展委员会[①]，负责统筹协调金融稳定和改革发展重大问题；“一行”是指中国人民银行，负责实施货币政策和宏观审慎监管；“两会”是指中国证券监督管理委员会和中国银行保险监督管理委员会[②]，分别负责金融市场监管和金融机构监管；“一地方”是指地方金融监督管理局，主要职责是在坚持金融管理主要是中央事权的前提下，按照中央统一规则，履行地方金融监督管理职责。

（二）金融监管对象

金融监管对象是指专门从事金融业经营和投资活动的企业、组织、单位和个人。金融监管对象主要包括金融机构、参与金融市场交易的企业、机构、组织和个人等。

（三）金融监管模式

金融监管模式是指金融监管机构的组织结构和职责权限划分的方式等。

从世界范围看，各国的金融监管模式差异很大，这不仅取决于一国的历史、政治和经济发展情况，而且与各国不同的金融体系和经营模式密切相关。

目前，金融监管模式主要包括四种：

第一，机构型监管（也称分业监管），即按照金融机构的牌照类型和法律属性（如银行、证券公司、保险公司等）来划分监管机构。我国的金融监管模式就

---

① 国务院金融稳定发展委员会于2017年11月8日在北京成立。

② 中国银行保险监督管理委员会简称中国银保监会，2018年3月13日的国务院机构改革报告显示组建该机构，2018年4月8日挂牌，由原中国银行业监督管理委员会和中国保险监督管理委员会合并而成。

是机构型监管，即中国银行保险监督管理委员会监管商业银行、保险机构及业务；中国证券监督管理委员会监督证券经营机构及业务。

第二，功能型监管，即依据金融业务的类型来划分金融监管机构，每种业务类型都有对应的监管机构。具体而言，就是将金融机构的业务划分为银行业务、证券业务、保险业务等，每种业务分别由不同的金融机构来负责。

第三，综合型监管，即由一家统一的综合性监管机构对整个金融体系进行监管，既负责风险监管，又负责金融消费者利益保护。

第四，双峰型监管（也称目标性监管），这里主要包含有两类监管机构：一类监管机构通过审慎监管维护金融体系的安全稳健；另一类监管机构通过行为监管保护金融消费者的利益。

【专栏 49】　　　　　　　　审慎性金融监管

大多数爆发金融危机的国家基本上都缺乏审慎性金融监管。审慎性金融监管通常是指对金融机构财务状况进行监管，并在出现问题时及时采取措施进行处理。资本管理是审慎性金融监管的核心。一般而言，审慎性金融金融监管主要包括两个层次的金融监管——宏观审慎监管和微观审慎监管。宏观审慎监管是指为维持整个金融体系的稳定，通过金融监管工具来缓和金融体系顺周期的特点，从而降低系统性风险。微观审慎则是指通过控制个别金融机构所承担的风险，来维持其稳健经营。构建审慎金融监管框架，有利于促进一个安全、稳定而有效率的金融体系的运作和发展。表 15-1 描述了宏观审慎监管和微观审慎监管的区别。

表 15-1　　　　　　宏观审慎监管与微观审慎监管的区别

| | 宏观审慎监管 | 微观审慎监管 |
|---|---|---|
| 直接目标 | 抑制整个金融体系的风险 | 抑制单个金融机构的风险 |
| 最终目标 | 避免与金融不稳定相关的宏观经济成本 | 消费者（投资者/存款人）保护 |
| 风险特征 | （部分）内生 | 外生 |
| 机构之间的关联性和共同的风险敞口 | 重要 | 不相关 |
| 审慎控制 | 根据全系统范围的风险，自上而下地设置审慎控制 | 根据单个金融机构的风险，自下而上地设置审慎控制 |

目前来看，宏观审慎政策工具的种类很多，可以按照不同的标准进行分类。

（1）按宏观审慎政策工具作用的维度，相应地划分为时间维度和横截面维度。时间维度的宏观审慎政策工具包括：逆周期的资本缓冲，时变的系统性流动性附加要求，特定部门风险敞口的风险权重的逆周期变化，贷款价值比（LTV）上限，负债收入比（DTI）上限，贷款收入比（LTI）上限，动态贷款损失拨备等。横截面维度的宏观审慎政策工具包括系统性资本附加要求、系统性流动性附加要求等。

（2）根据宏观审慎政策工具的目标主体，分为针对金融机构的工具和针对借款人的工具。例如，针对金融机构的工具包括动态贷款损失拨备、逆周期资本缓冲、杠杆率、银行间风险敞口限制、集中度限制等；针对借款人的工具包括贷款价值比（LTV）上限、负债收入比（DTI）上限。

（3）根据宏观审慎政策工具的作用渠道，分为资本工具、流动性工具和部门型工具（或信贷工具）。资本工具主要用于管理银行资本缓冲的质量或水平以维护自身的偿付能力（时变的资本要求、动态贷款损失拨备、利润分配限制、逆周期资本缓冲）；流动性工具主要用于管理银行资金构成以保障其流动性（贷存比限制、期限错配限制、净外汇头寸限制、准备金要求）；部门型工具主要用于控制特定部门负债以减少违约风险（贷款价值比（LTV）上限、负债收入比（DTI）上限、贷款收入比（LTI）上限、偿债收入比上限、定量贷款限制）。资本工具和流动性工具作用于贷款人，而部门型工具作用于借款人。

（根据相关资料整理）

## 本章小结

金融危机是指一国或者几个国家和地区短期利率、资产价格（证券、房地产和土地）、汇率和金融机构倒闭数等全部或者部分金融指标急剧、短暂和超周期的恶化。通常金融危机分为货币危机、银行业危机、债务危机和资产价格危机。

为了减少金融危机的风险，保持金融体系的稳定，需要构建合宜的金融安全网，进行金融危机管理。金融监管、存款保险制度和最后贷款人制度是金融安全网的三大支柱。三大支柱在职能权限、作用方式、手段工具以及政策措施等方面需要明确分工。金融监管部门主要负责平时的日常监管，在危机爆发前进行风险防范。中央银行主要负责市场波动时的流动性救援，属于事中应对。存款保险机构主要负责危机后问题银行的退出和对存款人的理赔工作，进行妥善的事后处置。金融危机管理是指一国政府所采取的一系列旨在消除金融危机，避免对金融体系或实体经济产生潜在负面影响的政策总称。金融危机管理主要包括三个阶段：预警阶段、控制阶段和处置阶段。

金融监管的目标是维持金融体系稳定、有效运行和保障经济主体的共同利益。金融监管应确保整个金融体系的稳定，保护金融消费者的合法权益，提高金融体系的效率。金融监管主要包括市场准入监管、业务运作过程监管和市场退出监管。金融监管体系则是由一系列监管法律法规和监管机构组成的体系，主要包括金融监管机构、金融监管对象、金融监管模式等内容。

## 复习思考

**一、名词**

（1）货币危机　（2）银行危机　（3）外债危机　（4）资产价格危机　（5）金融安全网　（6）最后贷款人　（7）存款保险制度　（8）金融监管

**二、简答**

（1）简述金融危机的定义和分类。

（2）简述金融安全网的定义和基本构成。

（3）简述不同类型金融监管模式的特点。

（4）简述金融安全网三大支柱的职能分工。

**三、论述**

（1）试述不同类型金融危机的形成机理。

（2）试述金融监管的目标和基本内容。

（3）论述金融危机管理的基本框架。

# 第十六章

# 汇率与国际收支

在开放经济条件下，有效的金融运行可以为一国带来比封闭经济下更好的经济绩效。汇率和国际收支就是开放经济下实现金融有效运行的两个重要因素。

本章将以汇率和国际收支作为研究对象，逐一讨论汇率的定义、标价方法和分类、汇率决定理论、汇率制度和汇率变动以及国际收支平衡等基本问题。

## 第一节 汇率和汇率制度

### 一、汇率的定义和标价方法

汇率又称汇价或兑换率，是指两种不同货币之间的折算比价，即用一种货币所表示的另一种货币的相对价格。

通常情况下，汇率的标价方法主要有三种：直接标价法、间接标价法和美元标价法。

直接标价法是指以一定单位的外国货币为标准来折算若干数额本国货币的汇率标价方法。这种标价方法的特点是，外国货币的数额固定不变，外币折合本国货币的数额随着外国货币和本国货币币值的变化而变化。间接标价法是指以一定单位的本国货币为标准来折算若干数额外国货币的汇率标价方法，其特点是本国货币数额固定不变，本币折合外国货币的数额随着本国货币和外国货币的币值变化而变化。美元标价法是指在所有外汇交易市场上，除了英镑等极少数货币外，其他货币都以美元作为基本货币（即数额固定不变），而其他货币都对美元报价。

在直接标价法下，汇率上升，即本国货币数量增加，表明本国货币贬值，外国货币升值；汇率下降，即本国货币数量下降，表明本国货币升值，外国货币贬值。在间接标价法下，汇率上升，即外国货币数量上升，表明本国货币升值，外国货币贬值；汇率下降，即外国货币数量下降，表明本国货币贬值，外国货币升值。

## 二、汇率的分类

汇率的分类方法有很多。例如，根据银行买卖外汇的角度，可以划分为买入汇率和卖出汇率；根据外汇交易的交割期限，可以划分为即期汇率和远期汇率；根据汇率的波动幅度，可以划分为固定汇率和浮动汇率；根据制定方法的不同，可以分为基准汇率和套算汇率；根据是否考虑一种货币所在经济体与其他经济体之间物价差异的因素，可以划分为名义汇率和实际汇率；根据货币当局对汇率进行管理的角度，可以划分为官方汇率和市场汇率。

### （一）买入汇率和卖出汇率

买入汇率是指银行在买入外汇时使用的汇率。卖出汇率则是指银行在卖出外汇时使用的汇率。买入汇率和卖出汇率的算术平均值为中间汇率。通常情况下，银行在外汇市场上会进行双向报价，即同时报出买入汇率和卖出汇率。在直接标价法下，买入汇率低于卖出汇率；在间接标价法下，则买入汇率高于卖出汇率。二者的汇差形成银行经营外汇业务的汇差收益。

### （二）即期汇率和远期汇率

即期汇率是指用于即期外汇交易的汇率。即期交易是指外汇买卖成交后在两个交易日以内交割的外汇交易。远期汇率是指用于远期外汇交易的汇率。远期外汇交易是指外汇买卖成交后在两个交易日以后的将来某一日期交割的外汇交易。远期汇率的报价方法有两种：直接报价和远期差价。直接报价就是直接将远期汇率显示在电子报价牌上，远期差价则是仅仅报出远期汇率和即期汇率的差价，通常以点数来表示，1个点表示万分之一，即0.0001。远期差价有三种类型：大于零、等于零和小于零。远期差价大于零，表示远期汇率高于即期汇率，称为远期升水；远期差价小于零，表示远期汇率低于即期汇率，称为远期贴水；远期差价等于零，表示二者相等，称为平价。

### （三）固定汇率和浮动汇率

固定汇率是指根据政府使用行政或法律手段规定的平价关系形成固定比价，并在规定的幅度内波动的汇率。浮动汇率是指由外汇市场上的供求状况决定，没有波动幅度限制的汇率。

（四）基本汇率和套算汇率

由于外汇市场基本采用美元标价法，因此本国货币与美元之间的汇率就是基本汇率，本国货币与其他国家货币之间的汇率则是套算汇率（也称交叉汇率）。在各国外汇市场上，一般都报出基本汇率。在计算套算汇率时，用本国货币与美元之间的汇率，以及该外国货币和美元之间的汇率，折算出本国货币与外国货币之间的关系。

（五）名义汇率和实际汇率

名义汇率是指外汇市场形成的或官方公布的汇率。名义汇率是随着外汇市场上的外汇供求变化而变化的，不能真实地反映两国货币的实际购买力。实际汇率是指剔除了价格因素的汇率，即实际汇率等于名义汇率减去通货膨胀率。实际汇率可以真实地反映本国商品对外国产品的竞争力。

（六）官方汇率和市场汇率

官方汇率是指一国的外汇管理当局制定并公布实行的汇率。而市场汇率则是由外汇市场供求关系决定的汇率。

## 三、汇率的决定

各种货币的汇率千差万别，并且经常变动，因此，确定决定汇率水平和变动的因素就显得尤为重要。在经济学史上，汇率决定理论众多，最主要的理论是购买力平价理论、利率平价理论、国际费雪效应和国际收支理论。

（一）购买力平价理论

购买力平价理论是由瑞典经济学家卡塞尔提出来的。该理论指出，汇率是两国货币价值之比，货币的价值在于其具有购买力，因此汇率就是由两国货币的相对购买力决定的。购买力平价是建立在商品套利行为以及一价定律基础之上的。一价定律是指在完全市场中，在考虑了汇率因素的前提下，相同商品在两个市场上的价格是相同的。从理论上讲，一价定律适合于任何相同的产品，无论是有形的商品还是无形的商品。不同市场间的商品套利活动就是该定律发挥的作用机制。在一价定律的基础上，产生了购买力平价。购买力平价有两种形式：绝对购买力平价和相对购买力平价。

1.绝对购买力平价

假设本国的价格指数为P，外国的价格指数为$P^*$，它们都是N种商品价格的加权平均数（$W_i$），则有：

$$P = \sum_{i=1}^{N} W_i P_i$$

$$P^* = \sum_{i=1}^{N} W_i P_i^*$$

绝对购买力平价理论认为，经过汇率以后，上述两个价格指数应该是相等的。用公式表示为：

$P=e\times P^*$

$$e=\frac{P}{P^*}$$

由公式可以看出，两国的汇率等于两国一般物价水平之比，也就是说，是两种货币购买力之比决定了两国的汇率。

2.相对购买力平价

相对购买力平价理论认为，在一定时期内，汇率的变化与同一时期的两国物价水平的相对变动成比例。若本国发生通货膨胀，而外国的物价不变，则本国货币兑换外国货币的汇率就会下跌；若外国发生通货膨胀，而本国的物价不变，则本国货币兑换外国货币的汇率就会上升。若两国同时发生通货膨胀，两国汇率的升降取决于两国物价上涨程度的比较。如果本国物价上涨程度大于外国，则本国货币兑换外国货币的汇率将下降；如果本国物价上涨程度小于外国，则本国货币兑换外国货币的汇率将上升。因此，相对购买平价可以用公式表示为：

$$e_1=e_0\times\frac{(P_1-P_0)/P_0}{(P_1^*-P_0^*)/P_0^*}$$

式中：$e_1$表示报告期的汇率；

$e_0$表示基期汇率；

$P_0$和$P_1$分别表示基期和报告期本国的一般物价水平；

$P^*_0$和$P_1^*$分别表示基期和报告期外国的一般物价水平；

$(P_1-P_0)/P_0$和$(P_1^*-P_0^*)/P_0^*$分别表示本国和外国的通货膨胀率。

我们还可以用汇率变化百分比的形式描述相对购买力平价，用公式表示为：

$\Delta e=\Delta P-\Delta P^*$

该公式表示，汇率变化的百分比等于本国价格水平变化的百分比减去外国价格水平变化的百分比。

（二）利率平价理论

利率平价理论最早是由凯恩斯提出，后来由美国经济学家保尔·艾因齐格系统完成的。利率平价理论揭示利率与即期汇率和远期汇率之间的关系。该理论认为，利率差异以及由此引起的套利保值交易对短期汇率具有影响。具体而言，高利率的货币表现为远期贴水，低利率的货币表现为远期升水，升水或贴水的数额等于两种货币利率的差额。用公式表示为：

$\rho=i-i^*$

式中：ρ表示为远期汇率和即期汇率之间的升贴水率；

$i$和$i^*$分别表示两国的利率。

从上式中可以看出，如果本国利率高于外国利率，即$\rho>0$，则意味着外汇升水，即本币在远期市场上将贬值；如果本国利率低于外国利率，即$\rho<0$，则意味着外汇贴水，即本币在远期市场上将升值。

（三）国际费雪效应

美国经济学家费雪认为，国与国之间的利差与两国货币汇率变动之间存在着紧密的联系，即预期汇率变动的百分比与利差变动的百分比相等。用公式可以表示为：

$$\frac{Ee_{t+1}-e_t}{e_t}=\frac{i-i^*}{1+i^*}$$

式中：$i$和$i^*$分别表示本国利率和外国利率；

$e_t$表示即期汇率；

$Ee_{t+1}$表示预期的未来即期汇率。

从公式中我们可以看出，国际费雪效应和利率平价理论之间存在着显著的区别。具体而言，利率平价理论中包含着即期汇率、远期汇率、本国利率和外国利率四个变量，不涉及汇率风险，因为投资人运用远期合约规避了这类风险；而在国际费雪效应中则包含了汇率风险，因为涉及的变量是本国利率、外国利率、即期汇率和预期的未来即期汇率。

（四）国际收支理论

汇率作为外汇交易的价格，外汇供求必然对汇率的决定产生重要的影响。而外汇的供求主要由国际收支决定，因此，国际收支对汇率决定也具有重要的影响。汇率决定的国际收支理论是由英国经济学家葛逊于1861年最早提出来的，后经过许多学者的发展，最终形成完整的理论。该理论指出，国际收支是由经常账户和资本账户构成的，经常账户主要受进出口的影响，而影响进出口的因素包括本国国民收入、外国国民收入和实际汇率；资本账户主要受两国利率和汇率变动预期的影响。用公式分别表示如下：

$$BP=CA+K=0$$

$$CA=f(Y, Y^*, P, P^*, e)$$

$$K=g(i, i^*, Ee_f)$$

式中：BP表示国际收支；

CA表示经常账户；

K表示资本账户；

Y表示本国国民收入；

$Y^*$表示外国国民收入；

P表示本国一般价格水平；

$P^*$表示外国一般价格水平；

e表示两国货币的汇率；

i表示本国利率；

$i^*$表示外国利率；

$Ee_f$表示汇率变动的预期。

由上述公式可以看出，影响国际收支的因素有很多，用公式可表示为：

$BP=h(Y, Y^*, P, P^*, e, i, i^*, Ee_f)$

根据国际收支理论，影响国际收支的因素也会对汇率产生影响，由此可以得出影响汇率的因素，用公式表示为：

$e=h(Y, Y^*, P, P^*, i, i^*, Ee_f)$

在其他条件不变的情况下，上述变量对汇率的影响分别为：

（1）国民收入。本国国民收入增加会导致本国进口增加，外汇需求随之增加，从而本币贬值；外国国民收入增加会导致本国出口增加，外汇供给随之增加，从而本币升值。

（2）价格水平。本国价格水平的上升会导致实际汇率升值，出口竞争力下降，经常账户恶化，本币贬值；外国价格水平上升会导致实际汇率贬值，出口竞争力增强，经常账户状况改善，本币升值。

（3）利率。本国利率上升会导致外国资本流入，本币升值；外国利率上升会导致本国资本流出，本币贬值。

（4）汇率变动的预期。如果预期本币远期升值，就会有大量的资本流入进行套汇，从而推高本币的即期汇率；如果预期本币远期贬值，资本将流出以规避风险，从而压低本币的即期汇率。

**四、汇率制度**

1.汇率制度的定义

汇率制度是指一国货币当局对本国货币水平的确定、汇率变动方式等问题所做的一系列安排和规定。

2.汇率制度的种类

按照汇率的变动方式，汇率制度可以划分为固定汇率制度、浮动汇率制度和其他汇率制度。

（1）固定汇率制度

固定汇率制度是指一国货币同他国货币的兑换比率保持长期基本不变，或者波动幅度在规定的较小范围内的汇率制度。在金本位制度下，各国都规定其货币的含金量，各国货币间的汇率则按照彼此的含金量之比来确定，只要货币的含金量不变，汇率就可以保持不变。因此，金本位制度下的汇率制度是典型的固定汇率制度。布雷顿森林体系下的固定汇率制度中，不同货币之间的固定比价是人为规定的，在经济形势发生较大变化时可以调整，因此严格说来，只能称之为可调整的钉住汇率制度。

（2）浮动汇率制度

浮动汇率制度是指实际汇率随着外汇市场的供求变动而波动，且不存在波动幅度限制的汇率制度。浮动汇率可以按照诸多标准进行分类。例如，按照是否有政府干预，可以分为自由浮动和管理浮动。自由浮动，也称清洁浮动，是指政府对本币与外币的汇率不采取任何干预措施，完全按照外汇市场的供求情况自由浮动。管理浮动，也称肮脏浮动，是指政府对汇率的波动公开地或隐蔽地进行干预的汇率。按照浮动的形式，可以分为独立浮动和联合浮动。独立浮动是指一国汇率随外汇市场对其供求状况的变化自行浮动的汇率。联合浮动又称共同浮动或者集体浮动，是指一些经济关系密切的国家组成集团，在成员国货币之间实行固定汇率，对非成员国货币实行同升共降的浮动汇率。

（3）其他汇率制度

在固定汇率制度和浮动汇率制度之间，还存在着一些汇率制度，主要包括爬行钉住制度、汇率目标区制度和货币局制度。爬行钉住制度是指汇率可做经常的、小幅度调整的汇率制度。汇率目标区制度是指将汇率浮动限制在一定范围内（如中心汇率的上下各10%）的汇率制度。货币局制度是指在法律中明确规定本国货币与某一外国可兑换货币保持固定的交换比率，并且对本国货币的发行作特殊限制以保证履行这一法定义务的汇率制度。

**【专栏50】　　目前我国实行的汇率制度**

自2005年7月21日起，我国开始实行以市场供求为基础，参考一篮子货币进行调节，有管理的浮动汇率制度。具体而言，就是人民币汇率不再钉住单一美元，而是参照一篮子货币、根据市场供求关系进行浮动。这里的“一篮子货币”，是指按照我国对外经济发展的实际情况，选择若干种主要货币，赋予相应的权重，组成一个货币篮子。同时，根据国内外经济金融形势，以市场供求为基础，参考一篮子货币计算人民币多边汇率指数的变化，对人民币汇率进行管理和调节，维护人民币汇率在合理均衡水平上的基本稳定。篮子内的货币构成，将综合考虑在我国对外贸易、外债、外商直接投资等外经贸活动中占较大比重的主要国家、地区及其货币。参照一篮子货币表明外币之间的汇率变化会影响人民币汇率，但参考一篮子货币不等于钉住一篮子货币，它还需要将市场供求关系作为另一重要依据，据此形成有管理的浮动汇率。这将有利于增加汇率弹性，抑制单边投机，维护多边汇率。

（根据相关资料整理）

## 第二节　汇率变动的经济影响

汇率是重要的价格指标，因此汇率变动对一国的进出口、一般物价水平、资本流动、金融资产选择和国际储备等诸多宏观经济变量都会产生极大的影响。

### 一、汇率变动的含义

通常，汇率变动的含义包括两个方面：升值和贬值。在直接标价法下，汇率上升意味着本币贬值，汇率下降意味着本币升值。需要说明的是，在不同的汇率制度下，尽管汇率变动的本质是相同的，但形式是不同的。

在固定汇率制度下，汇率变动的形式有两种——法定升值和法定贬值。所谓法定升值是指一国货币当局明文规定提高本国货币的对外价值，而法定贬值是指一国货币当局明文规定降低本国货币的对外价值。而在浮动汇率制度下，汇率的变动形式就是升值和贬值。升值是指由于外汇市场上供求关系的变化造成一国货币对外价值的提高；贬值则是指外汇供求关系的变化造成一国货币对外价值的下降。

### 二、汇率变动的经济影响

#### （一）汇率变动对一国进出口的影响

一般来说，如果本国货币贬值，表明本国货币对外价值下降，以外币表示的本国商品价格下降，在其他条件不变的情况下，会导致本国商品的国际竞争力提高，从而促进本国商品出口。同样，本国货币的贬值，表明外国货币的价值上升，以本币表示的外国商品价格上升，在其他条件不变的情况下，会抑制外国商品的进口。如果本国货币升值，则影响相反，出口减少，进口增加。

#### （二）汇率变动对一国物价水平的影响

如前所述，汇率变动可以影响一国的出口商品和进口商品的价格。如果本国货币贬值，在其他条件不变的情况下，进口商品的价格上升，推动生活费用的上涨，导致名义工资的提高，推动生产成本和生活费用持续上升，最终导致一般物价水平的上升。如果本国货币贬值，在其他条件不变的情况下，进口商品的价格下降，导致生活费用的降低，名义工资随之下调，继续压低生产成本和生活费用，最终导致一般物价水平的下降。

（三）汇率变动对资本流动的影响

汇率变动会对一国资本流入流出产生影响。如果本国货币贬值，外国货币的价值上升。由于以本国货币计价的实物资产和金融资产价格都下降，在其他条件不变的情况下，国外的资本会流入该国，增加对这些资产的投资。如果本国货币升值，外国货币的价值下降，则以本国货币计价的实物资产和金融资产价格都上升，在其他条件不变的情况下，国外的资本会流出，同时本国的资本也会流向国外。

（四）汇率变动对金融资产选择的影响

汇率变动会极大地影响投资者的金融资产选择。如果本国货币贬值，以本国货币购买金融资产尤其是外币资产的能力下降，投资者纷纷调整自己的资产组合，即会减少对本国货币的持有，转换成外币资产。

（五）汇率变动对国际储备的影响

如前所述，如果本国货币贬值，则出口增加，进口减少，在这种情况下，一国国际收支出现顺差，导致该国国际储备增加。如果本国货币升值，则出口减少，进口增加，于是，一国国际收支出现逆差，导致该国国际储备减少。

## 第三节 国际收支与国际收支平衡表

### 一、国际收支的含义

国际收支是指在一定时期内一国居民与非居民之间所发生的全部经济交易的经济价值。从定义可以看出，国际收支的含义包括三个方面：

（1）在经济学中，存量是指某一个时点的量，流量是指某一时期的量。国际收支是一个流量的概念，也就是说，当人们谈及国家收支时，通常是指某一年的国际收支。

（2）国际收支反映的是居民和非居民之间的交易。居民是指在一个国家或一个地区居住期限达1年以上的经济单位，包括法人和自然人。除此之外，其他的经济单位都为该国或该地区的非居民。

（3）国际收支是以交易为基础的，记录一国1年内全部国际经济交易的货币价值。交易包括四种类型：交换、转移、移居和其他根据推论而存在的交易。所谓交换是指一个经济体向另一个经济体提供一种经济价值（包括货物、服务、收入等实际资源和金融资产），并从对方获得等值的回报。所谓转移是指一个经济体向另一个经济体提供了经济价值，但却没有得到任何补偿。所谓移居是指一个人把住所从一个经济体搬迁到另一个经济体后，其资产负债关系的转移导致两个经济体对外资产和债务关系的变化。最后，在一些情况下，根据推论确定交易存在，但实际流动并没有发生，也需要在国际收支中加以记录。

## 二、国际收支平衡表的主要内容

国际收支平衡表是一国根据国际经济交易的内容和范围设置账户，按照复式记账原理，系统记录该国在一定时期内各种对外往来所引起的全国国际经济交易的统计报表。国际货币基金组织出版的《国际收支和国际投资头寸手册》（第6版）对编表所采用的概念、准则、惯例、分类方法以及表式结构都做了统一的说明和规定。表16-1显示了国际收支平衡表的主要内容。

表16-1 **国际收支平衡表**

| | 贷方 | 借方 |
|---|---|---|
| 1.经常账户 | | |
| 货物和服务 | | |
| （1）货物 | | |
| （2）服务 | | |
| 初次收入 | | |
| （1）雇员报酬 | | |
| （2）投资收益 | | |
| （3）其他初次收入 | | |
| 二次收入 | | |
| 2.资本与金融账户 | | |
| 资本账户 | | |
| 金融账户 | | |
| （1）非储备性质的金融账户 | | |
| （2）国际储备资产 | | |
| 3.错误与遗漏账户 | | |

### （一）经常账户

作为国际收支平衡表中最基本的账户，经常账户包括货物和服务、初次收入、二次收入三个项目。

1.货物和服务

货物是指经济所有权在我国居民与非居民之间发生转移的货物交易。

服务包括：

（1）加工服务，是指货物的所有权没有在所有者和加工方之间发生转移，加工方仅提供加工、装配、包装等服务，并从货物所有者处收取加工服务费用。

（2）维护和维修服务，是指居民或非居民向对方所拥有的货物和设备（如船舶、飞机及其他运输工具）提供的维修和保养工作。

（3）运输，指将人和物体从一地点运送至另一地点的过程以及相关辅助和附属服务，以及邮政和邮递服务。

（4）旅行，指旅行者在其作为非居民的经济体旅行期间消费的物品和购买的服务。

（5）建设，指建筑形式的固定资产的建立、翻修、维修或扩建，工程性质的土地改良、道路、桥梁和水坝等工程建筑，相关的安装、组装、油漆、管道施工、拆迁和工程管理等，以及场地准备、测量和爆破等专项服务。

（6）保险和养老金服务，指各种保险服务，以及同保险交易有关的代理商的佣金。

（7）金融服务，指金融中介和辅助服务，但不包括保险和养老金服务项目所涉及的服务。

（8）知识产权使用费，指居民和非居民之间经许可使用无形的、非生产/非金融资产和专有权以及经特许安排使用已问世的原作或原型的行为。

（9）电信、计算机和信息服务，指居民和非居民之间的通信服务以及与计算机数据和新闻有关的服务交易，但不包括以电话、计算机和互联网为媒介交付的商业服务。

（10）其他商业服务，指居民和非居民之间其他类型的服务，包括研发服务，专业和管理咨询服务，技术、贸易相关等服务。

（11）个人、文化和娱乐服务，指居民和非居民之间与个人、文化和娱乐有关的服务交易，包括视听和相关服务（电影、广播、电视节目和音乐录制品），其他个人、文化娱乐服务（健康、教育等）。

（12）别处未提及的政府服务，指在其他货物和服务类别中未包括的政府和国际组织提供和购买的各项货物和服务。

2.初次收入

初次收入是指由于提供劳务、金融资产和出租自然资源而获得的回报，包括雇员报酬、投资收益和其他初次收入。

（1）雇员报酬，指根据企业与雇员的雇佣关系，因雇员在生产过程中的劳务投入而获得的酬金回报。

（2）投资收益，指因金融资产投资而获得的利润、股息（红利）、再投资收益和利息，但金融资产投资的资本利得或损失不是投资收益，而属于金融账户统计范畴。

（3）其他初次收入，指将自然资源让渡给另一主体使用而获得的租金收入，以及跨境产品和生产的征税和补贴。

3. 二次收入

二次收入是指居民与非居民之间的经常转移，包括现金和实物。

（二）资本和金融账户

资本和金融账户包括资本账户和金融账户。

1. 资本账户

资本账户是指居民与非居民之间的资本转移，以及居民与非居民之间非生产/非金融资产的取得和处置。

2. 金融账户

金融账户是指发生在居民与非居民之间、涉及金融资产与负债的各类交易。金融账户包括非储备性质的金融账户和国际储备资产。

（1）非储备性质的金融账户

非储备性质的金融账户包括直接投资、证券投资、金融衍生工具和其他投资。

直接投资是指以投资者寻求在本国以外运行企业获取重大影响为目的的投资，包括直接投资资产和直接投资负债两部分。证券投资包括证券投资资产和证券投资负债，相关投资工具可划分为股权和债券。金融衍生工具又称金融衍生工具和雇员认股权，用于记录我国居民与非居民金融工具和雇员认股权交易情况。其他投资是指除直接投资、证券投资、金融衍生工具和储备资产外，居民与非居民之间的其他金融交易，包括其他股权、货币和存款、贷款、保险和养老金、贸易信贷和其他。

（2）国际储备资产

国际储备资产是指一国中央银行拥有的对外资产，包括外汇、货币性黄金、特别提款权、在基金组织的储备头寸。

（三）错误与遗漏账户

国际收支平衡表采用复式记账法，由于统计资料的来源和时点不同，会形成经常账户与资本和金融账户的不平衡，形成统计残差项，称为净误差与遗漏。

需要指出的是，国际收支平衡表运用的是复式记账法，即每笔交易都是由两笔价值相等、方向相反的账目登记。按照复式记账原则，不论是对于实际资源还是金融资产，借方表示该经济体资产（资源）持有量的增加，贷方表示资产（资源）持有量的减少。

**【专栏51】　　人民币加入SDR**

SDR（特别提款权）是IMF于1969年创设的一种补充性储备资产，其含义是兑换“可自由使用”货币的权利，与黄金、外汇等其他储备资产一起构成国际储备。SDR也被IMF和一些国际机构作为记账单位。SDR最初与美元等价，1974年起由货币篮子确定，包括货物与服务出口在全球占比超过1%的16种货币，具体为美元、德国马克、日元、英镑、法国法郎、加拿大元、意大利里拉、荷兰盾、比利时法郎、瑞典克朗、澳大利亚元、挪威克朗、丹麦克朗、西班牙比塞塔、南非兰特、奥地利先令。1980年，SDR货币篮子改为货物和劳务出口居世界前五位的货币，分别为美元、德国马克、英镑、日元、法国法郎。2000年，引入“可自由使用”标准，同时SDR篮子货币变为美元、欧元、英镑和日元四种货币。2015年11月30日，国际货币基金组织（IMF）执董会决定将人民币纳入SDR货币篮子，SDR货币篮子相应扩大至美元、欧元、人民币、日元、英镑5种货币，人民币在SDR货币篮子中的权重为10.92%，美元、欧元、日元和英镑的权重分别为41.73%、30.93%、8.33%和8.09%，新的SDR篮子于2016年10月1日起生效。

总的来看，人民币加入SDR有助于增强SDR的代表性和吸引力，完善现行国际货币体系，对中国和世界是双赢的结果。人民币加入SDR也意味着国际社会对中国在国际经济金融舞台上发挥积极作用有更多期许，中国将继续坚定不移地推进全面深化改革的战略部署，加快推动金融改革和对外开放，为促进全球经济增长、维护全球金融稳定和完善全球经济治理作出积极贡献。

▎资料来源　中国人民银行货币政策分析小组. 2015年第四季度中国货币政策执行报告[R]. 2016.

### 三、国际收支平衡表的分析

最常见的国际收支平衡表分析就是国际收支的差额分析，主要包括三个层次：贸易差额分析、经常账户差额分析和官方结算差额分析。

#### （一）贸易差额分析

贸易差额是指包括货物和服务在内的进出口之间的差额。如果这一差额为正数，代表该国存在贸易顺差；如果这一差额为负数，代表该国存在贸易逆差；如果这一差额为零，则代表该国贸易收支平衡。在分析国际收支状况时，贸易差额具有特殊的重要性。它表明一个国家或地区的自我创汇能力，反映了一国产业结构和产品在国际上的竞争力及在国际分工中的地位，是一国对外经济交往的基础，影响和制约着其他账户的变化。

（二）经常账户差额分析

经常账户差额是一定时期内一国货物和服务、初次收入和二次收入项目上的贷方总额和借方总额之差。当贷方总额大于借方总额时，为经常账户顺差；当贷方总额小于借方总额时，为经常账户逆差；当贷方总额和借方总额相等时，经常账户收支平衡。经常账户差额和贸易差额的主要区别在于初次收入和二次收入项目余额的大小。一国的国外净资产数额越大，获得的初次收入越多，该国的经常账户就越容易出现顺差；一国的国外净资产数额越小，获得的初次收入越少，该国的经常账户就越容易出现逆差。

（三）官方结算差额分析

通过官方外汇储备资产变动来平衡的差额是官方结算差额。在国际收支平衡表中则为国际储备资产之上所有项目累积的贷方与借方的差额，也称总差额。如果总差额为负，则需要动用国际储备资产加以弥补，储备资产减少。如果总差额为正，则累积国际储备资产，储备资产增加。因此，这一差额可以通过国际储备资产的变动加以判断。

## 第四节　国际收支的均衡和失衡

### 一、国际收支均衡和失衡的判断标准

根据国际收支平衡表的编制原理，国际收支平衡表永远是平衡的。那么，如何判断国际收支失衡呢？在国际经济交易中，按照交易的目的，可以将国际收支分为两大类：自主性交易和调节性交易。自主性交易是指一国私人部门出于自身经济动机和目的，而自主从事的国际经济交易。调节性交易是指一国货币当局为弥补自主性交易的不平衡而从事的事后交易。一般认为，一国自主性交易平衡，不用通过调节性交易来平衡，则为国际收支平衡。一旦一国自主性交易不平衡，需要通过调节性交易来平衡，则为国际收支不平衡，或称为国际收支失衡。判断自主性交易是否平衡可以根据贸易差额、经常账户差额和官方结算差额作出判断。

### 二、国际收支失衡的原因

导致一国国际收支失衡的原因是多种多样的，包括经济因素和非经济因素、内部因素和外部因素、实物因素和货币因素等。最常见的原因包括季节性、偶然性因素，周期性因素，货币性因素，结构性因素和投机性因素。

（一）季节性、偶然性因素

由于生产、消费存在季节性的变化，一国的进出口也会随之发生变化。季节

性变化对进出口的影响并不一样，由此造成季节性的国际收支失衡。例如，在以农产品为主要出口商品的国家中，在农产品收获季节，农产品大量出口，造成贸易顺差。而在农产品播种和生产季节，则因为大量进口，可能造成贸易逆差。自然灾害也会造成一国出口减少，进口增加，从而引起国际收支失衡。

（二）周期性因素

由于受到经济周期的影响，一国经济会出现繁荣、衰退、萧条和复苏的周期性变动。在经济周期的不同阶段，无论价格水平的变化，还是生产和就业的变化，或是它们共同的变化，对国际收支状况都会产生不同的影响。通常情况下，在经济繁荣期，经常账户会出现逆差；在经济萧条期，经常账户会出现顺差。

（三）货币性因素

一国货币供给量水平、利率水平等货币性因素发生相对变动，会影响一国的国际收支。如果一国货币供给量增加，导致一国一般物价水平和生产成本上升，出口就会减少，进口就会增加，导致该国经常账户逆差。同时，货币供给量增加导致利率水平下降，资本流出增加，金融和资本账户也出现逆差。如果一国货币供给量减少，则影响相反，出口增加，进口减少，该国经常账户出现顺差。同样，货币供给量减少导致利率水平上升，资本流入增加，金融和资本账户出现顺差。

（四）结构性因素

当国际分工格局和国际需求结构等国际经济结构发生变化时，一国产业结构及相应的生产要素配置不能完全适应这种变化，就会导致国际收支失衡。

（五）投机性因素

利用利率差异和预期汇率变动来获取高额利润的投机性资本流动可能是稳定的，也可能是不稳定的。稳定的投机有利于稳定汇率，不稳定的投机则会加大汇率波动幅度，从而造成资本频繁地大量流入流出，对国际收支产生影响。

## 本章小结

汇率和国际收支是开放经济下实现金融有效运行的两个重要因素。

汇率又称汇价或兑换率，是指两种不同货币之间的折算比价，即用一种货币所表示的另一种货币的相对价格。经济学家对于汇率决定因素的经济解释主要有购买力平价理论、利率平价理论、国际费雪效应和国际收支理论等。

汇率制度是指一国货币当局对本国货币水平的确定、汇率变动方式等问题所做的一系列安排和规定。按照汇率的变动方式，汇率制度可以划分为固定汇率制度、浮动汇率制度和其他汇率制度。汇率变动对一国的进出口、一般物价水平、资本流动、金融资产选择和国际储备等诸多宏观经济变量都会产生影响。

国际收支是指在一定时期内一国居民与非居民之间所发生的全部经济交易的经济价值。国际收支平衡表是一国根据国际经济交易的内容和范围设置账户，按照复式记账原理，系统记录该国在一定时期内各种对外往来所引起的全国国际经济交易的统计报表。国际收支平衡表主要包括经常账户、资本与金融账户、错误与遗漏账户。

一旦一国自主性交易不平衡，需要通过调节性交易来平衡，即为国际收支不平衡。导致一国国际收支失衡的常见原因主要包括季节性、偶然性因素，周期性因素，货币性因素，结构性因素和投机性因素。

## 复习思考

**一、名词**

（1）汇率　（2）即期汇率　（3）浮动汇率　（4）直接标价法　（5）一价定律　（6）国际收支　（7）经常账户　（8）国际收支失衡

**二、简答**

（1）简述汇率的定义及分类。

（2）简述汇率制度的定义及分类。

（3）国际收支差额的三个层次分别是什么？

（4）简述国际收支失衡的原因。

**三、论述**

（1）论述国际收支平衡表的主要内容。

（2）试述主要汇率决定理论的基本内容。

# 专栏索引

# 参考文献


[1] 布坎南，马斯格雷夫. 公共财政与公共选择：两种截然不同的国家观[M]. 类承曜，译. 北京：中国财政经济出版社，2001.

[2] 陈共. 财政学[M]. 8版. 北京：中国人民大学出版社，2015.

[3] 陈学彬. 金融学简明教程[M]. 北京：高等教育出版社，2010.

[4] 邓子基，林致远. 财政学[M]. 北京：清华大学出版社，2005.

[5] 杜振华. 财政学[M]. 北京：人民邮电出版社，2015.

[6] 哈伯德. 货币、金融体系与经济[M]. 曲昭光，赖溟溟，等译. 6版. 北京：中国人民大学出版社，2011.

[7] 罗森. 财政学[M]. 赵志耘，译. 6版. 北京：中国人民大学出版社，2003.

[8] 黄达. 金融学[M]. 3版. 北京：中国人民大学出版社，2014.

[9] 寇铁军，孙晓红. 财政学教程[M]. 大连：东北财经大学出版社，2015.

[10] 李健. 金融学[M]. 2版. 北京：高等教育出版社，2015.

[11] 林权. 财政学[M]. 北京：对外经济贸易大学出版社，2014.

[12] 刘守刚. 财政经典文献九讲[M]. 上海：复旦大学出版社，2015.

[13] 刘怡. 财政学[M]. 北京：北京大学出版社，2010.

[14] 刘易斯，米曾. 货币经济学[M]. 勾东宁，王天凤，等译. 北京：经济科学出版社，2008.

[15] 彭兴韵. 金融学原理［M］. 5版. 上海：上海人民出版社，2014.

[16] 曲昭光. 开放经济宏观经济政策导论［M］. 北京：经济科学出版社，2002.

[17] 王金南. 环境经济学［M］. 北京：清华大学出版社，1994.

[18] 魏加宁. 存款保险制度与金融安全网研究［M］. 北京：中国经济出版社，2014.

[19] 武彦民. 财政学［M］. 北京：中国财政经济出版社，2011.

[20] 闫伟，王振宇. 财政学基础教程［M］. 沈阳：辽宁大学出版社，2005.

[21] 杨长江，姜波克. 国际金融学［M］. 4版. 北京：高等教育出版社，2014.

[22] 张亦春，郑振龙. 金融市场学［M］. 4版. 北京：高等教育出版社，2013.